长河丝梦

蒙古民族史话

【民国卷】

姜伯彦 主编

内蒙古大学出版社

图书在版编目（CIP）数据

长河筑梦：蒙古民族史话. 民国卷 /姜伯彦主编.
-- 呼和浩特：内蒙古大学出版社, 2017.7
ISBN 978-7-5665-1264-2

Ⅰ. ①长… Ⅱ. ①姜… Ⅲ. ①蒙古族—民族历史—中国—民国—通俗读物
Ⅳ. ①K281.2-49

中国版本图书馆CIP数据核字(2017)第157428号

长河筑梦——蒙古民族史话·民国卷

主　　编	姜伯彦
责任编辑	程　丽
封面设计	敖全英
出版发行	内蒙古大学出版社
社　　址	呼和浩特市昭乌达路 88 号（邮编：010010）
联系电话	发行部：0471-4993154/4990092 编务部：0471-4990533
网　　址	http://www.imupress.com
电子邮箱	imupress@163.com
经　　销	内蒙古新华书店
印　　刷	北京飞达印刷有限责任公司
开　　本	710mm × 1000mm　1 / 16
印　　张	18
字　　数	217 千字
版　　次	2017 年 7 月第 1 版
印　　次	2017 年 7 月第 1 次印刷
标准书号	ISBN 978-7-5665-1264-2
定　　价	118.00 元

写在前面的话

蒙古民族是中华民族大家庭中的一员，是一个具有世界影响的民族。在长达千年的时空中，“马背民族”绘就了波澜壮阔的画面，书写了光彩夺目的篇章，为缔造我国统一的多民族国家，铸就灿烂的中华文化做出了卓越的贡献。

近代以降，蒙古民族饱尝日俄侵略之祸，备受社会动荡之苦，为谋生存、寻出路而上下求索，最终在中国共产党的领导下，找到了民族区域自治的正确道路，实现了当家做主人的伟大梦想。

历史是认识过往、改造现实、开创未来的一面镜子，其认知价值的实现，不仅需要严谨的学术研究，而且还应该有广泛的群众普及。有关蒙古族历史的专著并不少见，而集知识性、趣味性、可读性于一体的普及读物则难得一见。鉴于此，我们在自治区党委常委、宣传部长白玉刚同志的高度重视、关心指导和大力支持下，组织全区有关专家学者编写了《长河筑梦——蒙古民族史话》一书。本书秉持严谨的学术态度，既忠于历史事实，又充分考虑读者的阅读需求，以史话的形式，力图讲好蒙古民族的历史故事，以此进一步坚定中华民族一家亲的历史认同，弘扬各民族共同繁荣发展、共同团结奋斗的精神。

本书的编写出版是集体协同努力的结果。全书分为蒙元卷、明清卷、民国卷，其中蒙元、明代部分由班布日执笔，清代部分由刘蒙林执笔，民国部分由张建军、陶继波、李德锋执笔。在编写过程中，薄音湖、白拉都格其、晓克、斯林格、赛航等专家提出了许多宝贵意见；牛敬忠、李玉伟、于默颖教授担任了审稿工作，王凯、崔荣、金传道、冯文开等老师参与了稿件的修改。王钟、康宇凤、韦倩等同志为启动本书的编写做了大量细致具体而富有价值的工作。本书在编写过程中，参考了有关专家学者的著述，使用了有关出版单位的图片。付梓之际，谨向为本书出版给予关心、指导、支持的领导、单位和个人致以诚挚的谢意！

尽管作者和出版单位尽了最大努力，但由于时间仓促、掌握史料资料不足等客观因素，本书还存在不足和疏漏之处，敬请读者赐教、指正。

谨以此书献给内蒙古自治区成立七十周年，献给所有为民族团结进步、繁荣发展付出辛劳的人们！

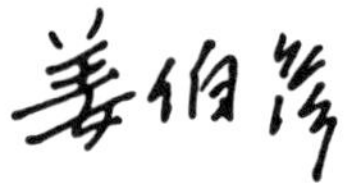

2017 年 6 月 30 日

目录

MULU

第一章

渐行渐远的漠北

20世纪初，在日俄战争中惨败的沙俄，把侵略的魔爪伸向我国蒙古地区。其时，清政府在库伦实施了不得人心的所谓“新政”，从而为沙俄的介入和干涉提供了借口和契机。在沙俄直接策动和支持下，外蒙古一度宣布“独立”。之后，受十月革命影响，在苏赫巴托和乔巴山的领导下，外蒙古爆发了革命，从此走向了独立发展的道路。

“独立”之雾霜

外蒙古古称漠北，其范围原包括喀尔喀四部及唐努乌梁海、科布多两区，很早就是中国领土的一部分。中国政府一直在外蒙古派官设治，如清政府在库伦、乌里雅苏台、科布多和阿尔泰等地委派办事大臣、将军及参赞大臣等进行有效统治。

1909 年（清宣统元年），归化城副都统三多接任库伦办事大臣。三多其人“年力精壮，好文事，有干练才”，上任伊始大力推行“新政”。“新政”看似比旧俗好，但耗费巨大，新增机关的办公房屋、器具由各旗无偿提供，新增官员、兵丁的俸饷要各旗负担，不仅如此，主持其事的官员也要分肥。于是，“新政未动，摊派先行”，蒙古各地增加烟、牛、草、车捐以及国民捐等捐税，发行国债“昭信股票”，强令认购，名曰“报效”。仅库伦一地，增加的新捐税便达 24 000 两，全境认购股票银达 20 万两。这对财政濒于破产的蒙古各旗来说无疑是雪上加霜，承担新政费用而赋税日增的蒙古人“不堪其扰，相率逃避，近城各旗，为之一空”。

三多厉行“新政”，激化社会矛盾。蒙古上层在俄国煽动下，图谋脱离清朝独立的活动在武昌起义之前就已开始谋划。

1911 年春，土谢图汗部副将军、扎萨克亲王杭达多尔济和从内蒙古潜逃来的原喀喇沁右旗梅伦海山，以及库伦活佛哲布尊丹巴的达喇嘛车林齐密特等，向哲布尊丹巴提议，召集喀尔喀蒙古僧俗贵族讨论蒙古的“独立”问题。

●熊代表的沙俄侵略中国

6月21日，喀尔喀蒙古王公、喇嘛等在库伦开会，决定不接受清朝对蒙新政。7月，杭达多尔济及土谢图汗盟长察克都尔扎布与车林齐密特三巨头秘密开会，商量脱离清政府独立。不久，喀尔喀四部王公扎萨克和上层活佛喇嘛，乘每年一度向哲布尊丹巴进献“丹书克”（祭礼）的时机会集库伦，在哲布尊丹巴的商卓特巴衙门（即沙比衙门）和博格多乌拉山中的树林里秘密召开会盟会议。王公上层们认为，“中国人施行新政的目的在于彻底奴役蒙古”，一致决议“独立”，并在决议书上署名盖印。会议还决定立即派代表团前往俄国，正式请求给予支持和保护。会后，哲布尊丹巴即将会议结果通报给俄国驻库伦代理领事拉弗多夫斯基，并“请求以某种借口立即把俄军派往库伦”，以阻止清政府方面可能采取的镇压措施。

作为库伦办事大臣的三多对此毫不知情，直到接到北京电报方知蒙古王公前往俄国谋求援助的消息。三多大惊，传唤商卓特巴巴特玛多尔济，示以电译，要他往见哲布尊丹巴，要求召赴俄代表团克日返回库伦，以期阻止俄兵；他又往访蒙古大臣绷楚克车林，筹商补救之策。哲布尊丹巴要求三多奏请朝廷停止在蒙古的各项新政，免治赴俄诸人罪过。清廷答允免治赴俄代表之罪，但仍继续在蒙古推行新政。

1911 年 8 月 15 日，以杭达多尔济为首、车林齐密特为副，包括海山和赛因诺颜亲王那木囊苏伦在内的外蒙古代表团抵达俄国首都彼得堡。次日，代表团递交了由哲布尊丹巴和喀尔喀四部封建主联名给俄国沙皇的信函。8 月 17 日，俄国政府为此专门召开了由总理斯托雷平主持，外交、财政、工商和陆军、海军大臣及总参谋长参加的“远东问题特别会议”。会议决定，在蒙古问题上不主动发表意见，不承担外蒙古脱离中国的责任，对于俄国来说，鉴于当时的国内国际局势，应通过外交途径来支持蒙古人，但勿使其与宗主国清朝脱离关系。会议还决定，“为保障代表们的安全，并使我们捍卫喀尔喀独特制度的意见书达到目的”，派两连哥萨克军队以加强领事馆卫队的名义进驻库伦。

●清朝末年时期的库伦

8 月 19 日，俄国政府将会议决议电告俄驻华公使廓索维慈，要求转告清政府停止针对喀尔喀蒙古的新政。8 月 23 日，俄国外交部部长萨宗诺夫通过廓索维慈转告清政府，如不接受俄方要求，喀尔喀蒙古一定会发生暴动，届时俄国将给蒙古人提供武器。清政府回复俄国大使，“外蒙问题是国内问题，不准俄国干涉外蒙问题”。8 月 25

日，俄国政府回复外蒙古代表团：目前蒙古尚无能力完全脱离中国，俄国作为蒙古邻国，希望蒙古内部平静，但不会坐视清政府干涉蒙古内政及针对蒙古的军事行动。

蒙古代表团不满意俄国政府的答复，再次致函俄国政府，请求拜访沙皇，并希望俄国政府派大量俄军到蒙古，迫使清政府撤回库伦办事大臣三多与库伦兵备处总办唐在礼。俄国本意在于支持外蒙古成为以中国为宗主国的自治体，而外蒙古却积极进行独立建国的活动。沙皇担心引起国际不良反应，故不愿公开接触蒙古代表团。虽然沙皇没有出面，但工商部、财政部部长都接见了蒙古代表，说明俄国对蒙古的经济贸易与市场相当有兴趣。

廓索维慈奉俄国政府指令，从8月末起一再向清政府提出交涉，施加种种压力。10月上旬，俄国又派八百余俄军携辎重车辆强行越境进驻库伦，迫使清政府谕令三多停止在外蒙古推行各种新政。

10月10日，中国爆发辛亥革命，各地纷纷响应，清政府的统治危在旦夕。觊觎外蒙古已久的沙俄，认为时机已来，抓住清政府无暇顾及边防的机会，抛却往日的遮遮掩掩，在漠北蒙古和漠西蒙古王公大臣中培植亲信，公开直接向他们提供枪支弹药。在俄国代理外交大臣尼古拉托夫的授意下，廓索维慈"经由使署私下劝告他们，切莫放过中国发生革命这一非常有利之时机，以保证喀尔喀之独立发展"，直接进行煽动。奉俄陆军大臣命令，伊尔库次克军区将一批武器运至库伦，交给以哲布尊丹巴为首的蒙古僧俗上层集团。不仅如此，沙俄一面乘机迫使清政府在外蒙古"独立"问题上做出让步，一面又与日本就分割中国东北和蒙古地区的势力范围进行协商，以换取日本对外蒙古"独立"的谅解。

11月21日，杭达多尔济、车林齐密特等由俄国返回库伦，向会集库伦的蒙古王公上层通报了赴俄求援情况，决定抓住南方各省独立之机，宣布外蒙古“独立”。11月28日，蒙古王公上层派人致函三多，宣称已檄调喀尔喀四盟蒙兵4 000人，拟“进京保护大清皇帝”，要求即日发给粮饷枪械，并限三小时内答复。当天下午，哲布尊丹巴通知三多，蒙古已决定“独立”，要求三多在三天内尽速离开。

12月1日，哲布尊丹巴集团正式宣布“独立”，其汉文《独立文告》称：“近来迭闻内地各省满汉反乱，致灭清祚。查本蒙古原系独立之国，是以现在议定仍照旧制，自行立国，将一切事权不令他人干预，业已行文撤消满、汉文武大小各官之事权，并令即日回籍。”同时，他组成以察克都尔扎布为首的“喀尔喀库伦地方暂行总理一切事宜”的衙门作为临时政权机构。当晚，三多躲进俄国领事馆。12月4日，三多及公署官员、卫队被俄军强行押送离开库伦，三多几天后经恰克图出境。

12月28日，以哲布尊丹巴为首的库伦集团通电海内外，宣布正式组成“大蒙古帝国政府”，并奉哲布尊丹巴为“众人公举之日光皇帝”，通称“博克多汗”，宣布以“共戴”为年号。同时建立了由五部组成的“蒙古国”政府，车林齐密特任内务部大臣，主持“内阁”，杭达多尔济任外务部大臣，察克都尔扎布（晋为郡王）任财政大臣，棍布苏伦（由贝子晋升郡王）任兵部大臣，那木萨赉（晋郡王）任刑部大臣。内蒙古王公海山任内务部司官，由俄境前来参加“独立”的原内蒙古抗垦武装首领陶克陶任兵部司官。1912年夏，又增设了税务衙门。

外蒙古宣布“独立”后，政权内部一直存在着僧（黄）俗（黑）上层之间的矛盾争斗，大权主要把持在黄派首领车林齐密特及其亲信官员海山等内蒙古人手里，“对俄国奉行不友好的两面政策”。经俄国领事吕巴出面干预，哲布尊丹巴于1912年7月任命那木囊苏伦为政府总理大臣，取代了车林齐密特的实际地位。

哲布尊丹巴集团宣布“独立”后，在俄军的援助下，首先将兵锋指向乌里雅苏台。在致函清朝驻乌里雅苏台将军奎芳时，故技重演，要求奎芳像三多一样交出权力，限期离境。当月，以乌里雅苏台的扎萨克图汗索特那木喇布坦为首的王公上层在喀尔喀西部宣布“独立”，也要求奎芳等官员限期离境。这些要求被拒绝后，俄国驻乌里雅苏台领事出面施以威胁。1 月 12 日，奎芳等在哥萨克骑兵的强行押解下弃城离境。

库伦集团宣布“独立”后，喀尔喀四部以西的科布多所属杜尔伯特等部未受直接影响，科布多参赞大臣溥润为防止叛乱波及科布多，还征调附近蒙兵加强防守。1912 年 7 月，库伦叛军派兵围攻科布多，因溥润坚决抵抗而失利。库伦方面又派海山、陶克陶等率军增援科布多。围攻科布多的蒙军总数达五千人，而城内的中国守军仅三百余人。8 月 7 日，蒙军开始猛攻城堡，终于 8 月 20 日攻入城内。溥润及城内部分满汉官兵、商民在俄军的押解下离境。海山等愤于该城抵抗，纵兵在城内肆意焚掠屠戮，使科布多几成废墟。

攻陷科布多的蒙军继续西进，迫近与新疆交界的阿尔泰地区。阿尔泰办事长官帕勒塔急电北京政府请援，遂有新疆都督杨增新、伊犁镇边使广福所派政府军开赴察罕通古等地。1913 年 7 月，蒙军两次进攻察罕通古均遭失败。在此前后，俄国驻乌鲁木齐、阿尔泰领事也出面干涉，以武力相威胁，阻止中国政府军反攻北进。同年 12 月，帕勒塔代表中国政府与俄驻阿尔泰领事签署了《阿尔泰、科布多中蒙军队驻扎界线临时停战条约》。至此，哲布尊丹巴政权实际控制了除唐努乌梁海之外的外蒙古全境。

“宣谕”与“远征”

当杭达多尔济率代表团于1911年8月在彼得堡向俄国寻求“独立”援助时，俄政府即向杭达多尔济等人建议“不仅要联合喀尔喀，必须将全蒙古一齐联合起来”，并承诺俄国将配合蒙古人的行动。外蒙古宣布“独立”不久，便先后向内蒙古六盟和呼伦贝尔、归化城土默特、察哈尔等盟旗发出名为《致内蒙古各盟王公文》的通报，强调该政权“立国”伊始，已“与俄国通好，并请保护一切”，号召、要求各盟旗王公呼应“独立”，归顺、加入新成立的蒙古“独立”国家。嗣后，库伦政权又发出专门针对内蒙古王公的《优待条件》八条，劝谕各旗“一体归顺”，“王公以下诸贵族皆晋升一级”，声明“库伦政府有保护内蒙古的责任，若民国政府施加压力，库伦政府则出兵予以保护”。至1913年11月，在内蒙古六盟中，已有35个旗以及呼伦贝尔地区索伦、巴尔虎等旗，察哈尔八旗中的镶黄、镶白、正蓝、正白、镶蓝等旗表示归顺“蒙古国”。

事实上，上书归顺的内蒙古王公和总管，大多数仍处于犹豫观望状态。以“实际行动”响应库伦“独立”的主要有：在俄国直接干预支持下宣布“独立”并一度“加入”哲布尊丹巴政权的呼伦贝尔各旗，起兵发动“东蒙古独立”运动失败后逃亡库伦的哲里木盟科右前旗扎萨克郡王乌泰、科右后旗扎萨克辅国公喇什敏珠尔，率众多旗民徙居外蒙古的锡林郭勒盟浩济特左旗扎萨克郡王色隆托济勒，起兵发动“开鲁之乱”后率众投赴库伦的昭乌达盟扎鲁特左旗协理台吉棍布扎布，以及在科左前旗未能发动“独立”而投赴库伦的该旗宾图郡王棍楚克苏隆、科左后旗闲散辅国公那逊阿尔毕吉呼等部分王公上层。对于这些拥护“独立”的内蒙古王公，库伦当局尽量委以官职予以拉拢，如宾图郡王棍楚克苏隆曾被任为副总理大臣，乌泰也曾任刑部副大臣。

为了将内蒙古也并入“独立”“统一”的“蒙古国家”，1912 年冬，哲布尊丹巴政权举行各部大臣会议，在俄国驻库伦的外交代表廓索维慈和伊尔库次克军区军官参与策划下，决定在俄国的支援下向内蒙古发动武装进攻，意欲一举吞并内蒙古。

1913 年 1 月，哲布尊丹巴政权调集军队，以达木丁苏伦为总司令，兵分五路人举南下。车林齐密特和奈丹扎布率第一路军队，往锡林郭勒盟西乌珠穆沁旗游格吉尔呼图克图庙方向进犯；海山与巴布扎布率第二路军队，往达里冈崖方向进犯；那逊阿尔毕吉呼率第三路军队，往苏尼特旗左右两翼、四子部落旗方向进犯；索诺穆多尔济率第四路军队，往归绥方向进犯；纪图格勒图率第五路军队，往乌兰察布盟乌拉特三旗和黄河方向进犯。各路军中都有俄国军官担任军事顾问。

哲布尊丹巴政权还以“蒙古国政府”的名义，向全蒙古发布谕旨，“我蒙古人从来是同一根源，同一个国家，同一个民族，所以或福或苦必须一起”，号召外蒙古军队所到之处，当地蒙古人起而响应。

民国政府未及反应，蒙军就迅速占领了达里冈崖。达里冈崖是连接内、外蒙古的战略要地，位于内蒙古锡林郭勒盟与外蒙古车臣汗部、土谢图汗部之间。蒙军占领此地，便掌握了战略主动权。

战火从乌兰察布盟西部到锡林郭勒盟东北部迅速燃起，并蔓延到西自包头、归绥以北，东至张家口、多伦、林西一线。

各路外蒙古军队先后占据了阴山以北的乌兰察布盟、锡林郭勒盟大部、察哈尔北部及昭乌达盟北部广大地区。外蒙古军队在其所到之处大肆掠夺寺庙集镇，残杀居民，焚毁村落，致使大批农牧民逃亡，以致“张库商道，路无行人，沿途台站，悉被撤毁”。

在国内舆论巨大压力下，民国政府调派热河、绥远、山西等地军队参与防堵。其中察哈尔都统、陆军第一师师长何宗莲率所部在多伦诺尔一带与达木丁苏伦展开激战。

何宗莲是天津武备学堂出身，甲午战争时曾与日军作战，屡挫强敌，也算一员骁将。岂料他的对手达木丁苏伦虽未读过军校，却也是位军事天才。开战伊始，达木丁苏伦派出骑兵分队迅速渗入多伦诺尔腹地，截断了何宗莲的后路。何宗莲腹背受敌，全线溃败，兵员死伤达百分之八十。民国政府又将北洋陆军第三师第三旅卢永祥部、第八师第十六混成旅王汝贤部、淮军骑兵第一旅陈文运部派往多伦诺尔，并命热河毅军做好支援准备。察哈尔东部及热河北部的民国政府军达到 21400 人。

战斗异常激烈。4 月，锡林郭勒盟东部及昭乌达盟克什克腾旗等地均被蒙军占领。5 月，何宗莲派支队司令李奎元率步、骑兵各 2 营，炮兵、机关枪兵各 1 连驻防苏尼特右旗。在蒙军的猛烈进攻下，李奎元所部“全军哗溃”，李奎元自己也身受重伤。

6 月，民国政府任命卢永祥为察防前敌总司令，率混成第五旅出张家口，卢永祥虽然一度占领苏尼特右旗王府和滂江一带，但很快便因后勤辎重被蒙军劫夺而无力再战，被迫后撤。蒙军总司令达木丁苏伦进而攻占察哈尔正蓝旗。

8 月 10 日，新任多伦镇守使王怀庆率万余人欲收复察哈尔正蓝旗，在灰苏音塔拉一带遭到达木丁苏伦所部数千人截击。双方鏖战两日，民国政府军大败。这是开战以来，民国政府军最惨重的一次失败。面对敌人的进攻，民国政府调集大量兵力前来救援。

除了何宗莲所部兵力，参与平叛的民国军队还有所属绥远城将军辖区的新编陆军、口外各路巡防队、前北洋陆军第 20 镇统制所率的一个混成旅、增调而来的混成团及驻晋西北山西陆军第 1 师的部分军力。在内蒙古中部地区，还有由湖北等地调来的北洋第 3 师的部分力量。在内蒙古东南部地区，前来支援的有多伦镇守使所率的骑兵及混成旅，毅军 9 个步兵营和骑、炮各 1 营及其他部队。民国政府又增调热河和河南等地的大量兵力加入战斗。

1913 年夏，随着民国政府各类正规军陆续进入内蒙古地区作战，再加上沙俄出于自身利益考虑，不再积极提供援助，外蒙古远征军很快陷入武器弹药严重匮乏的窘境。集结于热河的民国政府军抓住机会，出击窜犯昭乌达盟地区的叛军，经数十次激战，10 月间收复昭乌达盟。在内蒙古西部，民国政府军出击阴山北麓，先后在黑沙图庙和百灵庙一带击溃来犯敌人。不久，外蒙古军队再次进犯，一度占领百灵庙。民国政府军集结军力，最终将其击垮。至年底，民国政府军相继收复各地，外蒙古军队全部被逐出内蒙古。这场持续一年的战乱又被称为“乌赫日吉邻维曼”，意为“牛年之乱”。内蒙古地区一度混乱不堪的局势得到了有效控制。

沙俄卵翼之下的“自治”

1912年1月1日，中华民国成立伊始，孙中山在《临时大总统就职宣言书》中肯定了当时各省“独立”对瓦解清王朝专制统治的积极意义，同时号召兄弟民族保持团结，宣布实行“五族共和”，对帝国主义列强趁机分裂中国的行径提出警告。《中华民国临时约法》第三条明确规定，“中华民国领土为二十二省、内外蒙、西藏、青海”，坚决反对外蒙古“独立”。

俄国外交部为欺骗世界舆论，特于1月11日声明，“俄国政府并无干涉清国内事变之意，亦无侵略蒙古之野心”，承认外蒙古为中国的一部分，“独立”事件属中国内政问题。

3月12日，哲布尊丹巴政权以“内阁大臣”的名义致电中华民国临时大总统袁世凯，重申脱离中国“自立”。袁世凯致电哲布尊丹巴，称“满清政府从未承认蒙古之独立，故余也不能承认之”，劝谕外蒙古政权悬崖勒马，并任命驻京的外蒙古亲王那彦图为乌里雅苏台将军前往周旋转圜，但均遭库伦当局拒绝、阻止。

沙俄煽动支持外蒙古“独立”，目的在于进一步扩大其侵略权益，控制外蒙古，使外蒙古脱离中国政府的实际管辖，沦为俄国的“保护国”。所以，外蒙古宣布“独立”后，俄国即以居间“调停”的名义一再向中国政府提出维持外蒙古“现状”、承认外蒙古“自治”的要求。国内上下坚决反对外蒙古“独立”,而袁世凯立足未稳，迟迟拿不出解决外蒙古问题的具体方案。

俄国驻华公使库朋斯基向本国政府建议，俄国政府应直接与外蒙古政权交涉，迫使中国政府让步。8 月 15 日，俄国内阁就此问题举行会议，一致认为，最好的解决方法是缔结一项俄蒙双边协议，俄国允诺保卫蒙古自治，而蒙古应给予俄国各种贸易特权。此时俄国出于自身利益考虑，不热衷于蒙古独立，只愿外蒙古维持自治，以确保俄国在蒙古的经济特权。

10 月，俄国政府代表、前驻华公使廓索维慈抵达库伦，背着中国政府与库伦政权进行谈判。

在第一次会议上，库伦政权代表赛音诺颜汗及达喇嘛车林齐密特等要求俄国政府全力支持统一全蒙古，成立“蒙古国”。廓索维慈回复称，全蒙古统一对俄国没有好处，外蒙古最重要的是获得自治权。

在第二次会议上，双方就各自准备的条约草案进行谈判。蒙方准备的草案主要内容为：俄国协助成立包括巴尔虎、内蒙古、唐努乌梁海、喀尔喀蒙古在内的“大蒙古国”，帮助“蒙古国”获得国际社会的承认，蒙俄互设大使馆。俄方拒绝蒙方的要求，双方发生争执。达喇嘛车林齐密特对廓索维慈说：“如果俄方不答应我们的要求，那我们也不接受俄方的条件。我们蒙古人好不容易脱离满清的控制，不愿意又成为俄罗斯的奴隶。”他建议暂停谈判，并提出只有请北京政府的那彦图来参加会议才能继续谈判。廓索维慈恼羞成怒，把蒙方的条约草案狠狠地摔在地上，威胁说：“我会将达喇嘛讲的这些不好的话传达我国政府。蒙方必须为会议延后的损失负责！”谈判不欢而散。

恰在此时，外蒙古西部边疆局势趋于紧张。廓索维慈马上通知库伦当局：俄国收到情报，中国军队正在靠近蒙古边疆。赛音诺颜等王公询问俄国能否协助抵抗中国军队，廓索维慈声称只有蒙方接受俄方条件签订条约，俄国才会出兵保护外蒙古。蒙方被迫继续与廓索维慈进行谈判。

11月3日，赛音诺颜和杭达多尔济等人代表哲布尊丹巴政权与俄国签订了《俄蒙协约》及其附约《俄蒙商务专条》。《俄蒙协约》的主要内容为："俄国政府扶助蒙古保守现已建立之自治秩序，及蒙古编练国民军，不准中国军队入蒙境，及以华人移殖蒙地之各权利。"蒙古方面则准许俄国商民享有附约所订各项特权，并保证其他外国人不得享有比俄国商民更多的权利。在多达十七条的附约中，详细规定了俄国商民可在外蒙古随意居住盖房、租买土地，经营各种企事业，免纳任何课捐关税，享有领事裁判权，等等，几乎无所不包。通过《俄蒙协约》及其附约，沙俄在外蒙古获得了诸多政治、经济特权，攫取了巨大利益。而外蒙古实际上只得到一个"自治"的虚名。

还在《俄蒙协约》之前，哲布尊丹巴政权就与俄国签订了聘请俄国军事顾问训练军队的协议，接受俄国援助的大批枪炮弹药。《俄蒙协约》签订后，为寻求俄国进一步援助，又先后于1912年年底和1913年11月分别派出以外交大臣杭达多尔济和总理大臣那木囊苏伦为首的代表团前往俄国，获得200万和300万卢布的贷款，签订了聘请俄国教官组建、训练"蒙古旅"和聘请俄国财政顾问（全权监督贷款的使用）等协议、合同。此外，俄国还陆续与哲布尊丹巴政权签订了开采矿产、架设电线、勘修铁路等专项协定，甚至从中"牵线"，诱使外蒙古与西藏达赖喇嘛签订了相互承认"独立"的"蒙藏条约"。宣布"独立"的外蒙古已逐步沦为沙皇俄国事实上的"保护国"。

俄国将《俄蒙协约》及其附约内容通报袁世凯政府，中国国内舆论一片哗然，抗俄讨“蒙”和斥责北京政府无能的呼声遍及政坛和报刊。经过近一年的反复交涉、谈判，俄国政府不顾哲布尊丹巴政权的反对，于 1913 年 11 月 4 日同中国政府签署了中俄《声明文件》。《声明文件》及附件确认：俄国承认中国在外蒙古的宗主权，承认外蒙古为中国领土的一部分；中国承认外蒙古之“自治权”，保证不在外蒙古驻军、派官、移民，并在事实上承认了《俄蒙协约》及其附约《俄蒙商务专条》；双方与外蒙古的其他具体关系问题，在外蒙古代表参加下由三方另行商订。

哲布尊丹巴政权对俄国承认中国对外蒙古的宗主权极为不满，但迫于俄方的压力只好派代表参加预定的三方谈判。由于第一次世界大战的爆发，俄国方面无力进一步扩大在远东的侵略扩张，只求维持已经攫取的种种特权。1914 年 9 月，中国政府代表前黑龙江都督毕桂芳、驻墨西哥公使陈箓、蒙藏会参赞陈毅，俄国代表驻库伦总领事密勒尔，外蒙古代表内务部大臣达喇嘛达锡扎布、财政部大臣察克都尔扎布、司法(刑)部副大臣乌泰等，在恰克图开始了三方谈判。谈判期间，外蒙古首席代表又更换为“司法副长”希尔宁达木定。

中国代表要求外蒙古承认中俄《声明文件》及附件，取消独立，取消哲布尊丹巴的帝号及“共戴”年号，遵用中华民国年历。外蒙古代表拒绝接受中国的要求，一再强调要保留国号、帝号、可汗名号、“共戴”年号，并要求中、俄两国解释宗主权与自治权的差别。俄国代表乘机再度向蒙古代表要求签订俄蒙之间有关贷款、铁路、邮电等的条款。蒙古代表表示，签订该条款的条件是，俄国必须支持蒙方，让中国同意保留蒙古可汗帝号、内外蒙古合并等条件。俄国代表威胁说，如果蒙方不考虑与俄国维持友好关系，俄国将取消《俄蒙协约》，直接与中国商讨蒙古问题。

因中蒙双方冲突激烈，三方谈判无法正常进行。经过长达9个月的反复交涉，1915年6月7日，三方终于达成协议，签署了《中俄蒙协约》。此《协约》共计22条，重申了1913年中俄《声明文件》的各项原则；外蒙古承认中俄《声明文件》及其附件、承认中国宗主权，中国、俄国承认外蒙古自治；规定了中国在外蒙古行使宗主权的一系列具体条款，如中国政府可在库伦等地派驻“大员”和“佐理专员”、哲布尊丹巴呼图克图的汗号由中华民国大总统册封等等；还规定了中国内地商民在外蒙古经商、捐税、民刑诉讼等方面的一系列条款。在此《协约》附件“中国专使致俄蒙使照会”中，中国政府还特意声明，赦免所有附从外蒙古“独立”之“各蒙人”，“并准内外蒙人民照旧在该地方自由往来居住”。

6月9日，哲布尊丹巴致电北京政府，取消蒙古“独立”及国号、年号。时任中华民国大总统的袁世凯册封哲布尊丹巴为“呼图克图汗”，并赦免附从外蒙古“独立”的有关人员。宣布“独立”的哲布尊丹巴政权至此正式改称“自治”。但是，外蒙古表面上实行所谓的“自治”，实际上沙俄依然占有种种特权。美国《纽约时报》评论称，这份《中俄蒙协约》是“决定蒙古命运的”一份文书。

大逆转

《中俄蒙协约》签订之后，随着俄国干涉、控制的减弱，中国政府在外蒙古的作用和影响开始逐步加强，对外蒙古的控制得到一定的恢复。恰克图会议结束后，中国政府立刻派陈箓进驻库伦，在科布多、乌里雅苏台也派驻了代表。1915 年 10 月 16 日，陈箓抵达库伦，带去了大总统袁世凯给哲布尊丹巴呼图克图的礼品。为了表示答谢，哲布尊丹巴委派司法大臣车臣汗那旺那林、陆军副大臣扎木彦多尔济为代表，于 1916 年 1 月前往北京回赠礼品。同年 3 月，经陈箓电请，北京政府又授予哲布尊丹巴大勋位、那木囊苏伦等主要大臣一等嘉禾章。7 月 8 日，陈箓以北京政府“册封专使”的身份，正式举行册封哲布尊丹巴为“博克多哲布尊丹巴呼图克图汗”的典礼，宣读册文，颁发了金印、金册。

1916 年 1 月，根据《中俄蒙协约》有关规定，中俄蒙三方在库伦签订了《自治外蒙古电线合同》，议定将叨林、乌得等电报局移交外蒙古方面管理。在陈箓的建议下，库伦政府不顾俄方的反对，聘请留用了多数原电报局内地管理人员。与此同时，库伦政府也取消了向内地旅蒙商民征收的人头税、房屋税等捐税。

《中俄蒙协约》的签订，结束了内外蒙古统一建国的进程。1915 年至 1916 年间，应中、俄两国的共同要求，在库伦当局服务的内蒙古王公海山、乌泰、喇什敏珠尔等回到内蒙古。

1917年，俄国接连发生二月革命和十月革命，以领事馆卫队名义驻外蒙古各地的俄军陆续奉调回国，其势力和影响进一步减弱。8月，陈毅继任驻外蒙古库伦办事大员。1918年4月，由商办大成张库汽车公司经营的张家口至库伦公路运输正式通车运营。由于俄国国内政局恶化，卢布币值骤跌，外蒙古金融受到严重冲击，商民及库伦政府均“不堪其苦”。同年12月，库伦政权与北京政府官办中国银行签订协议，以免除外蒙古各盟旗、沙比衙门所欠前清户部银行旧债的历年利息为条件，在库伦设立分行，负责“维持商务，整顿金融”。

1918年4月，俄国新生的苏维埃政权要求向库伦派驻领事，遭到北京政府和外蒙古当局的拒绝。同年夏，苏俄红军与白俄谢米诺夫等部军队的战争扰及外蒙古边境。应哲布尊丹巴政权和白俄驻库伦领事的请求，北京政府派绥远驻军高在田团长率两营骑兵进驻库伦。谢米诺夫支持的达乌里站“泛蒙古独立运动”兴起后，一再派人至外蒙古进行“劝诱”，均被拒绝。进入1919年后，由于日本等国的武装干涉，俄国西伯利亚地区的战火进一步蔓延。在这种情势下，失去沙皇俄国倚仗的哲布尊丹巴政权，转而寻求中国政府的“保护”。

1919年8月，库伦办事大员陈毅与哲布尊丹巴政权多数王公大臣拟订了以取消“自治”为条件，旨在恢复前清旧制、侧重维护俗派王公贵族利益的“外蒙善后条例”六十三条，并迫使哲布尊丹巴“仓卒”允诺。事后，陈毅派人赴京请中央政府审批六十三条，哲布尊丹巴和总理大臣巴特玛多尔济等僧派也派代表进京提出反对意见。由于内有僧俗两派激烈争执，外有日本支持下的谢米诺夫进兵外蒙古的威胁，北京政府遂决定派西北筹边使兼西北边防军总司令、皖系军阀徐树铮率兵进驻外蒙古，稳定局势、加强边防的同时，乘机取消外蒙古“自治”。

1919年10月底，徐树铮率部数千人行抵库伦。徐树铮以“兵威甚盛，又日以礼物、宴会联络重要蒙员，反对者乃怒不敢言”。哲布尊丹巴、巴特玛多尔济等僧俗上层终于接受徐树铮的主张，不预定条件，“善后”一切办法留待事后商订。11月17日，外蒙古当局由总理兼内务大臣巴特玛多尔济、外务大臣车林多尔济等人联合署名，加盖哲布尊丹巴呼图克图大印，电呈北京政府请求取消自治、归属中国，并申明此前与俄国签订的各项条约协议“概无效力”。11月22日，民国大总统徐世昌正式颁令批准外蒙古取消自治，并称哲布尊丹巴呼图克图及“四盟、沙毕等”“应受之尊崇”、“应享之利益，一如旧制。中央并当优为待遇，俾共享共和幸福，垂于无穷”。同时，又颁令加封哲布尊丹巴为“外蒙古翊赞辅化博克多哲布尊丹巴呼图克图汗”。已返京复命的徐树铮，遂又以“册封专使”的身份驰抵库伦，于1920年1月1日举行了隆重的册封典礼。

外蒙古撤销“自治”之后，北京政府即照会白俄驻华公使，声明与外蒙古“独立”“自治”有关的《俄蒙协约》、中俄《声明文件》和《中俄蒙协约》等随即失效，并且下令裁撤驻库伦办事大员及各地佐理官员，使之并入徐树铮的西北筹边使署。

1920年5月，徐树铮再次前往库伦，接连采取了裁并接收原哲布尊丹巴政权各部衙署、设立边业银行、呈准民国政府注销外蒙古所欠前清户部银行旧债等“治蒙”措施。6月，徐树铮因内地爆发直皖两系军阀战争而返回北京，其后即因战争失利“下野”。同年8月，北京政府复命陈毅出任西北筹边使，旋又改称库（伦）乌（里雅苏台）科（布多）唐（努乌梁海）镇抚使，前往库伦统辖外蒙古军政事务。同月，外蒙古那旺那林、绷楚克车林等十余名僧俗上层代表来到北京，“觐见”了大总统徐世昌。徐世昌重申“蒙古待遇条例”，称外蒙古官制要“采取汉蒙参用主义”，并宣布“所有外蒙古各扎萨克、汗、王公等，无论沿袭前清及得自外蒙者，均照现在封秩晋进一爵”。

失去沙俄靠山的外蒙古僧俗上层不得已转而投附北洋军阀政府。但是，徐树铮等汉族军阀势力却在武力震慑下专横跋扈，肆行欺凌、贬辱，恣意侵夺外蒙古原有的自主权益，施行明显的民族歧视和压迫政策。徐树铮“治蒙”不仅未能使外蒙古“倾心内向”，反而激起了更广大阶层对北京政府的不满和离心倾向。

1920 年秋，外蒙古部分王公上层派人与俄国境内的日本、谢米诺夫势力联络、勾结。10 月，谢米诺夫被苏俄红军击溃后，其下属恩琴率余部数千人进入外蒙古，包围和猛攻库伦。随徐树铮入蒙的旅长褚其祥率军血战，将敌击退。恩琴围攻库伦时，哲布尊丹巴等外蒙古上层曾被北京政府军扣押“监护”。1921 年 2 月，恩琴攻陷库伦，挟持哲布尊丹巴宣布外蒙古再次“独立”。

• 苏赫巴托

• 乔巴山

再次陷于动乱的外蒙古，开始出现新生的人民革命力量。1919 年，在库伦成立了分别由苏赫巴托和乔巴山领导的两个革命小组。1920 年 6 月，两个革命小组联合建立了蒙古人民党(即蒙古人民革命党前身)，并派代表赴苏俄求援。苏赫巴托、乔巴山等在上乌丁斯克、伊尔库次克得到苏俄当局和共产国际代表的明确支持和指导，部分代表还前往莫斯科受到列宁接见。1921 年 3 月，蒙古人民党在恰克图附近成立了以苏赫巴托为首的人民义勇军司令部和蒙古临时人民政府，在苏俄支援下攻占了民国政府军驻守的恰克图。同年 6 月，苏俄红军与蒙古人民义勇军在恰克图地区击溃了恩琴白军的大举进攻。7 月，苏、蒙革命军联合进占库伦，宣布建立独立的“蒙古国”，成立了以哲布尊丹巴为君主的“君主立宪制”的人民革命政府。其后，“蒙古国”政府逐步驱除了白俄及中国军阀的残余武装，占据了外蒙古全境。1924 年 5 月，哲布尊丹巴去世。同年 11 月，蒙古人民共和国宣告成立。

第二章

漠南风云

晚清大规模放垦蒙地，增设地方厅县，削夺盟旗权利，引发了尖锐的民族矛盾，加之外蒙古“独立”以及辛亥革命政权更替的影响，内蒙古东部发生了“独立”“自治”运动。由此而起的动乱波及多地，给各民族人民的生命和财产带来了难以估算的损失。

胜福集团的“独立”尝试

由于清末东北当局推行削夺蒙旗权利的改制新政，以及俄国通过中东铁路施加的控制和影响，呼伦贝尔各蒙旗（包括索伦，即今达斡尔、鄂温克、鄂伦春等族）渐生离心倾向。

呼伦贝尔距喀尔喀蒙古最近，外蒙古“独立”的消息首先传入呼伦贝尔。1911 年 9 月和 10 月间，额鲁特总管胜福、新巴尔虎总管车和扎等呼伦贝尔各旗封建上层举行会议，做出了呼伦贝尔“独立”、加入“蒙古国”的决议。会后，胜福等人向呼伦贝尔地方当局提出：中国官员和军队撤出呼伦贝尔，将管理权转交蒙古人执掌；停止向呼伦贝尔移民；汉民若不承认新官府，即驱逐出境；关税及开采矿产资源之税捐等一切入款应移交呼伦贝尔新官府。这些要求被拒之后，他们便与库伦政权联系，同时请求俄国援助。

外蒙古宣布“独立”并发来劝谕“归顺”的通告后，胜福等人立即积极活动，征调各旗蒙兵准备发动“独立”事变。1912 年 1 月 14 日，胜福等派人声言次日晨八时进攻海拉尔城，要求“军队商民各挂白旗，否则全行攻杀”。当时，用俄国提供的枪支武装起来的“蒙兵已聚千人”。1 月 15 日，蒙旗武装攻入城内，呼伦道黄仕福等地方官员躲入中东铁路界内的铁路交涉局。同日，胜福等以“呼伦贝尔旗属官兵等全体”的名义致电黑龙江巡抚周树模：

“革命起事，各省附合，仇杀旗人，将覆大清。我呼伦贝尔旗人亦系满清之一小部分，世受国恩，自应尽一分臣子之义。故大众议定，起大清帝国义军，保守疆土，决不承认共和，亦不受汉官节制。”胜福以反对共和、保卫大清为名，实即宣布“独立”。胜福等人随即成立了隶属于库伦政府的“呼伦贝尔政府”，宣称恢复清朝时的副都统衙门。

东三省总督赵尔巽闻变，急命黑龙江巡抚“一面整备兵队驰往镇压”，一面“派员驰往劝解”，并称呼伦贝尔各旗“如果只不受汉官节制，则拣素洽蒙情旗员接署（呼伦兵备道）”。黑龙江省官员杜荫田、于家铭至呼伦（即海拉尔）后，一度劝抚成功。1月20日，“各蒙旗总管请委员等入城，宣布公认取消独立，仍守朝命”。在幕后煽动支持呼伦贝尔“独立”的俄国驻海拉尔副领事乌萨蒂急忙威胁胜福等人，“以后中国欺凌，不再袒护”，“并索酬报借械各费甚巨”，终使胜福等人又推翻取消“独立”的前议。1月23日，杜荫田等以呼伦兵备道、呼伦厅等职官“全准蒙员接替”为条件再次劝抚，遭到胜福等人的拒绝。次日，胜福、车和扎等又派人致函胪滨府（今满洲里），声称“已派蒙兵四百攻取该府”。与此同时，奉俄国政府指令，俄驻齐齐哈尔、海拉尔领事也出面干涉，阻挠黑龙江当局派兵镇压，声言“铁路界内华兵不得与蒙人冲突；铁路运兵，非俄政府特别允许不能照办”，而且“路界亦不容留道厅官吏居住，限期迫令出站”。

黑龙江当局见派汉族官员劝谕无效、派兵受阻，又派八旗协领庆善、骁骑校景明等赴呼伦劝抚。庆善等会晤胜福后，胜福又一度有“悔”意，并“允阻兵攻胪（滨府）”，景明遂“强挈蒙员成德乘火车赴满（洲里），截阻攻胪蒙兵”。但胜福等很快再次反悔，并增兵往攻胪滨府。庆善又转赴满洲里要求会见车和扎，亦遭严词拒绝。2月2日，由车和扎率领的蒙旗武装三百余人和身着蒙古服装的一百余名俄军，从俄方控制的车站界内出动，进攻胪滨府的中国驻军。经数小时激战，蒙兵被清军击退，身着“蒙服”的一名俄国军官也被打死。黑龙江当局得知俄军直接参战，遂令胪滨府官员和驻军撤出满洲里。2月4日晨，“俄马步炮队约八百余，蒙马步队约四百余，合围府营”。胪滨知府张寿增提出请车和扎总管到府署面商谈判，车和扎遂偕一名俄官到署，通牒“限十二钟交枪马，否则开炮轰击”。经长达4小时谈判，蒙俄方面仍坚执不让。张寿增鉴于“兵力不敷”，而且若开战，“必至牵动外交，不得已将枪马交蒙，下午四钟带兵出署”，后乘车回到齐齐哈尔。其后不久，胜福集团又在俄军协助下占领吉拉林等地，控制了整个呼伦贝尔地区。

胜福等人占领海拉尔、宣布“独立”之后，就委派索伦旗总管成德、佐领（苏木章京）达木丁苏伦等人前往库伦，呈送表示归附哲布尊丹巴政权的文书。哲布尊丹巴遂于1912年5月封授胜福为贝子、呼伦贝尔统辖大臣，封授车和扎为辅国公、呼伦贝尔协办大臣，并颁铸了银印，任命达木丁苏伦为“蒙古国”外务部次长。宣布“独立”的呼伦贝尔在形式上成为“大蒙古国”的组成部分。此后，胜福政权还曾向库伦“中央政府”上缴过赋税。

胜福集团占据呼伦贝尔地区之后，袁世凯政府和东北黑龙江当局曾一再对俄交涉，指斥和抗议俄国伪装中立，支持、援助以至直接出兵参与呼伦贝尔“独立”的行为，并多次筹划出兵收复呼伦贝尔地区，但均因俄方以武力相威胁、强行阻止而未果。与此同时，俄国商民则利用其“特殊”地位，在几年之内与胜福政权订立了捕鱼、伐木、采矿等各种合同四十余份，几乎控制了呼伦贝尔全境的渔、木、矿产资源的开发、掠夺权。

沙俄在胁迫中国政府签署了承认外蒙古“独立”现状的中俄《声明文件》之后，又图谋迫使袁世凯政府承认呼伦贝尔“独立”。1914 年 2 月，俄国驻华公使向北京政府提出了“恢复中国在呼伦贝尔主权之条件”，主要有：“呼伦贝尔仍归蒙官管辖”，须“任命当地人为呼伦贝尔副都统”；“应确认自呼伦贝尔实际独立以来俄国属下之人同呼伦贝尔当局所签各合同”等。俄国并无理重申“我们不容许未经我们参与而决定呼伦贝尔之命运，我们不承认中国政府同呼伦贝尔当局直接缔结之各项协议”。3 月，俄使又“代”胜福政权向北京政府提出：将呼伦贝尔作为“自治区域”；本地长官由当地官吏推举，容许保留本地军队，“商务及一切进款”由本地当局支配；“中国人不得在呼伦贝尔垦地、派驻官吏及驻军”；由“俄国担保中国政府不破坏呼伦贝尔行将建立之体制”等条件。

由于适值第一次世界大战爆发，担心事久生变，经过一年多的交涉谈判，俄国终于在《中俄蒙协约》签订后不久的 1915 年 11 月 6 日，胁迫袁世凯政府签订了《中俄呼伦条约》(《中俄会订呼伦贝尔条件》)。其主要内容为：呼伦贝尔为直属中华民国中央政府之特别区域；呼伦贝尔副都统由民国大总统在当地总管等职官中选任，职权相当于行省行政长官巡按使；平时一切军事均由当地旗兵担任；除关税及盐税外，境内一切税收及其他收入均归本地官府；中国政府承认此前俄国人与胜福政权订立的各种合同；中国政府为维持地方秩序需要派兵进入呼伦贝尔时，必须预先得到俄国的同意。之后，呼伦贝尔地区遂成为胜福等蒙旗上层“自主”“自治”、俄国控制染指的“特别区域”。

1917 年俄国十月革命发生后，胜福政权失去了强大的后台靠山。巴布扎布及其余部的连年肆扰，使胜福政权尤感难以维持统治。色布精额匪帮攻陷海拉尔后，胜福等上层官员逃往齐齐哈尔避祸，同北京中央政府及东北当局有了较多的直接联系和沟通。1918 年后，俄境谢米诺夫白军、日本干涉军等对呼伦贝尔地区的骚扰、掳掠、蹂躏日趋严重，呼伦贝尔的政局、社会更加动荡不安。1918 年冬，黑龙江省中东铁路临时警备总司令派兵进驻呼伦贝尔，北京政府的势力和影响进一步增大。1919 年 11 月外蒙古正式取消“自治”，胜福政权“独力难支”。12 月，呼伦贝尔副都统胜福病故，其职由贵福接任。12 月 21 日，贵福等上层官员开会议决，以贵福名义致电北京政府，宣布取消“自治”，即“特别区域”。在此期间，呼伦贝尔上层成德、巴嘎巴迪等人随哈满护路军司令耿玉田至齐齐哈尔进行协商谈判。1920 年 1 月 6 日，成德、巴嘎巴迪等联名致电东三省巡阅使张作霖、黑龙江督军孙烈臣，呈请“取消特别区域，所有呼伦贝尔一切政治，听候中央政府核定治理。”并谓原订《中俄会订呼伦贝尔条件》“无效，请中央政府主持作废”。1 月 28 日，民国大总统徐世昌正式发布政令，宣布撤销呼伦贝尔“特别区域”。取消“自治”后的呼伦贝尔，归黑龙江省管辖。至此，呼伦贝尔地区这场始于民国之初所谓的“自治”运动偃旗息鼓。

东蒙硝烟

包括科尔沁右翼前旗在内的哲里木盟北部各旗，是清末以来各种社会矛盾交错集聚、局势剧烈动荡的地区。日俄战争后，俄国失去洮儿河以南的势力范围，清廷在恢复对东三省有效统治的过程中，果断处理科右前旗扎萨克郡王乌泰私借俄款一案，代乌泰偿还俄债，使俄国试图策动乌泰等叛清投俄的阴谋中途流产，乌泰同俄国的直接联系也基本被阻断。但是，放垦蒙地、增设地方厅县所引起的民族矛盾日盛。官府不仅大肆放垦蒙地，而且征收的荒银、地租等项收益悉归官府，甚至科右前旗驻洮南、开通、突泉等县治的征租也由县衙直接办理。旗府的收入来源几乎断绝，扎萨克的行政权受到削弱。旗内各阶层都背负着沉重的债务，仅银行利息就使旗民不堪重负。这种状况更激起各阶层的不满和怨愤。

1912年1月，乌泰等王公上层接到外蒙古宣布“独立”、号召归附的通告后，开始图谋脱离中国的“独立”活动。3月下旬，乌泰委派科右前旗协理台吉色楞旺宝、锡勒图喇嘛布和布彦等人为代表，前往库伦呈递表示归顺的文书。乌泰在该文书中陈述：以哲里木盟副盟长名义，联合本盟10旗，举兵响应库伦，归附“大蒙古国”，同时请求给予援助。5月初，哲布尊丹巴谕令晋封乌泰为亲王，并发给俄制步枪1200支、子弹50万发。同一时期，扎赉特旗、科右后旗、郭尔罗斯前旗、郭尔罗斯后旗的王公上层也派出人员赴库伦以示归顺，均得到了库伦方面的封赏和武器援助。

5月，乌泰致函东三省都督赵尔巽，要求豁免其所欠原大清银行30万两白银，赵尔巽以“此项银两系公家借给之款，非民间租欠可比，断无如此邀免之理”予以拒绝。7月10日，乌泰再次致函赵尔巽，表示愿筹措10万两，请求东北当局代筹20万两，偿还银行本金，免除利息;代筹的20万两以放垦旗地的地租分期偿还。乌泰在信中强调:“自国体变更而后，全旗人心异常浮动，兼之库伦独立风潮到处鼓吹，外人勾引之惯技，不乏虎怅。蚩蚩蒙众，咸谓众旗地产既已尽放，以后之生计毫无希望，虽生犹死，聚众要求，已非一次。”“况银行之利息日滋生长，将来更无善后之方，甚至产无可破，激则生变。”这番显然带有某种警告、威胁意味的恳请，仍未得到满意的答复，也没有引起赵尔巽等当局官员的足够重视。乌泰摆脱或减轻沉重债累的企望破灭之后，起兵反叛的决心更加坚定。

色楞旺宝、布和布彦等由库伦返回科右前旗后，乌泰即召集本旗僧俗上层确定了起兵“独立”的计划。8月3日，乌泰开始发布征兵令，派官传令全旗，要求各蒙户“三丁抽二,二丁抽一,一丁两户抽一，各带枪马，定于八月二十日（农历七月初八）齐集该王府，二十一日在各（葛）根庙宣布独立”。他还发文通报科右中、科右后、扎赉特等旗，要求约期共同起兵响应。为更易于发动、指挥笃信喇嘛教的旗众，乌泰还任命锡勒图喇嘛布和布彦、葛根呼图克图、嘎钦喇嘛等为各路统兵元帅、统领，而以协理台吉等贵族官员、地方大户为领兵统领和各队指挥。8月16日，乌泰正式发布文告驱逐汉官，以“奉大蒙古国大皇帝谕旨”“妥为保固疆域”的名义，要求“各该地方官以及伍营束装归里”，并要求“农商蒙汉人等各安生业”，还直接致函署洮南知府欧阳朝华，通告已归附哲布尊丹巴“自行立国”，要求欧阳朝华“仿照库伦办事大臣（三多）束装回省”。

8 月 20 日，乌泰发动数千本旗武装如期起兵，分路大举攻向洮南府城及各县衙、村镇。乌泰等人为鼓舞士气，利用活佛喇嘛进行“神佛保佑”等蛊惑煽动，声言外蒙古将派大量兵力支援。然而，“登高一呼，众山响应”的局面并没有出现，实际起兵响应的只有科尔沁右翼后旗。该旗扎萨克镇国公喇什敏珠尔接到乌泰约期举事的通报后，即在本旗征调兵丁五百余人，准备进兵镇东县城。8 月 20 日，喇什敏珠尔命协理台吉乌尔塔率数百蒙兵向镇东县城发起攻击，在城防队部分蒙古族士兵纵火策应下迅速攻克县城，汉族知县率部分官兵突围脱逃。

在起兵的同一天，乌泰与扎赉特旗和科右后旗的扎萨克在葛根庙发布了后人称为“东蒙古独立宣言”的《告示》：“自中国革命、库伦独立以来，本郡王严守中立，并不附和活佛，但求保全本旗之权利而已。近察中国情形，既废孔教，又主张在蒙古殖民。孔教一废，佛教何能保存？蒙人向以畜牧为业，中国若来殖民，是夺蒙人之生计。以上两事，皆于蒙古有绝大影响，是蒙人未享共和之福，而先受共和之害。本旗喇嘛及蒙民等一再会议，坚请宣告独立，万众一心，屡次要求。适值库伦大皇帝派员前来宣布德意，又得某国许允接济军火，鼎力协助，是以宣告独立，与中国断绝交通。此为保全蒙古权利起见，别无他意。”

至此，科右前、科右后及附近各旗，清末新放垦的汉族聚居区，如洮南、靖安、开通、醴泉、安广、镇东、大赉等府厅县都很快陷入大规模战乱之中。一些村屯遭到焚掠，部分无辜商民被杀伤。

对于乌泰的“异心”，东北当局和北京政府早在 1912 年 3 月已经获悉。面对危局，一面对乌泰等人进行劝抚，另一方面做好随时平叛的准备。

7 月初，北京政府密电东三省都督及热河都统，要求增派军队进驻蒙旗境内各府州厅县。奉天都督赵尔巽、吉林都督陈昭常、黑龙江都督宋小濂及热河都统昆源，分别部署实施了调兵进驻蒙旗沿边地区的计划。其中，原驻辽源的奉天后路巡防队统领吴俊升已于8月17日率部分先头部队进驻洮南。

乌泰起初矢口否认有“异志”，后来则直言归附库伦政权，严词拒绝劝抚。吴俊升进抵洮南后，又派人会见乌泰，“开诚谕导”，但乌泰仍坚持己见。8月20日，经北京政府国务会议决定，国务院致电奉天、吉林、黑龙江三省都督，正式下达了以武力镇压蒙旗“独立”的命令，战争随之开始。

吴俊升进抵洮南以后，奉调的吴俊升所部奉天后路巡防队其他各营及帮统王良臣所部奉天右路巡防队各营和北洋新军第20镇一部，陆续分路开进科尔沁右翼三旗南部各县境内，开始了反攻作战。吉林、黑龙江两省军队也分路开进了郭尔罗斯前后两旗、杜尔伯特旗和扎赉特旗境内，从东、北两面进入科右前后三旗的战乱地区。

8月22日，吴俊升在洮南获悉镇东失守后，亲率骑兵三个营“星夜驰往援救”，经过激战，击溃了科右后旗武装，收复了县衙。25日，科右前旗蒙兵大举进攻洮南府城，“四面围攻，昼夜枪声不绝”。吴俊升坐镇驻守洮南，其他各路政府军先后在洮南以西窑基屯、白虎店，安广境内新庙、包省屯等地击败科右前、科右后两旗蒙兵。

9月4日，吴俊升指挥下的十几营军队，其中包括北洋陆军两个营和吉林防军两个营，由洮南、安广、醴泉发起全面反攻，兵分五路攻向科右前旗腹地。政府军在兵力、武器和作战经验、能力方面均占明显优势，仓促成军的蒙旗武装虽经激烈抵抗，终至纷纷溃败。

9月12日，吴俊升集中各路奉军会攻蒙兵重点防守的瓦房镇。据当时政府军战报所载，“自午至申，一齐奋力猛攻，枪炮齐施。该蒙兵拼死抗拒，弹如雨落。历战半日，该逆势渐不支，顿将瓦房盘踞，住所被炮火轰燃，火光烛天。我军冒火直前，当将瓦房攻破”。13日，奉军乘势进攻葛根庙。当时葛根庙不仅是科右前旗“屯驻重兵要点，墙垣坚固高厚，聚集精锐”之处，还聚集了从战乱各处逃来避难的几万蒙古百姓。奉军架起大炮猛轰寺庙殿宇，庙宇大殿一角亦被轰塌。虽有葛根活佛等诵经祈祷,蒙兵的抵抗意志终告崩溃。在奉军猛烈进攻下，乌泰等僧俗上层率蒙兵仓皇出逃，众多难民百姓则惨死在炮火枪弹之下。吴俊升攻陷葛根庙之后，又督军连续追击，攻占了王爷庙和乌泰王府，乌泰率亲随残部连夜逃入西北索伦山中。至此，科右前旗战事基本结束。

科右前旗蒙兵被彻底击溃之后，吴俊升留下部分兵力在该旗继续追剿、扫荡，亲率主力转头进攻科右后旗。9 月 18 日，奉军进攻该旗协理台吉、领兵主将乌尔塔的住地。蒙兵坚决抵抗，奉军“连攻三次，未甚得手”，只好用炮猛轰，增兵进攻，寡不敌众的蒙兵终于败退。接着，奉军又占领了喇什敏珠尔的镇国公府，缴获“大蒙古国三军司命旗一杆”。喇什敏珠尔、乌尔塔等率残部脱逃。

吴俊升率奉军在科右两旗作战时，进入郭尔罗斯前旗境内的驻吉林新军第 46 协（旅）打出“征蒙军”旗号，在协统裴其勋指挥下迅速包围了该旗扎萨克辅国公、哲里木盟盟长齐默特色木丕勒王府一带，随后发出最后通牒，称若“执迷不悟，敢抗大军，即时督队进攻”。一度也曾图谋起兵响应“独立”的齐默特色木丕勒，在政府军兵临城下的威逼下，只好“恍然醒悟，欢迎共和”，并愿以盟长名义“分招内蒙各旗王公细心助顺”。

乌泰起事后，扎赉特旗王公上层也曾派代表赴库伦表示归顺，被哲布尊丹巴政权封授爵职，并下令征调兵丁，组织武装力量，但考虑到自身实力及其他因素，并未实际起兵响应，同时也未接受黑龙江都督宋小濂的劝抚。8 月末，宋小濂所部陆军第 1 混成旅协统许兰洲派兵包围了扎赉特贝勒府，挟持了尚处幼年的扎萨克贝勒巴特玛拉布坦及其执掌旗政的庶母，还“请”来杜尔伯特旗阿穆尔沁格勒图喇嘛、伊克明安公巴勒济尼玛等前往规劝。由于大兵压境和乌泰等各地蒙兵已连遭惨败，巴特玛拉布坦终于接受了劝抚。9月初，巴特玛拉布坦母子和本旗主要官员在政府军的“护送”下前往省会齐齐哈尔，受到黑龙江省方“优予接待”，表示甘愿取消“伪封”。9月12日，扎赉特旗正式宣告撤销“独立”。

乌泰及锡勒图喇嘛偕亲随家眷逃入索伦山后，为躲避奉军的追剿，辗转抵达呼伦贝尔。11月，乌泰由俄国军队保护，乘坐西伯利亚火车到达库伦。后被库伦当局任命为“刑部副大臣”。喇什敏珠尔败逃索伦山后，也途经昭乌达盟北部和锡林郭勒盟乌珠穆沁旗境流亡外蒙古。跟随乌泰、喇什敏珠尔逃入索伦山的几万蒙古族难民，除部分北入呼伦贝尔，部分南逃昭乌达盟北部外，仅由黑龙江省入山招抚官员遣令回籍者即达两万人。

10月7日，北京政府以袁世凯大总统令形式正式革除乌泰职爵，接着又下令将喇什敏珠尔和另一投附库伦的科左后旗闲散辅国公那逊阿尔毕吉呼“立即革爵、一体查拿”。

在乌泰发动的“东蒙古独立”事件中，乌泰领导的蒙古军与政府军之间历经大小战役30次，双方死伤近千人，死于战乱的各族群众达数千人，被毁房屋无数，十余万人流离失所。蒙兵肇乱时有滥杀无辜，而参与镇剿的官军在蒙旗采取了残酷的报复手段，大肆掠夺蒙古各阶层财物和庙产，一些土匪出身的官兵乘机作恶，造成严重祸患。战争给各民族人民的生命和财产带来了难以估算的损失，在近代民族关系史上留下了极为惨痛的一页。

开鲁之乱

昭乌达盟扎鲁特两旗、阿鲁科尔沁旗南部开鲁县一带，是清末放垦设治激化民族矛盾的又一个“热点”地区。

1912 年 8 月，扎鲁特左旗协理台吉棍布扎布、掌印梅伦阿呢杨噶、领兵梅伦土们乌勒吉等将表示归顺哲布尊丹巴政权的文书送到库伦。8、9 月间，已投附库伦的哲里木盟科左后旗闲散辅国公那逊阿尔毕吉呼返赴昭乌达盟鼓动各旗响应外蒙古“独立”，得到棍布扎布和土们乌勒吉、阿呢杨噶等人的积极响应。乌泰兵败后，扎鲁特左旗扎萨克贝勒、昭乌达盟副盟长林沁诺依鲁布对起兵“独立”态度消极，犹豫不决。棍布扎布等在“独立”要求遭到拒绝后，将扎萨克府第捣毁，掳走林沁诺依鲁布及华盛阿等旗府官员，宣布“独立”，投附库伦。

从哲里木盟科右两旗战乱中逃难而来的蒙众数百人，在那逊阿尔毕吉呼率领下进入开鲁、绥东两县境内“烧劫”，“声言驱逐汉官”，“附和库伦”。棍布扎布等已被哲布尊丹巴政权封为公爵，在得到枪弹补充后奉命返回本旗举事。两支队伍会合后，陆续得到邻近各旗蒙古族各阶层的追随附和，扩展到千余武装。他们四出杀掠汉族官员、商民，试图夺回蒙旗土地，并于 10 月末闯入不肯附和的扎鲁特右旗扎萨克郡王多布柴的府第抢劫财物、“任意骚扰”。变乱烽火从扎鲁特两旗很快蔓延到阿鲁科尔沁、巴林、奈曼以至哲里木盟科左中等旗境内。

11 月 5 日，棍布扎布率众占据开鲁县以东的哈拉毛刀，击退城防军队，包围县城。城内部分官员、士兵乘危抢掠商铺、难民，秩序大乱。11 月 11 日，知县钟元率领卫队出逃，途中残杀无辜蒙古族男女三十余人。12 日，棍布扎布等攻破城门，“抢劫商富，搜杀汉人，焚烧房屋”，“县街商铺尽成焦土”，城外许多村屯陷入动乱。

由于开鲁被占，绥东、建平、朝阳、赤峰等地相继戒严。北京政府急令奉天都督张锡銮、热河都统昆源等调兵平乱。奉天后路巡防队吴俊升所部、驻奉天陆军第 28 师冯德麟部、毅军米振标部和热河防军等大批政府军奉命开入昭乌达盟。

在各路大军围剿下，蒙旗武装纷纷败退。11 月 28 日，曾参加镇压乌泰之乱的吴俊升指挥麾下的第 1 和第 3 骑兵营，在炮火的支援下猛攻棍布扎布的根据地扎鲁特左旗嘎海庙，遭到蒙兵的拼死抵抗。经彻日激战，蒙兵败溃，嘎海庙失守。12 月 1 日，棍布扎布、土们乌勒吉等被迫撤出开鲁，率领残部辗转退入外蒙古。战火炽烈之际，林沁诺依鲁布等人也乘隙逃脱棍布扎布的羁绊，躲至阿鲁科尔沁旗扎萨克贝勒巴咱尔吉哩第处避难。

开鲁之乱历时约两个月，使当地蒙汉民众遭受巨大的苦难。仅开鲁县就“损失财产约七八十万两，死伤人命约两千余人”。不少蒙民为躲避战祸，“饿毙冻死者指不胜屈”。官军肆虐，为害更重。开鲁县汉族居民向民国政府呈文，控诉官军“兵队齐集，水火益深，蹂躏之祸，更甚于匪（指蒙兵）……故民之痛恨于兵，尤切痛恨于匪……哀我蒸民既遭蒙匪之害，又受大兵之惨，万民何辜，罹此荼毒？”“兵无纪律、贪酷残忍”的军阀部队对汉民尚且如此，蒙古民众遭受的兵祸蹂躏显然更为严重。

棍布扎布等起兵肇乱时，由于规模、声势、影响更大的乌泰“独立”事件刚被严酷镇压，各蒙旗对官军武力深为恐惧，不敢再轻易附和响应。其他各旗王公上层和旗府武装，也往往“积极”向热河当局、各路政府军通风报信，并配合防堵起事蒙兵。

贡桑诺尔布等人蓄谋“独立”

卓索图盟喀喇沁右旗郡王贡桑诺尔布是蒙古族近代史上有重要影响的人物。他不同于因循守旧的贵族王公，不仅学识渊博，而且具有强烈的民族意识，以致力于蒙古民族的自强复兴为己任。辛亥革命爆发后，贡桑诺尔布联合科尔沁宾图郡王棍楚克苏隆等人为寻找蒙古民族新的“出路”,走上了借助外力谋求民族“自立”(独立)的偏激之路。

1911年12月初，外蒙古宣布“独立”的消息传出之后，贡桑诺尔布首先想到的是向俄国求助。他同宾图王棍楚克苏隆拜访俄国驻华代办谢金，“探问内蒙古独立时可望得到俄国何等程度的事实援助”。碍于俄日在内外蒙古势力范围的划分,谢金表示“对外蒙能予以充分援助，对内蒙古固然甚表同情，而实际的援助，因地理悬隔，实属困难”。在俄国面前碰壁后，贡桑诺尔布遂转而向早已有较密切联系的日本方面寻求援助。12月中旬，贡桑诺尔布通过日本“在野”名流川岛浪速结识了日本外务大臣内田康哉、参谋本部军官福岛安正等军政要员，以本旗长年租赋作抵押，从日本正金银行借得2万银两。1912年年初，清帝退位大势已定，贡桑诺尔布遂向川岛浪速表示：蒙古成为中国的一部分，只是由于将清朝奉为“正朔”，与中国本身并无任何关系。如今清朝已经灭亡，蒙古当然应脱离中国“独立”。但由于蒙古没有实力，只能在日本的支援下实现独立。民国恢复内地“汉土”理所当然，但如果将蒙古也视为它的领土，那就正好像把别人家的遗产当作自己的“领有物”一样。同在北京的宾图王棍楚克苏隆和巴林右旗扎萨克郡王扎噶尔亦持相同看法。

抱着这种分离主义看法和意图，贡桑诺尔布于1912年1月底在北京同川岛浪速达成一份秘密“契约书”，主要内容为：为了保卫蒙古的利益和维护大清皇位的存续，须将内蒙古联合成一个强固的“团体”，统一掌管全内蒙古的一切军政大事；为此目的，须首先在贡王的喀喇沁右旗组建一支“优势”兵力，然后逐步将各王公联合起来；川岛将尽全力促成贡桑诺尔布担任这一“团体”的首脑，并负责从日本方面筹措“创办”该“团体”所需的武器和军费；贡王聘请川岛为“总顾问”，参与协商一切

军政要事；“内蒙古团体”成立之后，如受到他国“侵逼”而难以自卫，须首先寻求日本帝国的援助，并且须同日本建立“特别良好”的关系，

●贡王新政

保证维护日本人在内蒙古的“实业计划”。为返回本旗起兵发动“独立”，贡桑诺尔布又提出借款20万日元的要求。

至3月初，经日本外务大臣批准，贡王以“代表卓索图盟五旗、为保卫地方起见”的名义，将该盟所有矿产作为抵押，从天津日本大仓洋行获得9万日元贷款，并商定在京先取1万，以后在奉天铁岭另取8万，实即从日方购买武器弹药。此外，出自同样目的，宾图王棍楚克苏隆和巴林郡王扎噶尔也采用类似方式分别获得了日方的10万和2万日元贷款。贡桑诺尔布等人为了换取日本对“内蒙古独立”的支持和援助，不惜出让所属盟旗的诸多利益，而日本侵略势力的目的则是利用和操控贡桑诺尔布等蒙古上层以及以清室肃亲王善耆等为首的“宗社党”，在东北和内蒙古策动“满蒙独立运动”，乘中国政权交替、局势动荡之机吞并中国东北和内蒙古地区。

3月初，北京、天津发生袁世凯部属曹锟部队的哗变动乱，贡桑诺尔布等乘机脱身离开北京，返回本旗，迅即召集贵族官员开会，宣布起兵发动“内蒙古独立”的主张和计划。但与会官员反应冷淡，普遍用沉默来表示抵制和反对。其后，贡桑诺尔布又到赤峰召集卓索图、昭乌达及哲里木三盟王公上层及其代表开会，提出联合发动“内蒙古独立”或加入“大蒙古国”哲布尊丹巴政权的主张,响应者仍是寥寥无几，会议最终不欢而散。

4月初，贡桑诺尔布不顾身边贵族官员的普遍反对，委派管旗章京朝克巴达尔呼和商卓特巴喇嘛色尔济扎木苏前往库伦，向“大蒙古国内务总理衙门”呈递了代表全旗所有僧俗民众表示归顺哲布尊丹巴政权的文书。赤峰会议之后，他又派达喇嘛罗布桑车珠为代表赴库伦进一步联系。由于贡桑诺尔布在内蒙古的地位和影响，罗布桑车珠受到库伦方面格外的重视和欢迎。贡桑诺尔布被哲布尊丹巴任命为统管内蒙古六盟的“内蒙古大臣”。但罗布桑车珠并非庸碌之辈，其在库伦停留期间，亲眼目睹了库伦政权的内部矛盾和政治经济管理的混乱状况，对这个“新生”政权的前途感到十分悲观和失望，回到内蒙古即向贡桑诺尔布报告了所有情况。

计划与贡桑诺尔布一同起事的巴林右旗扎萨克郡王扎噶尔，离京返回本旗时即有川岛浪速委派的日本退役军官木村直人等陪同。扎噶尔从 5 月开始征调本旗兵丁编成军队，由木村直人等负责训练，计划在半年内编练成 300 人的 3 个中队，为起兵“独立”做准备。

贡桑诺尔布由京返旗时，也有川岛浪速委派的松井清助大尉陪同。贡桑诺尔布派人随同松井前往大连运送从日方购得的武器弹药。不料“阴差阳错”，贡桑诺尔布按预定日期派人前往南满铁路铁岭车站接收时，松井清助等却将武器运到公主岭车站卸下，伪装成农垦机具载于 47 辆大车，沿西辽河以北向巴林旗方向运送。6 月上旬，运送武器的大车队在哲里木盟科左中旗达尔罕王府以北的塔库夏堡被奉军吴俊升部截获。

日援武器弹药被截获，贡桑诺尔布等人起兵“独立”的图谋败露，致使其图谋“独立”的计划彻底破产。参与“同谋”的巴林右旗扎萨克郡王扎噶尔等人也不再敢有所动作。

9 月，受挫的贡桑诺尔布又召集热河各旗王公和相邻各县士绅举行联席会议，提出在热河境内实行自治的倡议，也没有得到大多数人的支持。热河都统熊希龄得知贡桑诺尔布的举动后，立即电告袁世凯请示消弭办法。不久，北京政府任命贡桑诺尔布为新成立的民国政府蒙藏事务局总裁。在袁世凯多次来电催促下，进退维谷的贡桑诺尔布不得不进京赴任。10 月，北京政府以“效忠民国”的名义嘉奖贡桑诺尔布，并将其由郡王晋封为亲王。此后，贡桑诺尔布长居北京，任蒙藏事务局及蒙藏院总裁达 16 年之久。

宾图王棍楚克苏隆回到本旗图谋独立的活动同样未能得到当地和

邻近各旗王公上层的赞同响应。之后他也接到北京袁世凯政府的电召，请他出任蒙藏事务局总裁。因畏于北京政府的追究惩处，他“面色苍白，不愿说话，一个人住在书房内日夜踱来踱去，不时喝酒”。1912 年 6 月，棍楚克苏隆携几名亲随乘火车取道哈尔滨，又经呼伦贝尔前往外蒙古投附库伦政权。途中受到俄国方面的款待和庇护。棍楚克苏隆虽然被哲布尊丹巴政权委任为副总理大臣，但一直情绪低落，对前途甚感失望。1912 年 10 月，他曾从库伦致电东三省屯垦局，申明自己是以“私人资格”来到外蒙古，并表示不久将要返回。大约在 1915 年春，棍楚克苏隆在库伦赴宴后返回住所时，大叫一声摔倒在地，口吐白沫当即气绝，死时年仅 28 岁。

贡桑诺尔布、棍楚克苏隆等人发起的民族“独立”、自治主张没有得到更多人的响应和支持，是和其当时所在的卓索图盟和哲里木盟南部各旗的历史背景和环境因素分不开的。自清中叶以来，随着时间的发展和汉族人数的增多，卓索图盟和哲里木盟南部各旗早已成为蒙汉杂居的以农业生产为主的地区，而且清末大规模放垦蒙地也并没有直接涉及这一地区，民族矛盾也就不像其他地区那样紧张和激化。

第三章

怀柔与掠夺

清末内蒙古地区的动乱，随着“独立”运动的被镇压而暂时归于平静。北京政府一面通过军事镇压、谈判安定局势，一面采取一系列措施安抚、拉拢蒙古王公上层。但是，由于北京政府本身的局限性，其出台的政策始终未能跳出清政府怀柔与掠夺的窠臼。

尘埃落定

1912年1月1日中华民国建立，历史进入到了一个新时期。虽然孙中山、袁世凯一再通告“五族共和”“合为一家”，但对于新兴的中华民国中央政权，除了那些起兵谋求民族“独立”的个别上层之外，内蒙古多数王公经历了从最初对新政权怀疑、抵触甚至反对，到最后逐步认同、接受的过程。

●民国政府蒙藏院总裁、喀喇沁右旗亲王贡桑诺尔布

1912年1月，驻京蒙古王公阻止清帝退位的努力失败之后，除了贡桑诺尔布、扎噶尔、棍楚克苏隆等筹划起兵“独立”之外，据说“与喀喇沁王同盟，策划蒙古自卫，举勤王军，意见一致者”还有“敖汉王”色凌端鲁布、敖汉左旗闲散贝子德色赉都布、喀喇沁左旗扎萨克贝勒熙凌阿、科尔沁左翼中旗扎萨克达尔罕亲王那木济勒色楞、闲散卓里克图亲王色旺端鲁布，以及刚从东北协助赵

尔巽稳定蒙旗局势返回北京的科尔沁左翼后旗扎萨克亲王阿穆尔灵圭。

接到外蒙古哲布尊丹巴“独立”政权的劝谕书之后，曾先后复函表示归顺的内蒙古王公扎萨克很多，但事实上大多数王公扎萨克并未将“归顺”的表示付诸实际行动，甚至不少人还对外蒙古“独立”持有疑虑、抵制以至反对的态度。如锡林郭勒盟盟长扬桑就是以坚决反对外蒙古“独立”而知名的人物，他的“归顺”函实写于1912年冬外蒙古军队进犯锡林郭勒将他掳往库伦以后；伊克昭盟阿尔宾巴雅尔等王公还曾致函哲布尊丹巴政权，对外蒙古“独立”提出13条质疑；扎鲁特两旗扎萨克曾抵制棍布扎布起兵响应外蒙古“独立”。

活跃于清末政治舞台上爵高位重的科尔沁亲王阿穆尔灵圭，在清帝退位前即表示拥戴袁世凯，清帝退位后仍留在北京，继续观察局势变化，关注袁世凯政权对蒙古王公特权与封建体制的态度和政策。同时，他却指令在本旗代他执政的官员着手购械练兵，企图在局势不利的情况下“联合满蒙，在清朝的名义下施行独立”。

奉阿穆尔灵圭之命，科左后旗官员王尚忠从1912年3月就开始赴旅顺、大连等地，向日本方面接洽购买武器弹药。得悉日本将帮助前清宗社党举兵“独立”，王尚忠还拜访过寓居大连的肃亲王善耆。7月间，经奉天都督赵尔巽许可，科左后旗已同在铁岭的日本大矢组（洋行）签订了购买15万发子弹的合同，但合同实际并未履行。征调、训练新兵的活动也于同年4月在阿穆尔灵圭的亲信官员金殿彩主持下开始进行，预定分别在昌图和阿王府两地分批训练新兵1 000名。5月，被招募到昌图的首批蒙兵已开始进行训练。8月以后，由于袁世凯公布了优待蒙古王公的《蒙古待遇条例》，加上满洲宗社党“满蒙独立”活动的失败、乌泰“东蒙古独立”事件被迅速镇压，科左后旗的练兵购械活动也随之中止。

清帝宣布退位以后，科左中旗的达尔罕亲王那木济勒色楞、卓里克图亲王色旺端鲁布也开始购械练兵以求自保。清代的科左中旗是外藩蒙古中王公世爵最多的一个旗（计有亲王 2 人，郡王、贝勒、贝子各 1 人，辅国公 4 人），而且位列所有蒙古汗王之首的科尔沁三位亲王，有两位就在该旗（另一位是科右中旗的土谢图亲王）。同时，该旗的主要王公世爵还各有分隶的属民和地域。由于土地放垦等问题上的矛盾纠葛，那木济勒色楞、色旺端鲁布及温都尔郡王那兰格埒勒等人之间“互不相容”。他们练兵购械各自进行，并未形成全旗统一的力量。

“曹锟兵变”之后，那木济勒色楞于 1912 年 3 月上旬离京抵奉天，试图购买武器弹药以备举兵。他还会见赵尔巽及张作霖等人，表示自己反对共和、复兴清朝之意。3 月中旬，色旺端鲁布也来到奉天，与达尔罕王一样向赵尔巽强调了反对共和、恢复清朝的主张，试图求得赵尔巽的赞同支持。

返回旗府后，色旺端鲁布首先向日本驻四平领事提出了借款 7 万日元的要求，并且“私下派人招募胡匪两千余人”。辽源州知州带兵前往“镇抚”时，“卓里克图亲王言辞激烈，并说不许你们越境干涉我们旗政”。5 月，那木济勒色楞也声言，已编练蒙兵 2 000 人，通过赵尔巽购得枪 3 000 挺，已做好举兵准备，只待时机成熟，并表示“如果举兵，选郭尔罗斯公（指盟长齐默特色木丕勒）或宾图王为首领为合适”。此外，达尔罕王和卓里克图王以“保护蒙荒局”、防止“胡匪骚扰”等为由，招募蒙兵 500 名，通过赵尔巽或日本人购买大批枪支子弹。大致同一时期，温都尔郡王那兰格埒勒也从事了“为自保疆域起见”“按户挑丁”“招兵聚众”等活动。

那木济勒色楞等人对反对共和、镇压革命党人的赵尔巽等前清旧臣抱有幻想，而赵尔巽等人却先后投靠了窃取辛亥革命果实的袁世凯。对于蒙旗的练兵购械活动，赵尔巽转而进行了阻止和监视，在不断派人劝抚蒙旗拥护共和的同时，还令吴俊升率部进驻辽源。给贡桑诺尔布运送武器的车队被吴俊升在达尔罕旗以北截获后，那木济勒色楞等人受到强烈震慑，遂“偃旗息鼓”，纷纷搬进了生活优裕的辽源州城。

在东部部分王公上层积极活动、购枪练兵以求自保之时，中西部乌兰察布盟以盟长勒旺诺尔布为首的王公扎萨克将所辖境内所有官设驿路台站撤销，公开宣布不承认共和、民国。

1912 年 8 月，乌泰等人在科右两旗起兵宣布“独立”之际，吴俊升率所部北上洮南，哲里木盟南部重镇辽源留兵无几。达尔罕王和卓里克图王所属台吉官员“纷纷遣人要求该王回旗”，两王也曾“欲回”旗府，但被留驻辽源“名为保护、实则监察”的巴林爱新荒务局总办黄仕福“力为挽留”。黄仕福“每日必到两王府一行，以安其心”，又从卓里克图亲王家庙集宁寺请来“平日最有权力，为各王公所信仰者”的巴噶喜格根，对两王等“不惮苦口，力劝效顺民国，勿生异心”，终使该旗“安堵如故”。

声势颇大的乌泰“独立”之乱很快就被兵力、武器均占绝对优势的政府军镇压。从犹疑、观望到抵制、反对以至跃跃欲试的蒙旗各阶层终于看到也“尝”到了“共和”、“民国”的“威力”。这些王公上层从此不敢轻举妄动、公开对抗北洋军阀政府的强权。这也是外蒙古军队“南征”和巴布扎布之乱难以得到蒙古各阶层更多响应的原因。

与此同时，孙中山、黄兴等人先后应袁世凯之邀来到北京，南北关系明显缓和，孙中山又与袁世凯几度直接商讨解决蒙古问题的对策，这都为袁世凯稳定内蒙古局势提供了有利条件。

早在乌泰等东蒙古王公蓄谋“独立”时，袁世凯、赵尔巽等即指令各蒙地府县派员进行“劝慰”和“宣抚”。在平定乌泰事件的战争中，袁世凯一再谕令，要求各地在军事推进的同时，辅以和平方式的“慰问”“宣抚”。随着战争的顺利进行和结束，袁世凯在通令晋封“实赞共和”的蒙古王公爵位，革去乌泰、喇什敏珠尔等人世爵的同时，于9至10月间任命时任直隶都督的老北洋系官僚张锡銮为东三省西边宣抚使，蒙藏事务局副总裁姚锡光为口北宣抚使，并向卓、昭、锡、乌、伊五盟分别派遣了“慰问员”。

就内蒙古而言，阿穆尔灵圭、那木济勒色楞、色旺端鲁布等人的活动与胜福、乌泰、贡桑诺尔布等人的“独立”活动有明显不同的特点。他们对相距较远的外蒙古政权并无明显的归附、拥戴之意，也不像贡桑诺尔布等人那样谋求内蒙古“独立”。他们的基本意愿只是想保留和维持原有的贵族领属制度和特权，同时也想维护蒙古民族原有的种种权益。

《蒙古待遇条例》的台前幕后

清朝的覆亡本来是孙中山领导的革命党人发动武装起义、各省革命派和原立宪派军政官员宣布“独立”响应的结果，但新生的中华民国政权却最终落入深谙纵横捭阖之道的北洋军阀首领袁世凯手中。比起持激烈“反满主义”的南方革命党人，曾为前清大官僚的袁世凯与满蒙王公上层有更多的接触和更密切的关系。尤其是在外蒙古宣布脱离中国“独立”、整个蒙古以至西藏、新疆等边疆地区局势动荡的情况下，袁世凯更懂得笼络收买满蒙王公上层对维持统治、稳定局势的重要性。

武昌起义后南北议和时，袁世凯即提出优待清室与优待“满、蒙、回、藏各族”的条件，在与民军“商酌”“议定”后，作为清帝退位诏书的附件正式公布。“各族待遇之条件”明确规定“保护其原有之私产”“王公世爵概仍其旧”。

1912 年 3 月 10 日，袁世凯在就任中华民国临时大总统的当天就致函那彦图、阿穆尔灵圭为首的蒙古王公联合会，称曹锟兵变“是我失政所引起，请蒙古王公们安心留在北京”，并拨发 1 万银两以示慰问。3 月 25 日，袁世凯又发布政令，“劝谕”蒙藏各族拥护共和、民国，同时批准在京设立“蒙藏统一政治改良会”。4 月 10 日，又支持成立“五大民族共和联合会”，其亲信、内务部长赵秉钧为该会总理。为取消外蒙古“独立”，袁世凯自3月15日起，一再致电对哲布尊丹巴政权进行劝抚，并通过驻京蒙古王公，委派敖汉旗三喇嘛等为政府专员前往库伦“劝导”。

同年4月，袁世凯颁令由内务部统管蒙、藏、回等边疆事务，而不另设专部。但7月，又改设隶于内阁总理的蒙藏事务局（1914年升格为直接隶属于大总统的蒙藏院），任命熟悉蒙古等边疆事务的姚锡光为副总裁并暂署总裁。同年3月，民国临时政府和临时参议院设于南京，议定内地每省及内外蒙古、西藏各出5名参议员。而至8月北京政府正式颁布国会及参、众议院组织法时，蒙古各盟、部受“优待”，参、众议员各增至27名。

早在清帝退位之前，时任内阁总理大臣的袁世凯任命曾声言要与南方民军“逐鹿中原”的土尔扈特郡王帕勒塔为科布多办事大臣。清帝退位后，帕勒塔实授科布多办事长官，直到1914年1月因病辞职。前清世代或几代常驻北京的喀尔喀亲王那彦图、科尔沁亲王阿穆尔灵圭更是袁世凯重金收买的对象。武昌起义后，清廷曾为防堵东北革命党而任命阿穆尔灵圭为“专办蒙旗事宜”大臣。袁世凯任临时大总统后，继续让阿穆尔灵圭保留这一前清头衔，负“督办蒙旗事务”之责。1912年6月，袁世凯任命那彦图为乌里雅苏台将军并兼办土谢图汗、车臣汗两部事宜（未能就任）。此外，在民国初年的“政党政治”风潮中，那彦图曾先后被拥护袁世凯的共和党及后来的进步党推选为理事，阿穆尔灵圭也被进步党授予名誉理事头衔。蓄谋“独立”未成的喀喇沁郡王贡桑诺尔布也是袁世凯拉拢收买的重点对象。贡桑诺尔布政治倾向比较开明，来到北京后即会见孙中山，加入了同盟会、国民党，在正式出任蒙藏事务局总裁之前，与孙中山、黄兴、宋教仁等一起被选为中国国民党理事。这位颇著声望的内蒙古王公一直受到袁世凯及其后继者的“重用”，几乎连任蒙藏事务局、蒙藏院总裁，直到北洋军阀政府倒台。

在袁世凯的笼络收买下，清帝退位后继续留在北京的那彦图、阿穆尔灵圭等人成为第一批投靠袁世凯、“拥护”共和与民国的蒙古王公。这些蒙古王公中的头面人物利用自己的身份和地位，力促民国政府以法令的形式正式承认、继续保留蒙古原有的贵族体制和自主权益。

1912年4月6日，以那彦图、阿穆尔灵圭为首的蒙古王公联合会向袁世凯政府提出了“蒙古特别待遇”十一项“要求条件”。其内容为：“一、嗣后各蒙古均不以藩属待遇，应与内地一律，中央对于蒙古行政机关亦不用理藩、殖民、拓殖等字样。二、各蒙古王公原有之土地统辖治理权，一律照旧。三、内外蒙古汗、王、公、台吉世爵各位号，应予照旧承袭，其在本旗享有之特权，均照旧无异。四、唐努乌梁海五旗，阿尔泰乌梁海七旗，原系副都统及总管治理，应就原来副都统及总管承接职任之人，改为世爵。五、蒙古各地呼图克图、喇嘛等原有封号，概仍其旧。六、各蒙古外交之国际交涉及边防事务，均归中央政府办理。其交涉、边防，如遇交涉地方重要事件者，随时由中央政府交蒙古该地方行政机关参议允协，然后施行。七、蒙古王公世爵俸饷应从优支给。八、从前在蒙古所设之官，如将军、都统、办事大臣、参赞大臣等一律裁撤，凡蒙地由中央政府另设行政之机关，专以蒙古世爵、人民治理，其以下之职掌五族人通用。九、察哈尔八旗原系游牧之地，及上都牧群、牛羊群地方，可为蒙古王公筹画生计。至已开垦设治之处，除设治照旧外，其所入租赋亦划归筹画王公生计之用。十、蒙古人通晓汉文者，及入各项学堂毕业者，均得任用内地京外文武各职。十一、以上各条系属大纲，此外未尽事宜，俟后国会召集再行提议。”

上述各项“条件”中，第一条并不是要取消前清外藩蒙古所享有的种种特殊地位和待遇，而是要求取消带有贬抑性、被视为异类的“藩”的称谓，以与内地汉人享有同样平等的地位和待遇，第十条要旨亦同此。第二、第四、第六、第八、第九各条，要求维持并进一步扩大蒙古原有的自主自治权益，如撤销前清凌驾于各盟旗之上的将军、都统、大臣，将“内属蒙古”察哈尔的垦地租赋也像“外藩”一样拨归蒙旗。而第一、第二、第九等条，还明显含有反对继续在蒙古放垦、设治的意味。这些“条件”的主要宗旨和基本出发点在于维护、扩大蒙古王公上层的封建特权利益。

袁世凯阅后，除认为第八条涉及官制，须“汇入（官制）全案另议”之外，即将其全文批转给临时参议院。8 月 19 日，临时参议院将原件第八、第十一两条删除，对其余九条做部分修改后易名为《蒙古待遇条例》予以通过，21 日正式公布。临时参议院对原“条件”的删改主要有：将第二条中的“土地统辖治理权”改为“管辖治理权”，第六条中的“中央政府交蒙古该地方行政机关”改为“中央政府交该地方行政机关”。由于前清时蒙古地区即存在旗县交叉、“重叠”治权于一地（旗管蒙人、县管汉民）的状况，盟旗原有地方行政建制的地位、权限受到剥夺，这里删除“土地”和“蒙古”，实质上隐含着不承认蒙旗原有的“地方行政机关”地位和传统土地所有权，已为之后的进一步开垦、设治埋下了伏笔；将第九条中的“察哈尔八旗原系游牧之地”和“（开垦）所入租赋”删掉，笼统地改为“察哈尔之上都牧群、牛羊群地方，除已开垦设治之处仍照旧设治外，可为蒙古王公筹画生计之用”。这样一来，不仅“抹”去了察哈尔蒙古游牧八旗已被垦辟殆尽的

“旧账”，而且把意思转变为将尚未开垦设治的上都牧群、牛羊群地方给蒙古王公以为筹划生计之用。实际上，上都牧群、牛羊群地方早在清朝时就已被划为官牧厂，根本没有尚未开垦设治之处。袁世凯政府颁布的《蒙古待遇条例》，对原“要求条件”中维护蒙古民族原有自主权益的内容做了明显删削，却几乎全盘保留了王公上层的封建特权。

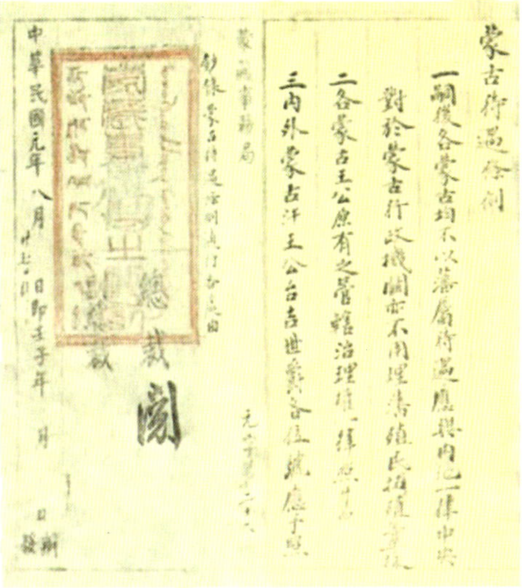
蒙古待遇條例
一嗣後各蒙古均不以藩屬待遇應與內地一律中央對於蒙古行政機關亦不用理藩殖民拓殖等字樣
二各蒙古王公原有之管轄治理權一律照舊
三內外蒙古汗王公台吉世爵各位號應予照舊
中華民國元年八月

●1912 年 8 月，民国政府颁布的《蒙古待遇条例》

正当乌泰等人在哲里木盟起兵“独立”、大批政府军奉命“征蒙”之际，袁世凯公布了《蒙古待遇条例》，并且在“优待”蒙古方面还超过前清，任命蒙古王公贡桑诺尔布为中央政府专管蒙藏等民族、边疆事务机构的主官。这真是又打又拉，软硬兼施。9 月 20 日，袁世凯又颁布了《加进实赞共和之蒙古各扎萨克王公封爵》的“大总统令”：“现在边事未靖，凡效忠民国、实赞共和之蒙古各扎萨克、王公等均属有功大局，允宜各照原有封爵加进一位；汗、亲王等无爵可进者，封其子若孙一人，以昭荣典。”事实上，袁世凯以晋封爵位的手段笼络蒙古王公上层的做法在此之前已经实施。当年 7 月 29 日，拒绝归顺哲布尊丹巴“独立”政权的外蒙古西部杜尔伯特汗被“优予双俸”并加封一子为贝子；当年 8 月 21 日至 9 月 19 日，哲里木盟未附和响应乌泰“独立”的科右中旗扎萨克土谢图亲王业喜海顺、郭尔罗斯前旗扎萨克辅国公兼盟长齐默特色木丕勒、杜尔伯特旗扎萨克贝子什埒布劳丕勒、郭尔罗斯后旗扎萨克一等台吉布彦楚克，以及依克明安旗辅国公巴勒吉尼玛、昭乌达盟翁牛特右旗扎萨克郡王赞巴勒诺尔布、新疆土尔扈特郡王帕勒塔均先后被加进爵衔。与乌泰有宿怨的科右前旗协理台吉绷束克巴勒珠尔也被“破例”加封镇国公衔。“加进封爵令”颁布之后，阿穆尔灵圭、贡桑诺尔布等人自然是首批“受惠”者。除了公开起事响应“独立”者外，内蒙古、新疆、青海各盟旗的蒙古王公扎萨克几乎普遍受到晋封。为了羁縻笼络蒙古王公，袁世凯在封赏世爵方面比前清还要“慷慨大方”。如首倡、召集东蒙王公会议,“效顺民国”“懋著勋勤”的哲里木盟盟长齐默特色木丕勒，截至袁世凯实行“洪宪帝制”时，在短短三年内即由六等王公末位的辅国公累进晋封为头等亲王。

在用虚荣恩赏手段羁縻笼络蒙古王公上层方面，袁世凯几乎照搬了前清皇帝的做法。在民国共和时代，中央政府仍然施行“年班”制度，对年班进京觐见袁大总统的蒙古僧俗上层赏与例行的筵宴和封赏。袁世凯还仿照前清宫廷侍卫制度，专门为在京的蒙古王公设立翊卫处作为总统府内设机构，以阿穆尔灵圭为都翊卫使、那彦图为副都翊卫使，下设若干翊卫使、副翊卫使，每月按职级付给优厚的“马夫费”，遇典礼盛仪还派充“侍班”。

王公会议上的众生相

1912年10月，为了确立北洋军阀集团对内蒙古边疆各地的有效统治、管辖，袁世凯借平定乌泰叛乱的时机任命老北洋系张绍曾为绥远城将军。适值此时，早已落入吉林防军羁绊的齐默特色木丕勒以盟长名义提出召集哲里木盟十旗王公扎萨克，定于10月初在辽源（郑家屯）举行会议，讨论乌泰“独立”失败后对民国政府的归附问题。本次会议之所以选择奉天省与蒙旗接壤的辽源作为会盟地点，主要是因为哲里木盟大部分归奉天辖制，达尔罕亲王、卓里克图亲王等一些地位较高的王公当时常驻辽源。而吉林都督陈昭常认为，齐默特色木丕勒所在的郭尔罗斯前旗本归吉林节制，其是为借“地主”之利操控会议，以便提高自己的地位和影响，遂提议将会议改在吉林省和蒙旗交界处的长春召开。

哲里木盟即将召开王公会议的消息引起袁世凯政府的极大重视。还在袁世凯将要委任张锡銮为东三省西边宣抚使时，刚刚接任蒙藏事务局总裁的贡桑诺尔布即曾建议加派一位“名望素孚”的蒙古人士偕同前往。袁世凯遂委派“专办蒙旗事宜”的科尔沁亲王阿穆尔灵圭作为中央政府特派代表与张锡銮一起参加长春会议。

1912年10月28日，第一次哲里木盟十旗王公会议（又称东蒙王公会议）在长春召开。与会官方代表有：北京政府代表阿穆尔灵圭亲王，东三省西边宣抚使张锡銮，吉林都督陈昭常，驻吉林第二十三镇统制孟恩远、协统裴其勋，及奉天民政使、黑龙江提学使等。各旗王公扎萨克有：盟长齐默特色木丕勒，科左中旗扎萨克达尔罕亲王那木济勒色楞，温都尔郡王那兰格埒勒，杜尔伯特旗扎萨克贝子什埒布劳丕勒，郭尔罗斯后旗扎萨克一等台吉布彦楚克，以及科左前、科左后、科右中、扎赉特旗的协理台吉、管旗章京等。政府方面在会议上提出了十项议案，主要内容为：各蒙旗须悬挂中华民国的五色旗，遵守民国法律；各旗举办新政、向外国借债，须获中央政府批准；不得私自购运武器，不得将产业抵押给外国；"蒙边要隘地点由国家派兵屯驻"。

为了维护蒙旗原有权利，与会蒙古王公在赞成共和、承认现实的基础上也提出了自己的六条要求，要点为："保全以前所属领土"并有权"自由练兵"；"征蒙军"应迅速撤出蒙地，并赔偿蒙人在战乱中的损失；承认已放垦之地，但不得再行开垦，并"不得设立行省"。政府方面对蒙古王公的各项要求，除"赔偿蒙人损失"之外（认为汉民的战乱损失更大）均予批准，蒙古各旗王公扎萨克和代表则以签名的方式通过了政府提出的十项议案。此外，与会蒙古王公还签署了《取消库伦独立劝诱书》。

历时四天的长春会议结束后，齐默特色木丕勒随同阿穆尔灵圭前往北京，向袁世凯大总统汇报了会议情况。齐盟长在呈文中代表哲里木盟十旗再次提出了"各旗未放荒地留归各旗自行开垦"和反对改设行省的要求。袁世凯在批示中，对蒙旗自行开垦问题表示"查与优待条件之'保护产业'相符，均可照行"；对改省问题亦称"前清末造颇有建议，以至蒙人疑虑。现民国告成，五族一家，凡更张建置大都出自本地人民呈请，政府断无强迫施行之理”。袁世凯几乎全部认可和满足了蒙旗的要求。同时特别嘉奖齐默特色木丕勒，将他“从优”进封为贝勒。齐默特色木丕勒则以全盟各旗王公和代表的名义发出了拥护共和的通电。

第一次东蒙王公会议的召开，标志着哲里木盟十旗正式归顺民国政府，袁世凯政权从此确立了在哲里木盟的统治和管辖权。

在内蒙古西部，绥远城将军张绍曾于1912年10月抵任后，当即照会乌兰察布、伊克昭两盟王公扎萨克，谕令他们限期派代表到绥远城同他会晤，不料遭到两盟王公扎萨克的明确拒绝。乌盟六旗扎萨克还联衔致函张绍曾，声言“迭奉库伦来文统一蒙古，请民国内务部嗣后关于饬令遵行新政异怪各命令暂行停止”。张绍曾意识到内蒙古西两盟王公上层有背离民国倒向库伦的可能，呈文袁世凯请求召开两盟盟长、扎萨克会议。此议正中袁世凯下怀，当即予以批准。但是，张绍曾召集开会的通知发到各旗以后，竟无一旗派代表前来赴会。经请示袁世凯同意，张绍曾决定以武力胁迫各王公来绥。

1912年11月16日，张绍曾委派的招抚使、晋北中路军司令朱泮藻率步骑各1营及机关枪队、炮队、巡防马队等精锐重兵，乘夜包围了乌兰察布盟盟长、四子王旗扎萨克郡王勒旺诺尔布府邸。勒旺诺尔布从梦中惊醒，护府蒙兵已被缴械，迫不得已“慨然感悟，输诚悔罪”。勒旺诺尔布被“护送”抵达绥远城后，受到张绍曾隆重欢迎，袁世凯电令晋封其为亲王。

张绍曾将乌盟带头抗拒民国的勒旺诺尔布“请”到绥远后，立即发文通告两盟其他所有王公，再次限令如期来绥开会，并称如“有不遵此令者，本将军将请诸总统，用罚以随其后”。张绍曾派人赴伊盟邀请盟长、杭锦旗扎萨克贝子阿尔宾巴雅尔时，阿尔宾巴雅尔托病不见。12月28日，北洋陆军第一镇支队长孟效曾率骑兵开抵杭锦旗，阿尔宾巴雅尔只好“深自惭悔，现病已稍减”，启程赴绥。继两位盟长之后，其他大多数王公扎萨克也陆续抵达。他们是乌盟副盟长、喀尔喀左旗扎萨克贝勒云端旺楚克，乌拉特前旗扎萨克镇国公克什克德勒格尔，乌拉特后旗扎萨克镇国公拉什那木济勒多尔济，乌拉特中旗扎萨克辅国公巴宝多尔济，茂明安旗扎萨克头等台吉拉什色楞多尔济，伊盟帮办盟务、达拉特旗扎萨克贝子逊博尔巴图，郡王旗扎萨克郡王特古斯阿拉坦呼雅克图，扎萨克旗扎萨克头等台吉沙克都尔扎布，以及鄂托克旗和准噶尔旗的协理台吉。伊盟副盟长、乌审旗扎萨克贝子察克都尔色楞因本旗发生大规模“独贵龙”反抗斗争而陷于困境，连召开会议的通知也未能收到。

为使乌、伊两盟王公会议（又称西盟王公会议）顺利召开，张绍曾极尽软硬兼施、恩威并重之能事。他专门设立了西盟会议

•1913年1月绥远城将军张绍曾主持召开西盟王公会议的合影

招待处，每到一位扎萨克就请至将军府盛宴款待，并电请袁世凯逐一晋封爵位。张绍曾首先召开预备会议，将拟定的《西盟王公会议条件大纲》五款十八条提交各王公、代表审议。“条件大纲”的主要内容为：拥戴共和，不承认外蒙古独立和《俄蒙协约》；请官军保护西盟要地；振兴蒙民教育；实施垦荒、伐木、采矿、筹划蒙民生计等计划。前清时曾坚决反对放垦蒙地的盟长、扎萨克，虽然处于被武力胁迫的境地，但仍然对开垦、伐木等侵害蒙旗各阶层基本权益的条款表示反对。政府方面态度强硬，拒绝删改，诸王公“相顾愕然”，只好被迫接受。

1913 年 1 月 23 日，两盟王公会议正式召开。绥远城将军张绍曾和山西省归绥观察使潘礼彦先后致词，两盟盟长勒旺诺尔布和阿尔宾巴雅尔也分别发表演说，表示拥护共和，反对库伦“独立”。会议正式通过了《条件大纲》，蒙古王公们联名发表了《伊盟各旗扎萨克不承认俄库条约之通电》《乌盟各旗扎萨克不承认俄库条约之通电》和《乌伊两盟各扎萨克劝告库伦文》。

会议结束后，张绍曾按照袁世凯的意图，安排两盟盟长勒旺诺尔布、阿尔宾巴雅尔和副盟长云端旺楚克、帮办盟务逊博尔巴图进京觐见大总统，呈交会议公文。四位蒙古王公在北京受到袁世凯的热情款待和优厚“赏赐”，离京时还有军乐队在火车站欢送。

通过这次会议，内蒙古西部王公上层普遍受到民国政府强硬武力的震慑，同时也尝到了种种“优待”的甜头，从此再也不敢公开抵触和对抗民国政府。

对签订于内蒙古东、西部两次王公会议之间的《俄蒙协约》，已被袁世凯政府羁縻笼络的在京蒙古王公也追随全国政界舆论表示反对和声讨。1912 年 11 月 15 日，蒙古王公联合会发表通电，斥责外蒙古哲布尊丹巴政权妄称独立，并称该政权与俄国擅自订立的各项条约“自应一律无效”。11月23日，蒙藏事务局总裁贡桑诺尔布宴请外国记者，指出“俄库条约损失蒙古领土，侵害蒙人自由”,“吾人”坚决反对，誓将“取消此约”。其后，哲里木、卓索图两盟盟长及一些王公扎萨克也分别发表通告或致电北京国务院，表示拒绝承认《俄蒙协约》。

此前，为镇压乌泰和棍布扎布“独立”，已有各路北洋新军和巡防队等政府军进驻蒙旗境内。《俄蒙协约》签订后，全国出兵“征蒙”的呼声更为高涨。1913年年初外蒙古发动大规模进犯战争以后，陆续有更多的各类新、旧正规军进入内蒙古腹地作战。如此众多的政府军进入地广人稀的内蒙古各盟旗腹地，经过一年多的辗转征战，击退了总数不过数千人并且是临时征调成军的外蒙古进犯武装，同时也进一步有效地控制和稳定了内蒙古中西部局势。

在反击外蒙古进犯的战争仍在激烈进行之际，民国政府为了进一步稳定内蒙古东部局势，于1913年10月在长春再次召开了哲里木盟十旗王公会议（又称第二次东蒙王公会议）。出席会议的有北京政府代表、蒙藏事务局副总裁荣勋，吉林护军使孟恩远，民政使齐耀琳及奉天、黑龙江两省代表；哲盟十旗代表除了盟长齐默特色木丕勒和科左前旗扎萨克丹巴多尔济外，均为各旗协理台吉、章京等官员。

荣勋在会上首先传达了大总统袁世凯对蒙古王公的几条要求，如不允许私借外债，不得受俄国煽惑，力保蒙旗稳定。北京政府方面提出的议案要点为：改内蒙古为行省，征收通行货物税及家畜税，移民开垦，开采山林和矿产。蒙古王公、代表提出的要求主要是：一是改设蒙藏部以重体制，即将蒙藏事务局升格为与前清理藩院同等规格的部；二是吉、黑两省蒙旗地租仍应照收现银；三是蒙境所收税款应拨归蒙旗，以筹备饷械维持治安；四是蒙汉诉讼，应有蒙员陪审，以防地方官偏袒汉民。双方意见严重抵牾，会议讨论时互不相让,以致争论得“舌敝唇焦”。尤其是政府方面提出的设立行省、移民开垦遭到蒙方代表的强烈反对。会议结束时，只在东四盟（哲、卓、昭、锡）联合防务办法等次要问题上达成一致，而实质性问题均未得到解决。

蒙旗方面在这次会议上提出的要求，集中反映了清末以来地方省县对蒙古盟旗的种种欺压和民族关系中存在的各种严重问题。仅仅事隔一年，哲盟多数王公扎萨克不肯与会，说明他们对迟迟不兑现以至公然“翻悔”原有种种许诺的民国政府表示严重失望和不满。而政府方面“不顾”大总统袁世凯一年前的明确批示，又提出要改建行省、移民开垦，说明随着局势的稳定和统治的确立，袁世凯政权的对蒙政策和策略，已逐渐显露出其民族压迫和掠夺的本来面目。

昙花一现的蒙古实业公司

20 世纪初，清廷和一些蒙古王公、官僚、商人等在“振兴实业”的口号下开始创办具有近代工业意义的新兴手工业，在少数大的手工工场里采用了新式机器。在中国近代资本主义发展史上，曾经有过一个由蒙古王公创办的“蒙古实业公司”。

1910 年 9 月，由科尔沁亲王阿穆尔灵圭牵头，外蒙古赛音诺颜部扎萨克亲王那彦图、科尔沁左翼后旗辅国公博迪苏、喀喇沁郡王贡桑诺尔布、土尔扈特郡王帕勒塔、阿拉善旗扎萨克亲王塔旺布里甲拉、奈曼旗扎萨克郡王苏珠克图巴图尔等驻京蒙古王公联合筹资发起，在北京创办了蒙古实业公司。阿穆尔灵圭为道光、咸丰、同治三朝显贵的蒙古王公僧格林沁的曾孙，博多勒噶台亲王封爵的第二代承袭者，清廷总司稽察 (宫廷) 守卫事宜大臣，身份、地位十分显赫。其他发起人在蒙古王公中也都有较大的权势和影响，是蒙古王公势力在清王朝政界的主要代表。例如，那彦图和博迪苏既是当时清廷四位御前大臣中的两位蒙古王公（另两位是清皇室亲贵），还是清末资政院的钦选议员，贡桑诺尔布也是资政院钦选议员，帕勒塔曾留学日本，也在清廷当差。

蒙古实业公司从一开始就得到清廷的军政大员和官僚买办大鳄的支持和帮助。其中有清廷亲贵大臣皇叔、贝勒、军咨处大臣载涛和贝勒及军机大臣兼军咨处大臣毓朗，还有东三省总督锡良、库伦办事大臣三多、湖广总督瑞澂、邮传部右侍郎盛宣怀，以及汉族官僚、曾任农工商部左侍郎兼署尚书的唐文治。

阿穆尔灵圭等人在创办蒙古实业公司的奏请得到清廷批准后，随即着手拟订具体的经营计划：先筹集资本库平银 100 万两，然后从兴办蒙古地区的交通运输业入手开展一系列的经营活动。其具体设想为，第一步开辟张家口至库伦的汽车运输，待张家口至绥远的铁路建成后，再开辟由邻近归化城的老河口至宁夏的黄河水路航运。在交通运输业运营卓有成效的基础上，再向其他行业扩展。筹集和管理资金的方法为，将预定的 100 万两分作 1 万股，每股 100 两。其中 2 000 股即 20 万两由发起人（蒙古王公）分担认购，其余 8 000 股即 80 万两在全国范围内募集。股金分两期交纳，每期半年、半额。收纳股金的业务由清政府官办的大清银行、交通银行和民族资本家周廷弼开办的信成银行受理。

1910 年 10 月 12 日，蒙古实业公司在北京灯市口德昌号举行了隆重的开张典礼，数十名清室亲贵和驻京全体蒙古王公出席了盛典。阿穆尔灵圭宣布蒙古实业公司正式成立，陈述创办公司的目的、公司的章程概略以及今后的一些设想。亲贵大臣载涛代表赞成人发言，他说，振兴蒙古实业也就是巩固国家边圉，“今日蒙古实业公司之成立，关系于中国前途甚大”。

1910 年 10 月 14 日，清廷资政院召开会议，“其预备议案有关于审查振兴外藩实业问题者，现闻蒙古实业公司各发起王公，除那、贡两邸及博公已均列为议员外，余如阿邸、塔邸、帕邸、苏邸均拟向理藩部请求介绍资政院旁听券，入场旁听，并即举那、贡两邸及博公在资政院内为蒙古实业公司之代表云”。由此看，这个由蒙古王公开办并自诩以“开发蒙古”“增殖蒙人生计”为基本宗旨的实业公司，大有仰借清朝中央政府的支持和扶植，垄断整个蒙古地区各行业开发的势头。

公司成立之初，即已由发起人、赞成人认定股金五十余万两，并开始了具体业务活动。公司向清政府呈报了开办张家口至库伦的汽车运输计划，并求助于库伦办事大臣三多，而三多筹划由他出面开设张库蒙古汽车公司。公司遂承揽了哲里木盟郭尔罗斯后旗的垦务。郭尔罗斯后旗的扎萨克一等台吉布彦楚克，因前世扎萨克争讼等事，遗下累累债务无力偿还，便将本旗未开垦地三千余井（方圆六里为一井）作价银二十多万两，让与蒙古实业公司负责招民开垦。由于承包土地垦务关系重大，公司特向有关疆吏呈请批准。此外，公司还筹划经营锡林郭勒盟乌珠穆沁旗的盐务。

辛亥革命爆发，举国陷入动荡。蒙古实业公司生不逢时，所筹办的各项“实业”随之停顿。

袁世凯政权初建，为了维持和巩固自己的统治，对蒙古王公上层采取羁縻笼络和恩威并施的政策，颁布了《蒙古待遇条例》。包括蒙古实业公司的七位发起人在内的一批蒙古王公上层纷纷表示“翊赞共和”，对袁氏政府投桃报李。

1913 年“赣宁之役”后，袁世凯政权初步稳定下来。跻身于袁氏政权麾下的蒙古实业公司的创办者们亟欲重整旗鼓，开始恢复公司业务的活动。岂料这些蒙古王公从一开始就错打了算盘，袁世凯政府所推行的对蒙政策在放垦蒙地方面与前清并无二致。1914 年，北京政府陆续颁布了《禁止私放蒙荒通则》和《垦辟蒙荒奖励办法》，开始强行开垦蒙旗土地。蒙古实业公司与北京中央政府在开垦科尔沁左翼蒙旗土地问题上的冲突就不可避免了。

清朝时期，蒙旗土地开发，一般是由王公扎萨克违禁私自招民开垦，荒价、租银均归蒙旗（主要是王公扎萨克）所有。清末推行对蒙“新政”“移民实边”，则是由地方省县负责放垦，蒙旗只能分到部分押荒银，而且这部分押荒银也往往难以兑现，垦务官员的滥放、舞弊等行为更是时有发生。所以，即使是一些贪图地价的王公贵族，对于由地方官府包揽垦务也心怀不满。

正是在这样的背景下，约于 1913 年冬，哲里木盟科左中旗的贝勒扬散巴拉、贝勒济克登诺尔布林沁扎木苏以及贝子达赉等人，未通过该旗扎萨克及奉天都督府，就擅自派人直接与蒙古实业公司接洽，拟将他们的属地交由公司招垦，其目的无非是想获得自行放垦后的全部荒价、地租。这正好成为蒙古实业公司恢复业务活动的契机。公司趁机向大总统袁世凯提出了具体呈请。袁世凯为了笼络阿穆尔灵圭等蒙古王公上层，于 1914 年 1 月和 2 月先后批准了蒙古实业公司承垦扬贝勒和济贝勒属地，并谓“此项地亩系以蒙人集合之公司承垦蒙地，自与蒙人出放荒地不同”，特准免缴荒价中应纳政府的两成报效银。可是，由蒙古实业公司承垦蒙旗土地却触犯了地方军阀张作霖的利益，使其不能从包揽蒙旗垦务中牟取暴利；同时也触犯了该旗扎萨克达尔罕亲王那木济勒色楞的利益，使他不能从与地方官府相互勾结出卖蒙旗土地中渔利。于是那木济勒色楞寻找种种借口，呈文北京政府蒙藏院等部门，阻挠这项垦务的施行。奉天省方也以此项垦务未经旗扎萨克及省政府批准、有违《禁止私放蒙荒通则》等为理由，极力加以非议。接着，扬贝勒、济贝勒、达赉贝子等人向哲里木盟盟长提出申诉，认为此项垦务并非私自丈放，还指出过去由地方官府承办蒙荒往往存在滥肆丈放、营私舞弊、危害蒙民生计、不付荒价等情形。1914 年夏，北京政府在处理这桩纠纷时，让哲里木盟盟长齐默特色木丕勒出面约扬、济两贝勒赴京查询，但扬、济两贝勒却托病不愿前往。后齐盟长又奉袁世凯之令赴沈阳会同奉天省巡按使张锡銮筹议解决。经过几度争讼，由于北洋军阀势力的种种阻挠和压力，这项垦务计划终告流产。

蒙古实业公司借以重整旗鼓的又一项“实业”再次中途夭折。与此同时，公司资金也陷于严重亏空，经营无法继续维持了。公司成立之初，虽有发起人、赞成人认定股金五十余万两，但事实上除阿穆尔灵圭一人的三万两之外，其他股东实缴股金不过三万余两。至 1914 年夏，公司实际耗银已达七万两。由于所筹办的各项“实业”无一成功，资金枯竭，蒙古实业公司的股东们终于 1914 年 10 月 19 日召开临时会议，宣告公司正式停业。

蒙古实业公司存续四年即告停业，令许多关心近代蒙古社会发展的人士扼腕叹息。如果我们不以成败而论，在近代中国的资本主义经济发展中一度绽放的蒙古实业公司这朵鲜花自有其特别的意义。公司由蒙古王公发起创设，并主要由他们出资经办，且以“开发蒙古”“增殖蒙人生计”为宗旨，一直未受外国资本势力的染指。它虽然没有获得什么实际成效，但终究是蒙古社会经济史上的进步现象，也是近代中国经济史上的进步现象。

放垦蒙地的血泪

1902年，清政府为了应对华北饥民“闯关东”的移民浪潮、遏制沙俄和日本图谋霸占我国东北和内蒙古地区的野心、加强我国北部边疆的防务，废除原来制定的隔绝蒙汉民族的政策，实行“恤蒙实边”的“新政”，大规模向东北和内蒙古地区移民。“开放蒙荒”成为清朝末年清统治者在内蒙古地区所施“新政”的中心内容。全面开放蒙荒使内蒙古地区的地土制经济得到进一步发展。蒙古族的王公、台吉、塔布囊等贵族还保留着种种特权，继续向蒙古族箭丁与随丁征收税赋与劳役，但蒙地放垦所得的荒价和地租业已成为各蒙旗财政收入的主要来源，这些王公上层因而转变为拥有贵族特权的地主。如哲里木盟科左后旗，清末全年财政收入为白银151 255两（不计扎萨克博多勒噶台亲王及闲散的贝勒、辅国公的官俸），其中地租收入就有132 454两，占全部收入的87.7%。由此可见，当时许多蒙古贵族由过去的主要靠属民负担经济来源转变成主要靠地租收入生活。科左后旗的地租收入有109 980两是归扎萨克（旗长）支用的，说明扎萨克是全旗最大的地主。但是，清政府实行“新政”后，改私垦为官垦，搜刮“押荒银”（押租银）成为清廷开放蒙荒的首要任务。

民国初年，北洋军阀政府沿袭清朝放垦内蒙古草原的“蒙地汉化”政策。大兴蒙旗垦务是北洋军阀对内蒙古实行经济掠夺的主要方式。

袁世凯在1912年第一次东蒙王公会议后，为笼络内蒙古王公上层，曾以大总统名义许诺“各旗未放荒地归各旗自行开垦”。但是，绥远地方当局却在西盟王公会议上强迫与会王公接受继续开垦的做法，而且在第二次东蒙王公会议上政府方面又明确提出放垦蒙地的要求。正是在这样的背景下，哲里木盟科左中旗部分王公派人与因辛亥革命爆发而一度中断业务活动的北京蒙古实业公司接洽，提议由该公司负责招垦他们的属地。袁世凯批准了蒙古实业公司承垦哲里木盟科左中旗王公属地的计划，称“此项地亩系以蒙人集合之公司承垦蒙地，自与蒙人出放荒地不同”，特准免缴荒价中应纳政府的报效银。

与此同时，为推进垦务，民国政府于1914年2月19日正式颁布了《禁止私放蒙荒通则》和《垦辟蒙荒奖励办法》。这标志着袁世凯已彻底撕毁维护和保留蒙古民族原有自主权益的种种伪装，继承清政府民族压迫和掠夺的反动衣钵，开始全面推行放垦蒙地的政策。一些蒙古王公上层希望自行放垦、承垦蒙荒的计划遂告破产。

《禁止私放蒙荒通则》规定：“凡蒙旗出放荒地，无论公有私有，一律应由扎萨克行文该管地方行政长官报经中央核准，照例由政府出放，否则以私放论。”即便是“准由蒙旗自行开垦”的所谓“照章划留领照之地”，亦“须呈报该管地方长官备案”。同时还详细规定了对私放土地的蒙旗各阶层予以惩处的办法。《禁止私放蒙荒通则》最后一条规定：“本通则未尽事宜，准由兼辖蒙旗之奉天、吉林、黑龙江、甘肃、新疆、热河、绥远、察哈尔、阿尔泰各该巡按使、都统、办事长官，就各处情形另订施行细则，咨部核准进行。”即将具体放垦大权授予各地方官府。同时颁布的《垦辟蒙荒奖励办法》

则详细规定了给予蒙旗积极报垦者“勋章”“爵衔”和“翊卫处各职衔”等“荣典”，汉民承垦大户也可按领荒地亩数获得各种“奖章”。

1915 年，北洋政府蒙藏院又制定公布《边荒条例》，将清末放垦蒙地政策及相关规定进一步扩大推行于西北、西南边疆民族地区。《条例》第一条即规定：“凡蒙、藏、青海等处暨热河、察哈尔、绥远城、东三省、新疆以及陕甘、四川边外开放荒地，均依此条例办理。”其他具体规定主要有：“凡荒区”“如系蒙、藏、回游牧地段，由该扎萨克呈请蒙藏院转呈大总统核准开办”，“同时亦须呈该地方长官备案”，并且“凡放荒之处须责成附近县署办理”；“如所放系蒙、藏、回游牧地段，其所收荒价半归国家、半归该旗，由放荒县署和荒务局征收，分解分交”；“所收大小租应解国库若干，应分给该旗若干，亦照该地向例办理”；其“所收镇基、屯基之价，仍半归国家、半归蒙旗”；等等。

此类“通则”“办法”“条例”的主旨是：蒙旗放荒须报经中央批准，由政府出放；各蒙旗凡愿报垦、招垦、领垦蒙荒者给予各种形式的奖励；蒙古游牧地带亦属放垦范围；所收荒价由民国政府与蒙旗均分；等等。自此，北洋政府控制了放垦蒙旗土地的大权，并将放垦蒙荒的范围扩大到所有蒙古族聚居区域。蒙垦方针确定后，内蒙古境内各地方当局、各路军阀、官僚争相开垦蒙荒，通过移民招垦和军队屯垦的方式扩充实力、聚敛财富，以远远超过清末蒙垦的规模和速度兴起了开垦的浪潮。

在内蒙古西部的绥远地区，大小军阀均以清丈地亩和放垦蒙地作为筹集军饷、聚敛财富的主要手段。直系军阀蔡成勋在任职绥远都统的三年多时间里（1917 年 8 月至 1920 年 12 月），即清丈放垦土地多达五万一千六百余顷。继任绥远都统的西北军阀马福祥，更是“大肆进行搜刮，兼并了大量土地。从昭君坟到（宁夏）

陶乐县将近两千里的地区，马家的土地不计其数，仅后套兰锁一地即有数十万亩”。马福祥在任四年（1921 年 1 月至 1925 年 1 月）期间，又新丈放土地一万九千余顷。1925 年初，绥远成为冯玉祥国民军的统治地盘，其部下李鸣钟出任都统。冯玉祥虽然在国内政坛上倾向革命，但同样热衷于通过“移民垦殖”、掠夺蒙旗土地来解决兵饷、增加收入。在他控制绥远不到两年的时间里，就放垦土地三万六千余顷，征收荒价 162 万元。1926 年，晋系军阀阎锡山占领绥远地区后更是变本加厉，在大兴蒙垦的同时，制定了《清理积欠荒租办法》和《整顿荒租处分规则》，以土地“归公”胁迫蒙旗，限令缴清民欠荒价岁租。据统计，从清末到 1928 年，绥远地区放垦清丈荒地达 198 429 顷；而北洋政府时期，绥远地区共新放土地十一万六千余顷，已明显超过清末新政时期的放垦规模。

在奉系军阀控制的内蒙古东部地区，掠夺开垦蒙地的情形尤其滥肆无忌。土匪、行伍出身的张作霖、吴俊升等人不仅以威逼利诱的手段迫使东蒙王公“放荒”，强行租占、开垦蒙旗大片牧场，还用武力将众多牧民逐出原牧地。1916 年，张作霖强迫科尔沁左翼中旗（即达尔罕旗）放垦西辽河南北土地四千余方，其子张学良和亲家鲍贵卿、部下冯麟阁等人即圈占了其中的一千余方。张作霖专门在督军署中增设了地政委员管理其私占土地。1920 年，通辽县设治委员富明哲奉张作霖之命，清丈通辽河南三畲堂和河北中央陆军第二十七师驻段内的浮多地，并强制收买其中夹存的蒙人户地、房基地和沙坨等，结果共丈出浮多地九十七方零四百余亩，合四万四千余亩，这是原领土地中多占的，加上原领土地和新买进的土地合计四十万零四百余亩。1922 年，张作霖又占据通辽以西沃土两千八百余方，合 126 万亩。这一时期，仅在通辽一县，张作霖、吴俊升、鲍贵卿、孙烈臣等军阀“就霸占了上千垧的好地”。1921 年，吴俊升出任黑龙江督军兼省长后，“攫取土地几遍全省”，又在洮南一带占有土地 2 万亩。1924 年,吴俊升强行租借科尔沁左翼后旗(即博多勒噶台旗)“斯卜海”地方的土地 2 000 垧，租期 99 年；同年又与杨宇霆一起侵占该旗“松林哈特耕地两千二三百垧”；1925 年，吴俊升又以每垧奉票 50 元强行租借该旗阿林塔拉最好的耕地 5 000 垧。1924 年,张作霖又拟订《内蒙开垦大纲》，计划设立内蒙古屯垦专局进一步放垦蒙旗土地，既移民招垦，又裁兵屯垦。1928 年 11 月，东北政务委员会批准东北军炮兵司令邹作华提出的率部殖边屯垦意见，在洮安成立兴安区屯垦公署,屯垦范围以辽、黑两省的洮安、索伦县为主,次属蒙荒扎萨克图旗、镇国公旗、扎赉特旗及图什业图旗一部，管辖有三团屯垦军、军收场、垦殖局、无线电队、机器厂、汽车队等。从 1915 年到 1930 年，科尔沁左右中三旗共出放蒙旗荒地 14 796 192 亩。

在察哈尔特别区，1915 年起也陆续“增设新县（宝昌、康保、商都),盛行放垦”。因中隔察哈尔八旗而距内地较远的锡林郭勒盟，此时也受到放垦的威胁，急忙上呈北京政府，申明“本盟向无开荒之地，且不宜辟荒”，要求“请勿将该盟各旗加入（蒙藏）院定蒙荒条例内”。

在官放蒙地过程中，大小军阀往往仗恃强权，滥行放垦，拖欠、侵吞按规定本应拨归蒙旗的荒价地租，最大限度地攫取利益。例如，奉系军阀在放垦科左中旗土地时,即“越界侵丈”“任意收价”,将“所有大段荒地竟自倒卖”肥己，并且使该旗“至今五载，荒价尚在无着”。在绥远地区，“包头（以）西达拉特旗开放时，由政府设置之垦务局办理”，“放出土地，蒙古王公应得之押荒及荒租”“概被该地当局挪用于军费、行政费。据垦务局最近报告，挪用额已达三十余万元。蒙古王公催收不获，大为懊恼”。当时“达拉特旗岁租三万，局员乃尽干没之”。

在开垦蒙旗土地的过程中，一些内地移民也得以暴富。如清末即已在河套地区从事开垦的河北移民王同春，至民国时期已成为占有良田数万顷并拥有私人武装的豪强巨富。

军阀、大地主在新垦区大肆兼并土地，使地权集中趋势进一步加剧。1916 年有人评论说："自辛亥以还，识者咸以移垦为当务之急……办理或未尽合宜，致使豪强兼并，拥地自封，人民虽欲移垦而不可得。"所谓豪强，以当地大小军阀为主，他们巧取豪夺的结果，加剧了这个时期地权集中的状况。据调查，当时在东北三省伴随着新垦地的大开放，军阀、官僚及与其相勾结的商业资本家用强力掠夺大片土地的事例屡屡发生。1915 年有人撰文指出："当放荒之际，有势力（行政官及巨绅）、有关系者（知事、放荒员及其戚友），择地之肥美而交通便利者，若者数百方，若者数十方。次则有所谓荒把者，竭其资力，领必数百方，置之数年，再行再售，领荒卖荒以渔利，非领荒开荒者也，故谓之荒把。至贫苦小民，实力垦辟者，其领荒之难，有若登天焉。"领荒过程中又有种种作弊手段。以后套临河县为例，1915 年"垦务局成立后，向土地的占有者征收地价，发给地契，以巩固所有权。但这并没有减少土地集中的程度，反是巩固并发展了土地的集中。因为该地是很广漠的原野，已垦地的面积和全面积比起来是微乎其微的，而且并非集中在一处。地方的名称既少，而包括的面积又大，所以地契上所谓'四至'所指的各方，非常广泛。只要买到两块土地，其距离远至十余里，其间所有的土地便实际上归于同一地主（此中多余所得的土地一般称为余地）。而且大地主们因种种优势，有许多并不出地价便可拿到地契"。

此外，各地方当局在中央政府各种政令条例之外对蒙旗原有权益进行强行剥夺。如热河都统将原属昭乌达盟克什克腾旗征收的旗境河泡渔产捐税强行划归县署；甘肃督军在阿拉善旗境内滥设皮毛公买所，强征“子口半税”；张作霖在通辽县河南乌兰花设牧养公司，强行拉走蒙民所割羊草数万捆，并随便放牧牛羊牧群，损害蒙民庄稼，以低于一般工价 1/3 的价格强买蒙民备用的羊草；等等。1925 年，绥远都统下令乌兰察布、伊克昭两盟，限一个月内将往来公文全部改用汉文，强行剥夺蒙古民族使用本民族文字的权利。

北洋军阀政府在内蒙古地区的大规模放垦，使蒙古民族再次遭受了深重劫难。“垦地日广，牧场益狭……蒙官之权力渐失，蒙民之生计日蹙。”大批牧民为“避垦”而被迫迁徙，或不得不放弃牧业，转而从事并不擅长的定居农业，导致贫困化的进一步加剧。为抵制开垦，在京蒙古族各阶层人士及学生曾多次示威请愿，均无结果。各地牧民也不断举械反抗，屡遭军阀武装的残酷镇压。

官放蒙地等民族压迫和掠夺政策使清末以来蒙古地区本已十分尖锐的民族矛盾更为加剧。当时已有人指出：“自入民国，官权愈重，变本加厉。蒙人痛民国之无公理，反甚于前清时代之专制，饮恨吞声，无所控诉。是以蒙人对于官办垦务，皆上下一心，群起反抗。”

民国伊始，伊克昭盟再度爆发了大规模的“独贵龙”抗垦斗争。这些“独贵龙”运动，大都是清末各旗“独贵龙”运动的延续和发展，但斗争目标更为明确，组织形式更为严密，反抗意志更加坚定，斗争手段也更加激烈。随着内外形势的发展演变，此起彼伏的“独贵龙”运动融入了整个内蒙古以至全国性的革命风暴之中，涌现出锡尼喇嘛、阿尤尔扎那、旺丹尼玛等抗垦英雄。

锡尼喇嘛本名乌勒吉吉尔格勒，贫苦牧民出身，早年曾任乌审旗扎萨克衙门笔帖式，参加过清末乌审旗发生的“独贵龙”运动，后称病去职，出家为僧。因其成年时方出家，与一般喇嘛不同，故称锡尼（意为“新”）喇嘛。

●“独贵龙”运动

辛亥革命发生后，乌审旗民众不堪忍受扎萨克贝子察克都尔色楞的苛政压榨，乘国内局势动荡之机，再次掀起“独贵龙”反抗斗争。在蒙古民众中有很高威望的锡尼喇嘛成为全旗“独贵龙”运动的主要领导者。在很短的时间内，“独贵龙”组织迅速扩大，除协理台吉、管旗章京、扎兰章京（参领）等少数上层贵族官员之外，全旗僧俗民众和中下层官吏几乎都参加了进来。锡尼喇嘛将他们编成 11 个“独贵龙”组织，并制定了各项规章制度：成员

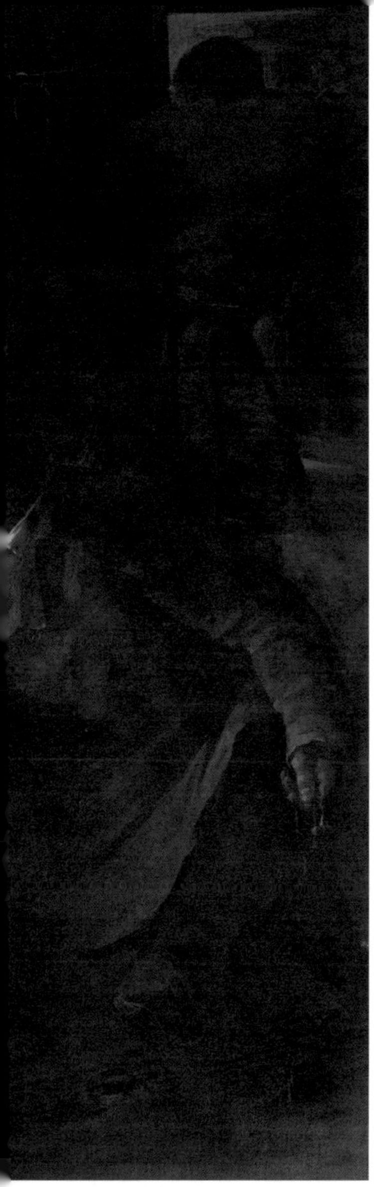

们登记名册时严格按圆形排列、不分前后，以便于掩护领导人并体现成员之间相互平等；自备或夺取武器，武装抵御敌人的镇压；大小事务均须经“独贵龙”会议集体讨论，获得 2/3 以上通过方可形成决议；注重加强团结，严密组织纪律；等。

在“独贵龙”运动的强大声势冲击下，察克都尔色楞的封建统治陷于瘫痪，以致于连新任绥远城将军张绍曾发出的召集乌、伊两盟王公开会的通知都未能收到，察克都尔色楞也因“失政”被中央政府撤销副盟长职务。1913 年 4 月和 1914 年 2 月，察克都尔色楞两次企图携福晋逃亡外蒙古，均被锡尼喇嘛率部拦下。其后，锡尼喇嘛等将察克都尔色楞夫妇历年来出卖本旗土地、滥行摊派征敛、纵容贪官污吏扰乱旗政、败坏风气、“反对民国”、企图“叛国外逃”等罪状，辗转上呈伊盟盟长和北京政府蒙藏院。1915 年 5 月，北京政府下令革去察克都尔色楞的爵职，但同时也下令伊盟盟长解散乌审旗“独贵龙”组织、惩处锡尼喇嘛。同年初冬，伊盟盟长派员前来查办“独贵龙”，民众以和平斗争手段保存了组织、掩护了锡尼喇嘛，并进一步提出削减王公特权、不得以旗地偿债、不准加重赋役摊派、清除官吏腐败行为等 12 条要求。

1917 年春，北京政府任命察克都尔色楞之子特古斯阿木古郎贝勒接任乌审旗扎萨克。此前不久，镇压本旗“独贵龙”运动的达拉特旗扎萨克逊博尔巴图继任伊盟盟长。在中央政府的高压下，乌审旗“独贵龙”组织逐渐分化，一些右翼势力组成“六十安达”，转而投靠官府，与锡尼喇嘛领导的“独贵龙”相对抗。1920年夏，逊博尔巴图派兵以突袭手段逮捕了锡尼喇嘛等“独贵龙”领导骨干。锡尼喇嘛后被解送原籍严加看管，牲畜财产亦被全部没收。乌审旗“独贵龙”运动至此暂告失败。

●“独贵龙”运动总部海留图庙

与锡尼喇嘛相呼应，阿尤尔扎那在达拉特旗领导百姓抗垦。

阿尤尔扎那是达拉特旗的旗府梅伦，因不满于达拉特旗扎萨克贝子逊博尔巴图的腐败统治于1914年秋愤而辞职，返家后联络同道、发动穷苦民众组成“独贵龙”，开展反抗斗争。两千余户牧民迅速组成以阿尤尔扎那为首的五个“独贵龙”组织，控制了本旗西部三个参领区。1915年春，“独贵龙”将列有逊博尔巴图13条罪状的请愿书上呈盟长、郡王旗扎萨克特古斯阿勒坦呼雅克图，明确提出了立即停止放垦蒙荒和出卖旗地、废除各种苛捐杂税和差役摊派、撤消逊博尔巴图爵职等要求。同时，“独贵龙”还将控制区内的基层官吏全部撤换，宣布取消一切不合理的赋税负担，减免民众的租税，成立武装组织，公开对抗扎萨克旗府。

慑于“独贵龙”运动的声势，逊博尔巴图派人前去安抚，结果遭到群众的严斥痛打。盟长特古斯阿勒坦呼雅克图派员召集双方进行谈判，逊博尔巴图被迫答应了除本人下台以外的大多数要求，但

●伊克昭盟部分抗垦的“独贵龙”群众

“独贵龙”方面坚持要求对方满足全部条件。

当谈判陷于停顿、“独贵龙”群众放松警惕的时候，反动封建势力却在策划暗杀阴谋。1915年5月21日，逊博尔巴图派手下亲信伙同新收编的土匪武装突然包围阿尤尔扎那的住所，将其枪杀。阿尤尔扎那被害之后，盟长特古斯阿勒坦呼雅克图为防止激变，再次派人前来“调停”，并责成逊博尔巴图派人代表旗府参加阿尤尔扎那的葬礼。

达拉特旗“独贵龙”在胡日嘎的领导下继续坚持斗争，并吸取教训，购置枪械组成常备武装。逊博尔巴图向绥远特别行政区都统求援，请来晋军“助剿”。1915年冬，晋军一百多人乘传统庙会之机向柴登的“独贵龙”总部发起进攻，被已做好战斗准备的“独贵龙”武装击败，退回包头。胡日嘎遂率众几千人乘胜围攻扎萨克王府。由于缺乏作战经验，“独贵龙”武装连续几天未能攻破王府的坚固围墙，且多有伤亡。逊博尔巴图又请来晋军向“独贵龙”发动进攻。1916年1月，逊博尔巴图派人以偷袭手段抓走了胡日嘎。为了平息旗民的愤恨，逊博尔巴图只将胡日嘎长期监禁于土牢，未敢进一步深究其他“独贵龙”群众。达

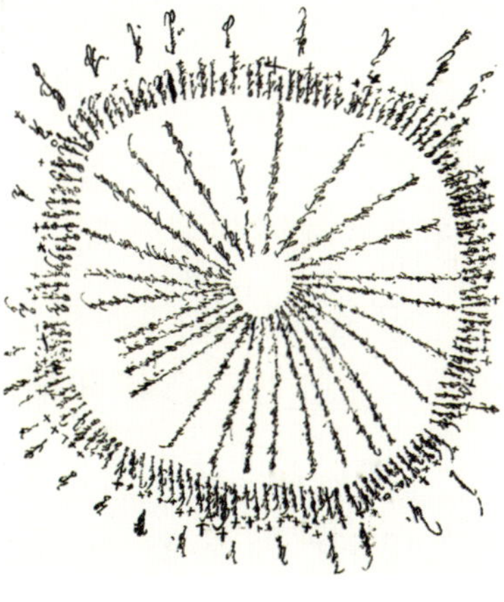

●“独贵龙”运动的签名图

●旺丹尼玛

拉特旗“独贵龙”运动从此衰落。

与锡尼喇嘛、阿尤尔扎那相比，旺丹尼玛的社会地位极高，他是扎萨克旗喇嘛教中地位最高的活佛。

辛亥革命爆发后，活佛旺丹尼玛与杭锦旗后套地区清末抗垦首领厂汉卜罗联合发动贫苦牧民组织“独贵龙”，在黄河两岸广泛开展武装斗争。他们到处和汉族地商大户和贪官污吏做斗争，极大地打击了附近各盟旗和地方官府的反动统治。1913 年夏，因伊盟各旗王公扎萨克的指控和求援，宁夏镇总兵马福祥率部途经河套时，设计将旺丹尼玛扣捕，并将闻讯来援的厂汉卜罗俘获。马福祥奉令将旺丹尼玛押送至北京受审。厂汉卜罗则被押送山西服苦役，后被折磨而死。

民国初期，鄂托克旗也在汉族哥老会的反抗斗争影响下爆发了“独贵龙”运动。牧民群众组成八个“独贵龙”反抗旗府、扎萨克的横征暴敛，宣布“对一切摊派拒绝交纳”。旗扎萨克噶勒藏罗勒玛旺扎勒扎木苏派旗府兵丁前去镇压，遭到武装抗拒，“或被缴械，或伤生命”。“独贵龙”群众进一步搜集民间枪支开展武装斗争，声势愈来愈大，使王公统治者“常一夕数惊，岌岌可危”。在“独贵龙”运动的打击下，旗府、扎萨克被迫“停征畜产”，做出一定让步，这样才使激烈的反抗斗争逐渐趋于缓和。

“独贵龙”运动有效地回击了军阀政府和封建王公上层对蒙古族人民的严苛压榨。它是近代蒙古族人民自发组织的一种独特的反封建斗争形式，也是蒙古族人民进行民主革命的重要组织形式。

第四章

革命力量的新生与挫折

俄国十月革命给中国送来了马克思列宁主义。通过中国共产党领袖人物的直接启发教育，内蒙古一批有志青年接受了马列主义理论，成长为最早的蒙古族共产党员。同时，受外蒙古革命和国民革命的影响，内蒙古革命者组建了内蒙古人民革命党。这一时期，内蒙古民族民主革命运动一度蓬勃发展。

草原曙光

俄国十月革命一声炮响，给中国送来了马克思列宁主义。在漠北通过布尔什维克党人的宣传鼓动，一批先进分子接受了马克思列宁主义，并成功地领导了外蒙古人民革命。在内蒙古，通过中国共产党领袖人物的直接启发教育，使一批有志青年信仰了马列主义，他们被培养成长为最早的蒙古族共产党员。

20 世纪 20 年代初，中国共产党虽尚处幼年，但由于列宁关于民族自决权和殖民地国家民族解放理论的影响，很早就开始关注民族问题。1920 年 12 月，毛泽东在与蔡和森等探讨建党问题时就已经提出，要“帮助蒙古、新疆、西藏、青海自治自决”。1922 年 7 月，在共产国际的指导下，中国共产党在其第二次全国代表大会通过的民主革命基本纲领中明确规定，“蒙古、西藏、回疆三部实行自治，成为民主自治邦”，然后“用自由联邦制，统一中国本部，蒙古、西藏、回疆，建立中华联邦共和国”。

中国共产党的创始人李大钊、陈独秀也很早就关注并提出了解决国内民族问题的主张。李大钊在 1923 年年初出版的小册子《平民主义》中，明确反对民族压迫，主张汉、蒙等国内各民族实现完全平等和自主联合，并且把国内少数民族的解放问题提升到与许多民主革命重大问题同等重要的地位。1924 年，陈独秀也指出：

"无产阶级的民族主义，主张一切民族皆有自决权，主张自求解放，不受他族压制，同时也主张解放隶属自己的弱小民族，不去压制他。这可称作平等的民族主义。"对举行独立的外蒙古人，"我们应该尊重他们的自决权，用不着鼓动，我们也并不曾鼓动这个，我们只反对一班人否认蒙古民族的自决权"，"主张蒙古人根据民族自决权，有独立反抗的权利"。

1925 年 3 月，通过接触一批蒙古族青年，对蒙古民族问题有了较为具体的了解之后，李大钊又专门发表了《蒙古民族的解放运动》一文。文中深刻地指出：清朝"对蒙古族，纯用藩属政策，以笼络其王公及喇嘛，沦蒙古民族于外国的帝国主义、中国的帝国主义、蒙古王公的剥削制度、喇嘛教的愚民剥削四重压迫之下"。民国以来，由于中外反动势力相勾结，"蒙古民族仍不免受与前日相同的压迫，或且更甚"。他还对外蒙古通过革命摆脱上述四重压迫获得民族解放给予了热情赞扬，引述国民党一大宣言中关于"承认中国以内各民族之自决权，于反对帝国主义及军阀之革命获得胜利以后，当组织自由统一的（各民族自由联合的）中华民国"的基本主张，指出："中华民国与蒙古民族结合，即以此数语为枢纽。中国国民革命运动与蒙古民族解放运动的潮流，即以此数语为汇归"，这实际上也就深刻阐

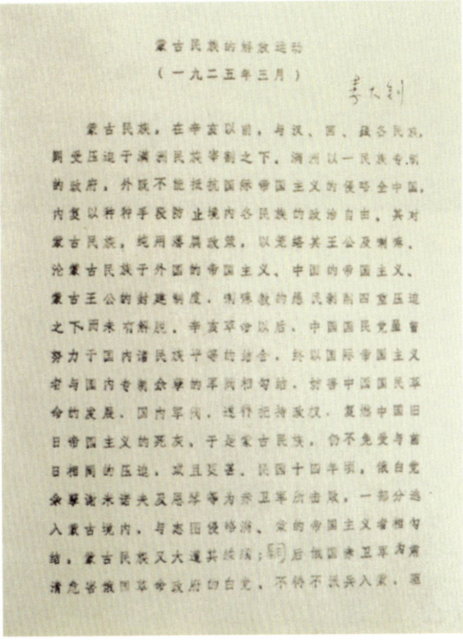
蒙古民族的解放运动
（一九二五年三月）
李大钊

蒙古民族，在辛亥以前，与汉、回、藏各民族，同受压迫于满洲民族专制之下。满洲以一民族专制的政府，外既不能抵抗国际帝国主义的侵略全中国，内复以种种手段防止境内各民族的政治自由。其对蒙古民族，纯用藩属政策，以笼络其王公及喇嘛，沦蒙古民族于外国的帝国主义、中国的帝国主义、蒙古王公的封建制度，喇嘛教的愚民剥削四重压迫之下而未有解脱。辛亥革命以后，中国国民党虽曾努力于国内诸民族平等的结合，然以国际帝国主义者与国内专制余孽的军阀相勾结，妨害中国国民革命的发展，国内军阀，连年扰乱政权，复活中国旧日帝国主义的死灰，于是蒙古民族，仍不免受与前日相同的压迫，或且更甚。民国十四年顷，俄白党余孽谢米诺夫及恩琴等为赤卫军所击败，一部分逃入蒙古境内，与志图侵略满、蒙的帝国主义者相勾结，蒙古民族又大遭其蹂躏；嗣后俄国赤卫军为肃清危害俄国革命政府的白党，不得不派兵入蒙，驱

●李大钊发表的《蒙古民族的解放运动》

●李大钊在蒙藏学校

明了蒙古民族解放运动在全国国民革命中的重要地位和作用。

1925 年 9 月，中共中央专门制定通过了《蒙古问题议决案》，分析了内蒙古的民族特点、民族关系和阶级关系。《议决案》指出："我们的党应当使蒙古人的民族解放运动与全中国的解放运动结合起来"，"内蒙古农民中的革命工作，应竭力联合中蒙农民以反对共同的仇敌大地主、王公、帝国主义者和军阀等，同时却不应当掩没蒙古人的民族利益。"为了更好地进行内蒙古的民族解放和国

民革命运动,《议决案》还提出应当组建内蒙古国民革命党和农工兵大同盟。

从1920年到1925年，诞生不久的中国共产党已经相当明确地制定了发动和领导内蒙古民族解放和国民革命的基本方针政策。中国共产党像初生的太阳把光芒洒向广阔的大草原。

李大钊等一批先进的马克思主义知识分子对在蒙藏学校求学的蒙古族青年的引导、教育有力地推动了马列主义在内蒙古地区的传播。

20世纪20年代前期,开明蒙古王公、北京政府蒙藏院总裁贡桑诺尔布倡办的北京蒙藏学校，成为蒙古族青年学子学习先进知识文化、探寻摆脱民族压迫和穷困落后命运的摇篮。

1923年秋，一度因经费拮据而中辍的北京蒙藏学校得以复学，一批来自内蒙古的蒙古族有志青年前来求学。这些青年成为各派政治势力争取的对象。中国共产党早期的代表人物李大钊、谭平山、邓中夏、赵世炎等也到学校发表演讲，向学生了解蒙古民族的现状，介绍俄国十月革命和外蒙古革命，宣传中共二大纲领关于解决国内民族问题的主张,阐释马克思列宁主义、社会主义、共产主义的基本理论。在学生中，惟有共产党人的宣传启发最受欢迎，学生们“听来听去觉得还是共产党对蒙古民族好，所以大多数人愿意靠近共产党”。

•1923 年，多松年、乌兰夫、奎璧等于土默特高等小学校毕业时合影

•1923 年 11 月，在北京蒙藏学校学习的土默特旗学生与教师合影

●云泽（乌兰夫）

在中国共产党的积极努力下，北京蒙藏学校学生的革命觉悟在明显提高。从 1923 年冬开始，陆续有来自归化城土默特旗的多松年、李裕智、吉雅泰、佛鼎、云润、云泽（乌兰夫）、奎璧等十余名进步青年在北京蒙藏学校陆续加入中国社会主义青年团和中国共产党 。与此同时，来自内蒙古喀喇沁等其他盟的王秉章、吴文献、白海风、纪松龄、乌力吉敖喜尔、特木尔巴根等蒙汉青年分别参加了中国共产党或共产国际直接领导的革命活动。蒙藏学校还先后成立了青年团和中共党支部，多松年、云泽曾担任过团支部书记，多松年还担任过第一任党支部书记。1924 年以后，白海风、王瑞符、佛鼎、奎璧、多松年、云润、云泽、贾力更、高布泽博、特木尔巴根、乌力吉敖喜尔等还被中共北方党组织选送到广州黄埔军校、农民运动讲习所、蒙古人民共和国和苏联学习。在中国共产党早期领袖人物的精心教育和引领下，蒙古民族的第一批共产党人从此诞生。他们积极活跃地参加革命，接受革命浪潮的洗礼，成为一颗颗塞外草原上的革命火种，日后又成为革命的旗手与中坚力量。

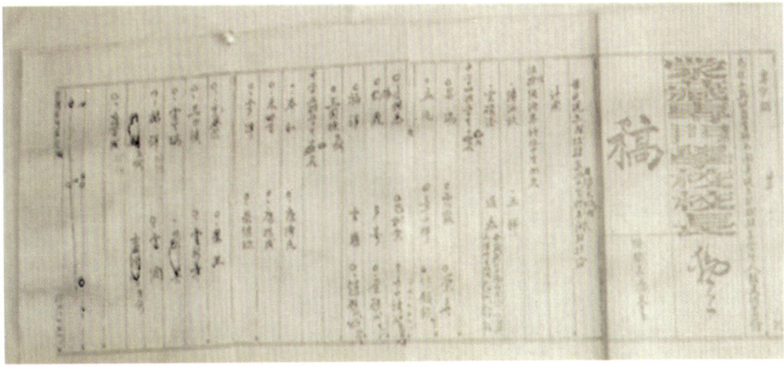

●蒙藏学校当时的学生花名册

第一次国共合作期间，中国共产党在北方开展的革命活动，也大多以国共合

●蒙藏学校教室

作或国民党的名义出现，以这种形式组织、发动和领导着国民革命运动。1924 年，北京蒙藏学校的蒙古族共青团员和进步分子积极参加了纪念“二七”大罢工和悼念列宁逝世等大型集会。同年年底，孙中山到达北京后，为筹备召开全国国民会议促成会，吉雅泰、奎璧等奉派返回绥远，组织绥远的国民会议促成会。1925 年 3 月，国民会议促成会全国代表大会召开时，多松年、佛鼎等参加了筹备工作，吉雅泰、奎璧等则以绥远代表身份出席了大会。蒙古族的党员，从来都是地区和国内革命活动不可或缺的一员。

●蒙藏学校宿舍

同一时期，在帮助国民党建立各地方党部的同时，中共北方党组织也建立了一批中共党组织。吉雅

● 中共包头工委旧址——召梁召(福徵寺)

泰、李裕智奉派返回绥远工作。吉雅泰在归绥建立了中共绥远特别区工委并任书记；李裕智组建了中共包头工委并任书记。这些组织在城镇乡村发动群众，建立基层组织，宣传反帝反封建的革命主张。

在中国共产党的领导下，蒙古族的第一批共产党人在内蒙古各地开展的革命活动很快就汇入全国范围的大革命洪流中。

内蒙古人民革命党的组建

清末以来，随着蒙古族近代新式教育的出现及出外学习和留学的机会日益增多，蒙古族社会产生了近代第一批新型的知识分子。民国改制后选官制度的变化，则为这些知识分子提供了参政议政的机会，一些平民或下层贵族出身的青年知识分子由此开始跻身全国性政治舞台。如第一届国会众议员中的吴恩和（蒙名恩和布林，喀喇沁右旗人，清末首批留日生）、金永昌（蒙名诺门必立格，又作阿拉坦敖其尔，喀喇沁右旗人，清末首批留日生）、克兴额（科尔沁左翼后旗人）、敬棍太（又作经文泰，汉名赵化民，巴林右旗人）等等。

民国建立前后，政治风云不断变幻。孙中山民主革命和三民主义思想的进一步传播，也使得一部分蒙古人加入到以孙中山为代表的民主革命队伍中。这一时期，先后加入同盟会或由其改组后的国民党的就有恩克巴图（察哈尔太仆寺左翼牧群人，幼年至北京雍和宫当喇嘛）、克兴额、金永昌等。恩克巴图加入国民党后，曾受孙中山派遣，乔装成商人在北京、天津、东北、内蒙古等地从事各种革命活动。孙中山在广州揭起“护法”旗帜建立革命中心之后，先后有喀喇沁中旗青年知识分子白云梯、喀喇沁右旗人克兴额及金永昌等南下追随。

20 世纪 20 年代初期，恩克巴图、白云梯等在北京等地陆续结识、联系了来自内蒙古各地的青年知识分子郭道甫、福明泰、乐景涛、李丹山、包悦卿，以及当时在京的伊克昭盟“独贵龙”运动领袖旺丹尼玛、锡尼喇嘛等人。这批当时蒙古民族中的先进分子，接受了孙中山的民主革命思想，开始参加各种革命宣传和组织发动工作。白云梯、郭道甫、福明泰、乐景涛、锡尼喇嘛等人还曾赴革命独立后的外蒙古学习考察。

孙中山接受苏联（共产国际）的指导和援助，实现了国共合作和国民党改组，一批蒙古族国民党人继续追随其中，并进入国民党中央和地方的领导集体。在 1924 年 1 月的国民党第一次全国代表大会上，恩克巴图当选为 25 名中央执行委员之一，白云梯当选为 17 名候补中央执行委员之一。国民党中央设立负责整个华北、西北、内蒙古各省区党务的北京执行部，恩克巴图、白云梯与李大钊、张国焘等同为领导成员。中央党部指定专人负责筹建各省（特别）区党组织时，恩克巴图负责察哈尔工作，白云梯、克兴额负责内蒙古工作，乌勒吉负责绥远工作，另有共产党人陈镜湖、韩麟符负责热河工作。在 1926 年 1 月的国民党第二次全国代表大会上，恩克巴图还与汪精卫等一起成为 7 人主席团成员。

国共合作、国民党改组成就显著，崭新面貌的国民革命蓬勃兴起，不仅中国共产党，中国国民党也“郑重宣言，承认中国以内各民族之自决权”，支持蒙古族的民族民主解放；外蒙古人民革命取得成功的直接影响，为内蒙古新型民族解放运动的肇兴，提供了大的历史环境和外部条件。成为当时世界性潮流的民族与殖民地解放

●大革命时期的陈镜湖

思想在内蒙古的初步传播，包括一大批国民党人和共产党人在内的蒙古族先进分子的出现，则为内蒙古民族民主革命运动的发生创造了内部条件。在这种背景下，内蒙古人民革命党应运而生。

在1923年至1924年间，白云梯等人就开始筹划成立基本政治纲领与国民党一致的内蒙古民族政党。1924年10月，直系军阀冯玉祥发动北京政变，将清朝废帝溥仪驱逐出宫，并将所部改称国民军，宣布支持和拥护孙中山领导的国民革命。同年年底，孙中山应邀北上抵京，与李大钊等国民党北方负责人一起发动全国国民会议运动。在北京革命气氛高涨的形势下，白云梯、郭道甫等发起了内蒙古国民会议运动，并着手筹建政党。

●李大钊

1925年1月，"中华民国蒙党执行会"在北京成立。"中华民国蒙党执行会"也就是后来正式成立的内蒙古国民党，即内蒙古人民革命党的筹备组织和雏形。郭道甫为发起人，白云梯任会长，福明泰、乐景涛、李丹山、金永昌、包悦卿、阿拉塔以及共产国际负责内蒙古工作的特派代表奥齐罗夫（俄境布里亚特蒙古人）等为执行会会员。同时，在北京还召开了内蒙古各盟旗各团体代表大会，也称内蒙古国民代表大会预备会，成立了以白云梯、郭道甫为正副委员长的正式会议的筹备委员会。

大会通过的《宣言》申明，为了讨论内蒙古"如何革新"问题，必须召开内蒙古国民代表大会，并且"尤以为非议定内蒙自治事宜，绝不足以筹画其善后办法"。《宣言》还提出了大会将要讨论的六项基本主张，即"一、内蒙地方自治事宜，以讨论内蒙各旗之政治组织，俾适于民治趋势为范围；二、对于内蒙王公，采取和平态度，以立宪之方法，谋各旗政务之折中革新；三、对于内蒙宗教方面，采取信教自由之大义，以保护个人之人格；四、对于居住内蒙古区域内之汉人，竭力合作，以保障其权利；五、拥护五族共和，以巩固中华民国之基础；六、对于国内任何方面，凡表同情于蒙地方自治事宜者，均可接近之。”这一在当时特定的政治环境下以内蒙古各阶层名义发表的《宣言》，虽然语调平和，并且看来也没有涉及其时中国最主要的反帝、反军阀等社会矛盾，但也反映了这些蒙古族国民党人基本的政治主张，即以和平手段将盟旗王公扎萨克的特权制度革新为“民治”，与汉民族平等“合作”，在“五族共和”的中华民国内实现内蒙古“地方自治”。值得注意的是，这是以蒙古族国民党人为代表的政界人士首次明确提出在整个内蒙古实行自治的重大政治主张。

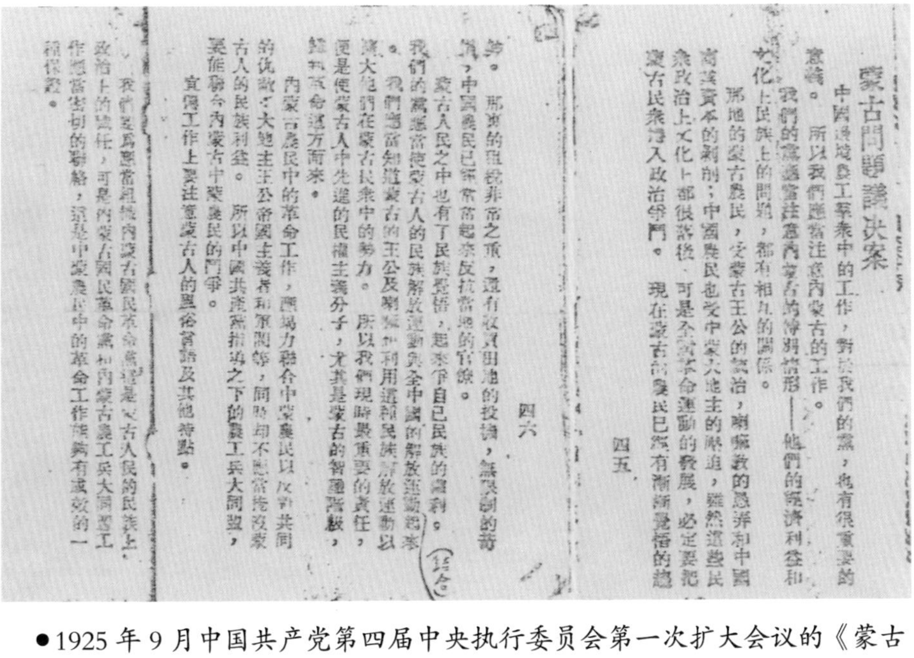
蒙古問題議決案

中國共產黨工農羣衆中的工作，對於我們的黨，也有很重要的意義。所以我們應當注意內蒙古的工作。

我們的黨應當注意內蒙古的特別情形——他們的經濟利益和文化上民族上的問題，都有相互的關係。

那地的蒙古農民，受蒙古王公的統治，喇嘛教的愚弄和中國商業資本的剝削；中國農民也受中蒙大地主的壓迫，雖然這些民衆政治上文化上都很落後，可是全國革命運動的發展，必定要把蒙古民衆捲入政治鬥爭。現在蒙古的農民已經有漸漸覺悟的趨

四五

四六

勢。那裏的租稅非常之重，還有收買田地的投機，無限制的苛捐，中國農民已經常常起來反抗當地的官僚。

蒙古人民之中也有了民族覺悟，起來爭自己民族的權利。我們的黨應當使蒙古人的民族解放運動與全中國的解放運動[illegible]來。我們應當知道蒙古的王公及喇嘛也利用這種民族解放運動以擴大他們在蒙古民衆中的勢力。所以我們現時最重要的責任，便是使蒙古人中先進的民權主義分子，尤其是蒙古的智識階級，[illegible]和革命[illegible]而來。

內蒙古農民中的革命工作，應竭力聯合中蒙農民以反對共同的仇敵：大地主王公帝國主義者和軍閥等，同時卻不應當拋棄蒙古人的民族利益。所以中國共產黨指導之下的農工兵大同盟，要能聯合內蒙古中蒙農民的鬥爭。

宣傳工作上要注意蒙古人的風俗習慣及其他特點。

我們要爲應當組織內蒙古國民革命黨，這是蒙古人民的民族上政治上的責任，可是內蒙古國民革命黨和內蒙古農工兵大同盟工作應當密切的聯絡，這是中蒙農民中的革命工作能夠有成效的一種保證。

●1925 年 9 月中国共产党第四届中央执行委员会第一次扩大会议的《蒙古问题议决案》

筹备会议后，白云梯及金永昌等前往外蒙古考察访问并寻求援助，与共产国际和蒙古人民革命党建立了更为密切的联系。与此同时，继李大钊发表《蒙古民族的解放运动》后，中共中央在《蒙古问题议决案》中也明确提出“应当组织内蒙古国民革命党，这是蒙古人民的民族上、政治上的职任。”李大钊还说服动员和委派李裕智、吉雅泰、佛鼎及白海风、吴子征等蒙古族共产党员积极参加该党的筹组活动。

此外，由于与苏俄和外蒙古有较多接触和联系，在内蒙古的民族民主革命和解放问题上持较激进主张的郭道甫、福明泰等人，也对这个党在筹建过程中向左翼倾斜起到了推动作用。

1925 年 7 月，白云梯、金永昌、乐景涛等来到冯玉祥国民军控制下的张家口。其后，郭道甫、福明泰等也陆续抵达。10 月 13—20 日，内蒙古人民革命党第一次代表大会几经周折终于在张家口正式召开，来自内蒙古各地的近百名代表参加了大会。国民军代表、察哈尔特别行政区都统张之江，中国国民党代表、中央执委李烈钧（一说为于右任），中国共产党代表、张家口地委组织委员王仲一和宣传委员江浩，共产国际代表奥齐罗夫，蒙古人民革命党代表、中央委员会主席丹巴道

●1925 年 10 月，在张家口召开的内蒙古人民革命党第一次代表大会代表合影

尔吉等出席大会致贺。

●大革命时期的多松年

大会选举产生了党的中央执行委员会，由14名执行委员和7名候补执行委员组成。白云梯、郭道甫、金永昌、福明泰、乐景涛、包悦卿、李丹山等7人为执委会常务委员，白云梯当选为中央执行委员会委员长，郭道甫为秘书长，金永昌任代理组织部长。其他执委有旺丹尼玛、锡尼喇嘛、吴子征、于兰斋、伊德钦等，候补执委中有共产党员李裕智、吉雅泰。另有中共党员佛鼎、多松年、乌兰夫、王瑞符、奇子俊等参加了大会。

大会通过的《内蒙古人民革命党第一次代表大会宣言》，明确阐述了内蒙古人民革命党的基本纲领、政治主张和近期工作方针。

《宣言》首先指出，内蒙古地区在专制政治压迫下已日久，“幸民族运动曙光，照我蒙疆”。这个曙光就是内蒙古人民革命党的第一次代表大会。“本会宗旨，无论如何决议排除一切专制压迫之惨祸。”“蒙古各地所受压制惨害，率皆特权阶级之扎萨克王公等互相结托，以压迫民众，卖土地以图私利，吾等不得不图协力为蒙古民族之平等主义而战，以谋人民全般幸福。而欲完成此伟大事业，不得不先创立革命团体，以指导压迫下之民众。”

●大革命时期的李裕智

《宣言》接着阐明了内蒙古人民革命党的七项基本政治纲领：一、“蒙古在清朝专制下久矣。”辛亥革命推翻清王朝统治之后，“内蒙古与中国内地同因军阀之专横，任意侵害民权，吾侪不可不先打倒此状态”。二、由于辛亥以来军阀纷争，“各帝国主义益形跳梁”。

●内蒙古人民革命党中央执行委员会常务委员等的合影

尤其日本在东蒙等地的侵略，使“内蒙古全部将化为其殖民地。故本党引导民众与各弱小民族及革命运动各党派相联合，以期各民族安全。”三、“一九一一年之革命事业尚未成功，吾等与本党有同一意见及使命之中国国民党联合协力，以期打破列强之帝国主义与军阀之专制主义，实现真正之五族共和国家。”四、“内蒙古各地人民撤废加以直接压迫之旗制，夺王公扎萨克之实权，以进行自治制。”五、“为保全蒙古人民共有之土地，禁止王公等买卖土地。”六、我党“提倡”针对王公、军阀及奸商的革命运动，“以全力倾注蒙古民族之平等主义，及增进其幸福，而与居住蒙古属于被压迫阶级之汉人相提携，以期完成中国国民革命”。七、“本党负内蒙古革命之全（部）责任，由渐进主义以完成此事业。”

《宣言》还公布了内蒙古人民革命党的三项基本主张：其一是，

“中国领土内各民族各有其自决权”；其二是，当中国（内地）人民打破帝国主义，扑灭军阀，建设真正之民权政府时，“我等内蒙古民众亦设立同样之民众政府”；其三就是，“我内蒙古民众无族姓之分别，有自由参加国政权利”。

内蒙古人民革命党的《宣言》，较为深刻地揭示出蒙古民族“沉沦已久”的内部社会阶级根源，明确、坚决地提出要铲除王公扎萨克封建特权制度，建立民众自己的“民选政府”。在全国性革命目标上，明确提出要与国民党一起完成反对帝国主义、推翻军阀统治的国民革命。在寻求民族解放的形式和目标上，明确主张在中华民国之内实现民族平等和自治，把内蒙古民族的解放和革命，视为全中国国民革命的组成部分。

内蒙古人民革命党的基本政治纲领，虽然总体上并没有超出资产阶级民主革命的范畴，但比起中国国民党在社会革命问题上仅限于“节制”资本和限制大土地占有，更强调代表受王公扎萨克压迫的民众利益、联合国内汉民族的受压迫阶级。可以看出，它比起国民党改组后的政纲更为先进，明显更多受到共产国际的指导性影响，某种程度上更接近于蒙古人民革命党的基本纲领。

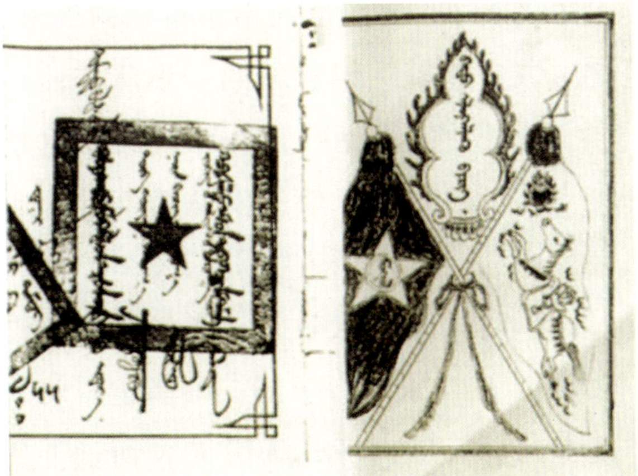

●内蒙古人民革命党党证（国家一级文物）

内蒙古人民革命党的成立，标志着内蒙古民族近代觉醒的进一步发展和扩大，标志着内蒙古民族民主解放运动进入了一个新的历史阶段。

滚滚革命洪流

内蒙古人民革命党成立之后，与会代表便分赴各地，在蒙古族各阶层中开展党的工作，宣传鼓动民众，发展壮大组织。最初成立的6个支部有张家口支部、多伦支部（主要由喇嘛寺院僧侣组成，负责人为活佛巴彦吉日嘎拉）、察哈尔支部（察哈尔各牧群总管达木林扎布、卓特巴扎布牵头）、北京支部、北京雍和宫支部和鄂尔多斯支部。

内蒙古人民革命党成立时就决定要建立自己的革命武装。经多方协商，决定由冯玉祥国民军和苏联联合出资，苏联提供武器弹药（由福明泰负责从外蒙古接运），组建"内蒙古特别国民军"（又作"东蒙古国民军"），编入国民军序列，参加反对奉系军阀的战争。此外还决定乐景涛负责组建由蒙古族骑兵组成的第一纵队并任司令。1925年11月，乐景涛回到家乡克什克腾旗，在其父管旗章京乐山和旗扎萨克布和济雅支持下，很快以旗保安队为基础建成六百余人的蒙古族革命武装，遂编为"内蒙古特别国民军"第一纵队。与此同时，内蒙古人民革命党还委派中央常委包悦卿赴哲里木盟组建蒙古族武装。同年12月，乐景涛率部在昭乌达盟北部连克奉军驻守的经棚、林西、乌丹三城，将其队伍扩大到三千余人，有力配合了国民军宋哲元部进占承德、驱逐奉系、控制热河境的军事行动。乐景涛又在经棚建立蒙旗军官学校，金永昌任校长。1926 年 4 月，国民军在讨奉战争中失利，陆续退出热河、冀东、北京，乐景涛率所部蒙古骑兵也辗转西撤至多伦、张家口。

伊克昭盟各旗是内蒙古人民革命党建立基层组织、开展革命活动最早的地区之一。1926 年 2 月，锡尼喇嘛回到乌审旗后，首先在“独贵龙”群众中宣读讲解从外蒙古带来的革命书刊和内蒙古人民革命党中央的宣言等文件，受到群众的热烈拥护和赞同。在“独贵龙”组织基础上，乌审旗很快建立起 7 个党支部，并召开各支部委员会议，选举产生了旗党部，图门杰尔嘎勒任书记，索德纳木栋鲁布任秘书长。他们准备召开全旗党员大会时，被旗扎萨克特古斯阿木古郎派兵包围，索德纳木栋鲁布等党的多数骨干被捕，锡尼喇嘛等脱逃。

同一时期，奇子俊（蒙名拉布敦）参加内蒙古人民革命党第·次代表大会后返回准噶尔旗，在冯玉祥国民军的武器援助和支持下，组建了蒙古骑兵团并任团长。鄂托克旗“独贵龙”领袖、阿拉庙活佛章文轩（蒙名扎木扬什拉布），也与旺丹尼玛、锡尼喇嘛联络，加入内蒙古人民革命党并在所在旗开展相关活动。

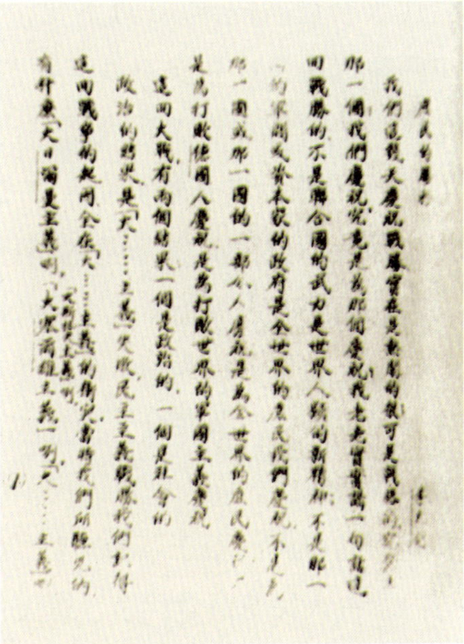

●李裕智遗物——在蒙藏学校读书时使用过的李大钊讲课的讲义

1926 年夏，白云梯、旺丹尼玛、李裕智等来到绥远，以国民军的名义组建蒙古族武装。同年 8 月中旬，国民军在南口大战中被直奉联军全线击溃，西撤绥远，内蒙古人民革命党中央也从张家口西迁包头。

内蒙古人民革命党中央西迁后，在包头建立了内蒙古人民革命军总部，由旺丹尼玛任总司令，李裕智任总指挥。又创办了内蒙古军官学校，由曾参加内蒙古人民革命党第一次代表大会的中共党员、黄埔军校二期毕业生王瑞符任校长。至年底，以各盟旗招募的新兵为基础，加上原乐景涛“内蒙古特别国民军”第一纵队余部，内蒙古人民革命军已组建成近两千人的民族武装。

1926 年秋，旺丹尼玛在包头被属下内奸暗杀。为开展伊克昭盟工作，内蒙古人民革命党中央又委派郭道甫、包悦卿等至乌审、鄂托克等旗，与锡尼喇嘛、章文轩等共同开展革命活动。至同年 10 月，内蒙古人民革命党已在伊盟各旗建立了 34 个区党部，发展党员三千余人，加上其他盟旗的成员，内蒙古人民革命党已拥有党员六千余名。内蒙古人民革命党还在鄂托克旗召开了该党第一次全伊盟代表会议。同年 10 月下旬，内蒙古人民革命党伊克昭、乌兰察布两盟代表又在包头召开了两盟党的联合会议，中央负责人和国民党代表、内蒙古农工兵大同盟代表也参加了会议。联合会议还做出了整顿和进一步开展党务、扩建包头的军事政治学校、改编重建各旗保安队并将其置于党的指挥之下等五项重要决议。

在内蒙古人民革命党领导开展的各地民族民主革命斗争中，锡尼喇嘛领导的乌审旗牧民革命运动规模和影响最大，并一度获得很大的胜利和成功。1926 年秋，锡尼喇嘛率领由一百余名乌审旗青年牧民组成的武装队伍，同内蒙古人民革命党中央派来的代表包悦卿等人从包头返回乌审旗。慑于革命声势，旗扎萨克特古斯阿木古郎也被招来，与内蒙古人民革命党代表、旗民代表一起举行三方会谈。锡尼喇嘛在会上宣布建立乌审旗内蒙古人民革命党组织、革命武装保安队和民众议事会，迫使特古斯阿木古郎等接受了三条协议，即王公扎萨克不得违抗民众议事会，不得阻挠、干预群众参加革命活动和解散旗府武装。这实际上是架空和取代了扎萨克旗府的封建统治权力。三方会谈之后，乌审旗的牧民革命运动迅速发展起来。至1926年末，乌审旗全旗已有内蒙古人民革命党党员450人，建立起8个党支部并重建了旗党部。旗保安队也正式改编为内蒙古人民革命军第12团，锡尼喇嘛任团长。1927年春，乌审旗的内蒙古人民革命党组织又发展到17个支部七百余名党员。

●"独贵龙"运动著名首领、蒙古族杰出的民族民主革命家锡尼喇嘛

1927年春，不甘心失去统治权的旗扎萨克派人与驻榆林的陕北军阀井岳秀联系，两股势力相互勾结起来。井岳秀多次派兵前来围剿进攻，均被乌审旗革命军击退。同年秋，井岳秀又增调一千多人的军队，加上扎萨克、杭锦两旗蒙古王公武装共约两千人，向乌审旗发动更大规模的进攻。反动武装所到之处烧杀抢掠、无恶不作。乌审旗革命军与内蒙古人民革命党中央派来增援的部队一起，不畏强敌，经过多次激战，击败了数倍、甚至数十倍于己的反动军队，坚决保卫了自己的家园和革命根据地。同年10月，旗扎萨克特古斯阿木古郎潜逃至榆林，早已徒具形式的封建旗府土崩瓦解。

赶走旗扎萨克后，锡尼喇嘛领导的乌审旗内蒙古人民革命党遂沿用过去“独贵龙”设立的“公会”名称，正式建立了人民革命政权。“公会”下设政令、司法、军事、财税四部，全面接管了旗政。“公会”成立后，先后发布并实施了一系列政令措施：取消各种原有封建赋役征敛，只摊征维持军队的兵费，废除所欠汉商的一切公私债务，拒绝承担盟长衙门和绥远特别区的各种征敛摊派，禁止旗民吸用鸦片，筹办旗民学校，等。蒙古族革命领袖锡尼喇嘛领导的人民政权控制下的乌审旗，成为当时中国版图上具有鲜明民族特点的一片革命土地。

如果说内蒙古革命运动如火如荼，那么没有共产党的全力推动则是不可想象的。1925 年吉雅泰、李裕智等奉派建立中共绥远工委、国民党绥远区党部、中共包头工委和国民党内蒙党部之后，即开始开展国民革命运动。

●中共绥远工作委员会旧址——归绥巧尔气召

在倾向革命的国民军绥远都统李鸣钟的支持下，吉雅泰领导的中共绥远工委发动绥远学联等群众组织，在归绥街头公开张贴“打倒军阀”“打倒帝国主义”等标语口号，利用公共场所和群众集会，大张旗鼓地宣传国民革命。吉雅泰还主持成立了绥远“国民运动委员会”并任主任。这些活动都激发了绥远地区民众反帝爱国的革命意识。

声援“五卅”运动也是这一时期革命洪流中的一个重要事件。1925年6月，全国性“五卅”反帝爱国运动的浪潮传到绥远。中共绥远工委通过绥远学联公开组织发动归绥各校学生起来响应，主持召开各族各界2000人参加的声援“五卅”运动的大会，举行了大规模的示威游行。各族学生还组成宣传队分赴归绥大街小巷、附近乡村以及包头、萨拉齐、五原等地，进行宣传鼓动和募捐活动，打击了外国教会势力和外商买办洋行。

中国共产党领导下的内蒙古农工兵大同盟的成立显示着党对民族地区革命运动开展的高度重视。李大钊领导的中共北方党组织，在积极参与支持内蒙古人民革命党的成立之后，即按照中共中央《蒙古问题议决案》的决定，筹建内蒙古农工兵大同盟。1925年初冬，李大钊、赵世炎等中共领导人亲赴张家口，主持召开了内蒙古农工兵大同盟成立大会。来自热河、察哈尔、绥远等地区的各族工人、农民、士兵代表，各地中共党组织、国民

● 内蒙古农工兵大同盟旧址

●1925年6月，中共绥远工委组织各族青年在归绥席力图召集会，声援“五卅”运动

党党部负责人二百多人参加了大会。冯玉祥国民军和京绥铁路总工会也派代表参加了大会。李大钊当选为大同盟中央执行委员会书记，赵世炎、韩麟符当选为副书记，吉雅泰、李裕智等当选为中央执行委员。会后，中国共产党和国民党热、察、绥、包各地工委、党部在各地的农民、市民、哥老会会众和士兵、警察中发展大批盟员，建立组织，广泛开展了各种形式的国民革命运动。

对军阀商震的无畏斗争显示着民众反抗意识的高涨。1926 年秋，晋系军阀商震取代国民军出任绥远都统后，陆续推行增加捐税、开放烟禁、清丈土地、征收清丈费和“余荒”税等搜刮民财的措施，激起各族各阶层的普遍不满。由蒙古族党员麟祥担任宣传部长的中共绥远地委（当时吉雅泰已转入地下）联合国民党绥远党部，并以国民党党部名义发动大规模反抗斗争。1927 年 3 月 28 日，归绥附

綏遠市民示威運動

●1927年3月底，中共绥远地委组织领导了史称“孤魂滩”事件的反清丈运动，这是北京《晨报》当时对事件的报道

近的大批蒙汉农民和城内工人、学生、市民等约五六千人，聚集在归绥城南门外的“孤魂滩”举行集会，激烈声讨绥远都统的压迫、搜刮行为。会后，麟祥等带领群众冲入旧城，围攻县衙、财政厅署，捣毁了清丈局。然后，游行队伍又前往新城，聚集在被关闭的门外，向都统示威请愿。次日，终于迫使商震接受了群众要求，宣布停止清丈土地，禁止种植鸦片。斗争取得了大快人心、富有成效的胜利。

革命和运动不仅仅只在绥远一地轰轰烈烈地开展。多松年参加领导了察哈尔地区的大革命运动，吴子征在赤峰、喀喇沁旗等地进行了宣传革命、发展组织等开创性工作。此外，李裕智还于1926年1月奉派赴广州参加了中国国民党第二次代表大会；多松年、吴子征作为热察绥三特别区代表，出席了1927年4月在武汉召开的中国共产党第五次全国代表大会。

20世纪20年代中期的内蒙古民族民主革命运动发生在国共第一次合作背景下，蒙古族的仁人志士为了寻求民族解放做出了自己的努力。

内蒙古大革命的失败

冯玉祥“五原誓师”后，即率国民联军由宁夏南下陕甘参加了北伐战争。1926年11月，内蒙古人民革命党中央在白云梯、郭道甫等率领下由包头跟随国民联军西迁银川。1927年4月，奉系军阀张作霖在北京查抄苏联驻华使馆，下令逮捕并杀害了李大钊等一批中国共产党的领导人。5月，参加中国共产党五大归来的多松年，也在张家口被奉系军阀逮捕并残忍杀害。继蒋介石在上海发动“四一二”政变后，1927年6月，冯玉祥在河南宣布投蒋反共，7月，汪精卫在武汉也宣布反共，叛变革命。

乌云压城城欲摧。关键时刻，内蒙古人民革命党中央的白云梯、包悦卿等国民党人的政治态度也逐渐右转。1927年7月，内蒙古人民革命党在银川召开了乌、伊两盟代表和中央领导成员特别会议。会议发表了《宣言》，公布了会议做出的12项决议。其要点有：重申为了振兴和解放蒙古民族，要驱除内外反动敌人，建立内蒙古人民民主的自治政府；与真正代表被压迫人民利益的党派加强联系，走共同的革命道路；尽全力夺回内蒙古所有被侵夺的权利和利益，将其交还给人民；免除各盟旗的一切苛重征敛和奴役、压迫；在条件成熟的盟旗召开人民代表大会，并选出议事会，参与决定全旗政务；在各盟旗建立内蒙古人民革命党领导的军政学校和人民武装；在建立了人民政权的旗内创办互助合作社，取缔奸商、振兴经济；等等。

会议决定，由于郭道甫在开展阿拉善旗工作时违背中央指示并有反中央行为，暂停其中央秘书长和常委职务。会议还决定，

● 多松年与《蒙古农民》

遵从在乌兰巴托的共产国际代表的电报指示，将派代表赴乌兰巴托，与共产国际代表及在外蒙古和苏联的内蒙古人民革命党领导成员、学生代表等共商决定党的大政方针。会议指出，蒙古人民只有同正在为自由解放而浴血奋战的世界上所有贫苦劳动人民和弱小民族联合起来，共同斗争，才能取得与各民族平等的地位，同时获得自身的自由解放、幸福安定和繁荣昌盛。

1927 年 8 月，内蒙古人民革命党特别会议在乌兰巴托召开。参加会议的有此前已在乌兰巴托的中央常委金永昌、福明泰、乐景涛、李丹山和先期抵达的郭道甫，来自银川中央和内蒙古各地的白云梯、于兰斋、孟和乌力吉（乌审旗人，锡尼喇嘛的代表）、吴子征、布尼雅巴色尔、纪松龄、奇子俊、章文轩、恩克巴雅尔、宝音巴特尔，来自苏联东方大学和中山大学的代表白海风、白永伦、宝彦陶克陶呼、云润，以及共产国际代表阿木嘎耶夫、蒙古人民革命党中央主席丹巴道尔吉等。在阿木嘎耶夫主持下，会议批判了白云梯及郭道甫等人违背党的纲领、损害党的工作、进行宗派斗争等严重错误，撤销了白、郭的中央委员长和秘书长职务（保留中央执行委员），撤销了追随白云梯的金永昌、李丹山、于兰斋等人的中央常委、执委职务；讨论了中国和内蒙古的革命形势，确定了今后的工作方针和任务；改选了中央领导机构，孟和乌力吉、白永伦、福明泰、布尼雅巴色尔、白海风五人当选为中央常委，孟和乌力吉任委员长，白永伦任秘书长，当选中央执行委员的还有宝音巴特尔、纪松龄、奇子俊、恩克巴

● 白海风

雅尔、乌力吉敖喜尔、云润、章文轩等。

在中国国民党公开叛变、中国的革命形势全面逆转的历史大背景下，共产国际直接主持的这次特别会议，使内蒙古人民革命党重申并进一步坚持了代表蒙古族贫苦农牧民利益的宗旨和基本纲领；整顿了中央领导机构，排除了国民党右翼势力；并且从此将内蒙古人民革命党置于共产国际的直接指导和领导之下，使党的整个政治倾向进一步左转，更接近于以马克思列宁主义为理论指导的人民民主革命政党。

但是，在外蒙古方面丹巴道尔吉袒护和干预下，白云梯、金永昌、李丹山等人却回到了中国。1927 年 9 月，白云梯等回到银川以后，即封锁乌兰巴托会议的决议和精神，并以内蒙古人民革命党党中央的名义发表了反苏（共产国际）反共的“宣言”，通电全国，公开宣布拥护蒋介石、国民党。白云梯叛变革命之后，寻找借口杀害了著名蒙古族早期共产党负责人李裕智，迫使在内蒙古人民革命党和军队工作的共产党员王瑞符、奎璧等脱离转移，并且将后来自乌兰巴托返回的党中央新领导成员孟和乌力吉、章文轩扣捕并软禁，还委派李丹山和伊德钦前往乌审、鄂托克等旗，要求内蒙古人民革命党组织改挂青天白日满地红的国民党党旗，收缴原由内蒙古人民革命党中央拨发的枪支、解散各旗革命武装。

进行一番反革命活动之后，白云梯即前往南京直接投靠国民党蒋介石,然后以“统一党权”的名义将内蒙古人民革命党改为“中国国民党内蒙党部”，也就是让“两党合并”，将他“领导”下的内蒙古人民革命党组织全体解散,加入国民党。由于投蒋“有功”，白云梯在 1928 年 2 月于南京召开的国民党二届四中全会上被递补为中央执行委员。其后，以白云梯为首的原内蒙古人民革命党中央的国民党人、右翼势力，又在北京成立了国民党内蒙古党务指导委员会，其成员包括乐景涛、金永昌、包悦卿、李丹山、伊德钦、于兰斋等人。

至此，由内蒙古人民革命党和蒙古族共产党人发动、领导的大规模民族民主革命运动，在内外反动势力的联合破坏、围攻下失败了。

在日益恶化的局势下，锡尼喇嘛仍旧继续领导乌审旗内蒙古人民革命党组织和人民群众坚持反王公反军阀的反封建斗争。李丹山受白云梯指使，前来要求改换旗帜时，遭到锡尼喇嘛义正辞严的拒绝。1928 年春，率内蒙古人民革命军前来增援的内蒙古人民革命党中央代表包悦卿也暴露出反革命面目，首先将所率部队改换服装、番号，并企图把乌审旗内蒙古人民革命党武装第 12 团调往宁夏汉地。经锡尼喇嘛等据理力争，包悦卿调兵未成，又提出收缴枪支并阴谋暗害该团领导人。锡尼喇嘛等忍无可忍，经过激烈战斗后，将包悦卿及其部队逐出了乌审旗。此后，乌审旗革命武装又多次击退井岳秀军阀部队和反动王公武装的围剿，继续维持着内蒙古人民革命党领导下的旗革命政权。1928 年秋，为了在内外反动势力的重重包围下更好地坚持斗争，乌审旗内蒙古人民革命党组织被迫转入地下，将 17 个基层党支部均改称为嘎查（基层政权）。1929 年 2 月 11 日，锡尼喇嘛不幸被隐藏在革命队伍内部的奸细暗杀。

第五章

赴汤蹈火的革命者

20 世纪 20 年代后期，国民党一俟在内蒙古站稳脚跟，其民族压迫与阶级剥削的本性暴露无遗。白色恐怖统治之下，中国共产党及其西蒙工委，以及具有民族、民主思想的蒙古族先进知识分子以无畏的精神发起了反封建、反军阀、反蒙古王公压迫的斗争。

白色恐怖下的中共西蒙工委

中共西蒙工委的全称是中共西蒙工作委员会，是土地革命战争时期中国共产党在内蒙古地区设立的坚持最久、成效最显著的地方组织。在内蒙古革命处于低潮的形势下，中共西蒙工委的设立不仅壮大了党和革命的力量，还切实有力地推动了内蒙古革命的发展。

大革命失败以后，中国共产党正确分析内蒙古地区革命形势，指出大革命失败以后内蒙古革命的任务仍然是反帝反封建的民族民主革命，帝国主义、国民党新军阀及其所代表的王公、贵族、地主仍然是内蒙古革命的主要对象，蒙汉各族的工人、农民、牧民以及城市小资产阶级是革命的主要力量，特别强调蒙汉各族人民团结斗争的重要意义。

1929 年，鉴于大革命失败后的内蒙古革命处于低潮，党的组织亟待恢复与发展，革命斗争特别是蒙古民族工作亟待加强，中共中央决定从留苏的蒙古族干部中选派中共党员佛鼎、乌兰夫，苏共党员特木尔巴根、朋斯克以及列宁共青团员德勒格尔等到内蒙古地区开展革命斗争。共产国际东方部书记瓦格涅尔和瞿秋白向被选派的同志介绍了国内以及内蒙古地区的形势，并对他们的工作进行了部署：进行长期的秘密群众工作，在农村隐蔽下来，组织农民协会，准备在适当的时候开展土地革命；培养干部，发展党员，建立党的组织，设法与地方党组织的领导机关及中共中央接上关系；要保存力量，坚持隐蔽斗争，开展秘密活动。

● 佛鼎

1929 年 6 月末，被选派的同志由佛鼎带队，踏上了归国的征途。他们先到达乌兰巴托，会见了共产国际驻蒙古人民共和国代表和中共在外蒙古党组织的负责人，并与在那里学习的其他内蒙古同志相逢。大家根据内蒙古革命的形势和任务，最终决定兵分三路回内蒙古开展工作。具体的分工：东路是朋斯克和特木尔巴根，到热河、哲里木盟一带开辟工作的新局面；中路是德勒格尔，回到察哈尔和克什克腾旗工作；西路是佛鼎、乌兰夫以及奎璧、李森、三得胜等，以呼和浩特、包头为中心，以农村为基地开展工作，成立中共西蒙工委，由佛鼎任书记，乌兰夫负责组织工作，奎璧负责宣传和交通联络工作。这些勇敢的革命者们在乌兰巴托经过一段时间的准备，按预定的计划踏上了回国的旅途。

● 乌兰夫

● 奎璧

西路的中共西蒙工委五人于阴历七月十五日抵达武川。在武川稍事停留后，决定佛鼎留在大青山以北开展活动，乌兰夫到土默川一带开辟工作，奎璧到包头开个烟酒小铺子作为党的工作联络点，李森、三得胜在包头附近的家乡一带隐蔽下来，等待时机开展活动，负责与乌兰夫、佛鼎联系。他们按照分工很快到达各自的工作地区，为恢复和发展内蒙古的革命运动开始了新的斗争。

中共西蒙工委成立后，面临的斗争形势极为严峻复杂。晋系军阀统治绥远，国民党右派的反共气焰十分嚣张。由中共领导的绥远特支刚遭到破坏，广大群众的革命热情遭到了严重挫伤。工委委员奎璧刚刚回到家乡，就因叛徒告密而被捕。面对如此险恶的工作环境，中共西蒙工委乌兰夫等人毫不退缩，按照既定工作方针，坚持长期隐蔽斗争的原则，积极且富有成效地开展了一系列工作。

乌兰夫、佛鼎等人首先与在土默川隐蔽的共产党员贾力更、高布泽博、勇夫等取得了联系，并与先期回国的中共内蒙古特支委员云润接头。1930年春，乌兰夫冒着极大风险，前往伊克昭盟准格尔旗，与地下党员奇子俊取得了联系，传达了中共中央、共产国际的指示精神，部署了伊克昭盟的工作，经过半年的努力，西蒙工委初步打开了工作局面。

西蒙工委还发展高凤英、毕力格巴图尔等进步人士、青年加入中国共产党，从而壮大了党组织的力量，形成了较为坚强有力的领导核心。

● 贾力更

在加强自身建设的同时，西蒙工委还设法与其他地区的党组织取得联系，以便于协调行动。1931年，西蒙工委与王若飞为书记的中共西北特委取得了联系。1933年，又先后与中共河北前委以及隶属于中共河北省委的中共绥远工委取得了联系。西蒙工委自身的不断发展壮大，以及与其他地区党组织联系的加强，为中国共产党领导下的内蒙古西部地区的革命斗争提供了强有力的组织保证。

特别值得肯定的是，西蒙工委十分重视干部尤其是蒙古族干部的培养。1930年，选派贾力更等三十余人赴蒙古人民共和国学习，

● 吉雅泰

从而为保存革命力量、发展内蒙古地区的革命斗争准备了干部条件。

1931 年，西蒙工委在中共西北特委的领导下，着手恢复建立内蒙古人民革命党基层组织，在很短时间内就在察素齐、萨拉齐、准格尔旗、五原县以及“老一团”等地方军队中建立了 27 个支部。

九一八事变后，西蒙工委还十分注意在包括蒙古王公上层在内的蒙古族各阶层中宣传抗日救亡思想。

西蒙工委始终把农村工作作为工作的重点，特别注意开展农村的蒙古族群众工作。通过宣传、动员、组织群众，在归绥至包头一线的蒙古族村落中建立起一批党的联络点和活动点。归绥城郊的美岱、黑沙兔、白塔、沙尔沁、把什、王毕前齐、奎素、台阁牧、毕克齐、东甲兰营，包头附近的阿刀亥、水涧沟门、阿麻板申等村庄均有党的联络点。点并很快连成了线。1934 年，西蒙工委与从苏联

● 新城东门外娘娘庙，当时我地下工作者活动的据点

● 乌兰夫等同志成功地组织和领导了群众性的反锅厘税斗争

回国的吉雅泰取得了联系。吉雅泰回国后，以喇嘛教为掩护，以召庙为据点，建立起一条始自归绥席力图召，经巧尔气召、乌素图召、卓尔沟召、美岱召、沙尔沁召直至包头召梁召的联络线。点、线结合，使党的影响在这一带的群众中深深地扎下了根，为革命斗争的恢复与发展奠定了坚实的群众基础。西蒙工委还协助中共西北特委书记王若飞在包头地区发动了抗捐税反锅厘税斗争。这一系列工作的开展无疑唤醒了群众的抗争意识，有力地调动起他们的革命积极性。

西蒙工委组建初期，就积极开展对"老一团"等蒙古族地方武装的工作。1933 年 5 月，工委书记乌兰夫与朱实夫赴张家口与中共河北前委取得了联系，参与了察哈尔民众抗日同盟军的筹建工作，策动"老

● 回国后的乌兰夫在家乡开展地下革命工作

一团”等蒙古地方武装组成蒙古抗日军，开赴察哈尔抗日前线，武装抗击日寇。不久，乌兰夫又与驻包头的国民军孙殿英部中的中共地下组织取得了联系，进入该部开展政治工作。西蒙工委还积极开展了对蒙政会保安队的工作，派朱实夫打入这支蒙古族武装，西蒙工委成员亦多次潜入该部向官兵宣传抗日救亡主张，凭借着共产党人的智慧与勇敢，上演了一幕幕现实版的“潜伏”。这些工作，为该队官兵1936年发动反对德王降日的百灵庙军事暴动起到了积极作用，也同时将党的抗日救亡思想如同种子一般植于地方武装人员的心中。

方针正确、领导有方、工作细致周密是西蒙工委能够在艰难的环境中长期有效坚持斗争的原因所在。

中共西蒙工委扎根于农村，扎根于群众，运用隐蔽斗争的策略，较好地贯彻了中共中央和共产国际的指示，特别是突出地开展了蒙古民族工作。在内蒙古革命处于低潮的形势下，中共西蒙工委既保存了自身实力，又壮大了党和革命的力量，同时还有效地推动了内蒙古革命的发展，对归绥乃至整个内蒙古西部地区以后的革命斗争有重要的影响。

内蒙古人民革命党人的坚持

1927年国民党右派叛变革命，国民革命运动宣告失败。在此背景下，内蒙古人民革命党也发生分裂，内蒙古民族民主革命运动转入低潮期。然而，面对白色恐怖，内蒙古人民革命党人继续坚持革命斗争。

1927年年底，在乌兰巴托特别会议上选出的内蒙古人民革命党新中央委员会领导成员开始分批回到内蒙古各地开展工作。此后的几年间，内蒙古人民革命党相继派出的代表几乎遍布了整个内蒙古地区。其中伊克昭盟有孟和乌力吉、章文轩、奇子俊等；乌兰察布盟有恩克巴雅尔、芒来巴特尔等；锡林郭勒盟和察哈尔有宝音巴特尔、乌力吉敖喜尔等；卓索图盟有张福恩、陈青云等；昭乌达盟有浩尔洛、汪瀛洲等；呼伦贝尔有博彦格日勒、盖哈木西克图巴特尔等，还有参加呼伦贝尔武装暴动的额尔和木巴图、尼玛扎布等人。他们分头进行秘密工作，宣传内蒙古人民革命党主张，曾多次提议发动武装斗争。

新当选的内蒙古人民革命党中央委员会委员长孟和乌力吉从乌兰巴托返回乌审旗以后，与锡尼喇嘛等根据大革命失败后的严峻形势，于1928年夏天召集乌审旗第二次党员代表会议，决定清理整顿全旗的党组织，将党的工作由公开转入秘密。在原有的17

个党支部之外又成立了 2 个支部，将 19 个支部全部改为蒙旗固有的行政单位（基层政权），名称“嘎查”，同时仍保留具有政权性质的“公会”，通过各“嘎查”行使行政权力。

1929 年春节，混入革命军中的奸细德力格尔仓等人潜入锡尼喇嘛的住所，枪杀了这位时年 63 岁的蒙古族杰出的革命家和民族英雄。锡尼喇嘛被害以后，内蒙古人民革命党在乌审旗的党、政、军工作均由孟和乌力吉主持。1930 年 1 月，内蒙古人民革命党乌审旗党部改选了领导成员，同时根据中央委员会的指示，重新制定了旗党部及各支部的规章制度，并重新登记了党员；向党员及部队战士散发、讲解内蒙古人民革命党中央的各种图书报刊，宣传该党的各项主张，揭露日本帝国主义和国民党反动派在内蒙古推行的政策;还派遣代表与准格尔旗取得联系,要求各支部通过“嘎查”恢复“独贵龙”组织形式，每月召开一至两次会议，以便互通消息，研究斗争对策，加强党的秘密工作。

1930 年 3 月，内蒙古人民革命党中央又派中央执行委员宝音巴特尔、纪松龄和孟和吉尔格拉专程到乌审旗，会同孟和乌力吉秘密召集了鄂尔多斯、察哈尔联席特别会议,组成了负责鄂尔多斯、乌兰察布、阿拉善、土默特等地党务工作的委员会，选举孟和乌力吉、奇子俊、索德那木栋鲁布等七人为常委，通过了迅速开展各地党务工作的决定。由于整个中国革命形势处于低潮，再加上内蒙古人民革命党本身力量弱小，这些地区的党务工作未能有效地开展起来。

这一时期，内蒙古人民革命党还在内蒙古西部地区领导发动了“西公旗暴动”。西公旗（乌拉特前旗）是内蒙古人民革命党开展工作最早的地区之一。该旗贫苦牧人出身的恩克巴雅尔，最早参加内蒙古人民革命党，并负责西公旗党务工作，组建了一支内蒙古人民革命军部队。1928 年，绥远都统下令该旗协理额尔和道尔吉缉捕恩克巴雅尔。额尔和道尔吉派代表与恩克巴雅尔谈判，要其交出武器、解散部队，结果被严词拒绝。8 月 16 日，额尔和道尔吉借旗衙门举行祭旗仪式，派军队向恩克巴雅尔部队驻地乌日宝力格发起突然袭击，经一夜激战被击退。为了保存这支宝贵的革命武装，恩克巴雅尔打算把部队开到伊克昭盟与锡尼喇嘛的部队会合。因未能与锡尼喇嘛取得联系，后决定将部队撤到蒙古人民共和国境内。恩克巴雅尔率部队北撤途中，在乌拉特中旗境内的恩格庙遭到乌拉特中旗部队的突然袭击。恩克巴雅尔在率部队突围撤退途中中弹牺牲，其部队大部分退入蒙古人民共和国境内。

1929 年，奉派到哲里木盟开展工作的朋斯克和特木尔巴根分别到康平县、科左前旗和洮南一带活动。他们联络了一大批蒙古族进步青年，并将其中的哈丰阿、那钦双合尔等二十多名优秀青年发展为内蒙古人民革命党党员。同一时期回国的吉雅泰、毕力格巴图尔、白海风、白永伦等，与先期到达的德力格尔、乌力吉敖喜尔、纪松龄等取得联系，以北平为中心，沿平绥铁路开展工作。他们在北平建立了秘密联络点，还在察哈尔建立了内蒙古人民革命党的基层组织。革命的星火就在这样的百折不挠中坚强传递。

1930 年 1 月，内蒙古人民革命党中央以“特木尔夫”的笔名撰写散发了《告内蒙古同胞书》，揭露了帝国主义侵略内蒙古的罪行和以蒋介石为代表的中国反动派对内蒙古的大汉族主义民族压迫政策，指出了内蒙古人民悲惨的生活现状，呼吁蒙古人民起来争取民族的自由和解放，号召内蒙古人民勇敢地站起来，为争取民族解放而奋斗。《告内蒙古同胞书》是内蒙古人民革命党针对国际国内的政治形势和内蒙古民族解放运动所发表的一份具有重要指导意义的纲领性文献。这份文件在地区革命形势尚不明朗的情况下，为广大革命者指明了前程，鼓舞了士气，坚定了信心。

1931 年九一八事变以后，内蒙古地区和整个中国的政治形势发生了重大变化。到了 20 世纪 30 年代中期，内蒙古人民革命党设在乌兰巴托的中央机关被共产国际取消，该党作为统一政党已不存在。仅剩下的一部分党员均以个人身份在各地继续活动，部分党员转入中国共产党领导的革命中。至此，由内蒙古人民革命党领导的革命活动遂告结束。

阿拉善“小三爷”事件

阿拉善“小三爷”事件发生于1928年，是蒙古族人民武装推翻阿拉善旗封建统治的革命事变。因为1928年是旧历戊辰年，所以这次事变也被称为“戊辰事变”。

“小三爷”出身于蒙古族封建贵族家庭，本名叫德钦一心诺尔布，汉名叫德毅忱。因为其父是阿拉善旗第六代扎萨克亲王的三弟，人称“三爷”。而德钦一心诺尔布也在兄弟三人中排行老三，为了与其父相区别，人们称其为“小三爷”。

要理解“小三爷”事件，得先从阿拉善旗扎萨克王公制度说起。当时统治阿拉善旗的扎萨克王爷的先辈们，由于在清朝时曾率部东征西战，为清政府立下“汗马功劳”，因而备受恩宠，晋爵至和硕亲王，并“世袭罔替”。由此，形成了阿拉善旗扎萨克王公制度。阿拉善旗的王爷们还在北京修建了驸马府——罗王府，王爷们大多是长年居住在那里。这些王爷们既享受着和硕亲王的俸禄，又坐拥阿拉善旗财富，生活奢靡，肆无忌惮地剥削和压迫当地的劳动人民。特别是阿拉善旗实行的“乌拉”制度，对旗里的牧民来说是一项繁重的劳役负担。到了民国时期，这块土地的人民依然处于王爷们无所顾忌的剥削和奴役之下，负担格外沉重。这些无疑都成为了“小三爷”事件发生的历史诱因。

小三爷幼年时受过良好的私塾教育，兼通蒙汉文，并且擅长绘画，可谓是当时阿拉善旗具有贵族身份的知识分子。他还游历过北京等国内一些大城市，有一定的社会阅历，思想比较开化激进，具有民主意识，再加上其本人又比较和善，没有贵族少爷习气，因此很多老百姓对他印象都不错，愿意与他接触，所以颇得民心。与他经常交往的田协安（汉族，随清室公主陪嫁到阿拉善旗的“媵户”后裔）、孟雄（已入阿拉善旗籍的回族，该旗带兵梅林）、罗敖有（蒙名嘎宁嘎，出身贵族，副梅林章京）等人，都有一定的文化、社会阅历和广泛的社交。

民国初年，由于旗扎萨克亲王塔旺布鲁克甲喇长年居住在北京，阿拉善旗政大权实际落在了东协理罗那木吉勒、章京陈莽哈赖等人手里。旗府向民众摊派繁重的捐税和劳役，不仅引得百姓怨声载道，也招致小三爷等中下层贵族官员的不满。

1924 年，共产党和国民党合作以后，民主革命的风潮遍及全国，革命思想也深入人心，远在西北的阿拉善旗也受到了革命风暴的冲击。同年，冯玉祥发动北京政变，推翻了直系军阀的统治，转而倾向于革命，后迫于形势率所属的国民军到达西北地区。1926 年，冯玉祥的国民军至陕甘宁一带，白云梯、郭道甫等人秘密来到阿拉善旗开展推翻封建制度的革命活动，与在定远营的德钦一心诺尔布取得了联系。德钦一心诺尔布很快与郭道甫等成为至交，加入内蒙古人民革命党，接受了推翻王公制度、实行民族自治的主张，思想觉悟有了更高的提升。他们经过秘密商议，决定尽快建立起革命组织，发动起义，并吸收了田协安、孟雄、罗敖有等人为革命事变的领导者，积极策划组成事变的领导机构。商定由孟雄在盐务局、税务局、百货统捐局内秘密发展一部分比较可靠的税丁组成商团，以经商为掩护，准备伺机而动。再由罗敖有以“打尔嘎”的身份在旗兵中发展一批蒙古族士兵，作为发动革命的武装力量。与此同时，德钦一心诺尔布还得到了国民军先后委派的宁夏主席吉鸿昌、门致中的支持，获得枪支弹药的援助。

德钦一心诺尔布与国民军方面过往甚密，起义计划被陈莽哈赖等人察觉。北京的塔王通过陈莽哈赖等人得知起义者的计划后立即采取措施，一方面提拔德钦一心诺尔布为阿拉善旗正协理，企图以此麻痹起义者；另一方面命令其阿拉善旗的亲信尽快集结武装力量，准备对付起义者。德钦一心诺尔布便同孟雄、田协安等商量对策，决定立即发动武装政变。

1928 年 4 月 22 日凌晨，武装起义开始。孟雄带领商团和国民军百余名士兵，在德钦一心诺尔布的指挥下向旗衙门王府进攻。由于事发突然，起义军又来势凶猛，衙门卫队和文武官员未及防范，起义武装顺利占领了旗府王府。罗敖有当即组织已经响应起义的蒙古士兵，占据了定远营战略要地，陈莽哈赖等官吏当即被擒。起义成功后，起义队伍随即宣布成立阿拉善旗政务委员会及国民革命军蒙兵第二路司令部，由德钦一心诺尔布任主任委员兼蒙兵司令，孟雄任副司令，田协安任参谋长，罗敖有任第一旅旅长，敖齐尔任第二旅旅长。旗政务委员会成立后宣布：一、没收塔王府的全部财产归公；二、公布管旗章京陈莽哈赖的罪状，代表民意将其处以死刑，以平民愤；三、废除各种封建徭役，减轻人民负担；四、反对封建，提倡民主，不准留辫子。这几项简要而初步的革命政策措施反映了这是一次反封建性质的起义。

在北平的塔王得知旗内突发事变后，立即指示从定远营逃出的协理、梅林等，尽快组织各巴格的士兵和牧民向新政权发动进攻。当时，革命政府尚未建立起广泛的革命组织，缺乏宣传，缺乏广泛的群众基础，军事上也未去占领旗内的 36 个巴格和 40 多个防卡，广大的牧区仍然在旧旗制的统治之下。因此，新政权在遭到反动武装进攻时，得不到广大群众的支持，处在孤城困守当中。旧政权人士的种种诽谤和造谣，使一般牧民和士兵产生误解，认为“德毅忱叛变塔王，出卖阿拉善旗”，所以不仅不同情德钦一心诺尔布等人的革命行动，反而加入了反对他们的行列。

5月下旬，由原副梅林章京黄·图门巴雅尔指挥的旧政权武装和牧民向定远营发动进攻。敌人经过一昼夜战斗未能攻破城门，遂改为长期围困。定远营被围后，阿拉善旗政务委员会设法与宁夏方面取得联系，宁夏派兵驰援，进至三关口受阻后又从河套调苏雨生骑兵旅进入定远营。此后，城内军事实力加强，渐渐趋于安定。此后塔王再次发起反攻无果，定远营仍在革命政府掌握之中。无奈之下，塔王最终选择了通过贿买国民政府蒙藏委员会，使国民政府决定以蒙藏委员会的名义出面撤走苏雨生的部队，恢复阿拉善旗旧秩序。至12月上旬，旧政权最终重新接管了旗政，轰动一时的“小三爷”武装政变最终失败。

德钦一心诺尔布等人在内蒙古人民革命党影响下成立人民政权，提出各种改革措施，虽然这些改革不够全面、深入，但这是蒙古族人民建立民权、民治政治的一次可贵的尝试。作为民主、自由、平等的新政权，阿拉善旗政务委员会的群众基础却非常薄弱，没有在广大的牧区民众中进行宣传，也未建立党组织。一般牧民和蒙兵由于传统的思想作祟，对起义者并不能予以理解和支持。当时全国革命形势已变得非常严峻，加上武装事变准备仓促，又处于孤立无援状态，导致了革命暴动的失败。

事变以后，德钦一心诺尔布一度流亡归绥等地，后被流放到阿拉善南部沙漠的查干高勒庙，1932年6月在疾病困苦中去世。德钦一心诺尔布长子罗景瑞尚处年幼也惨遭杀害。其他和革命事变有关的人员不是在严刑拷打后被处死，就是被迫隐名埋姓逃匿他乡。

呼伦贝尔青年党暴动

就在内蒙古西部阿拉善旗“小三爷事件”发生的同时，内蒙古东部呼伦贝尔地区也发生了震惊一时的呼伦贝尔青年党暴动，该暴动也被称作“呼伦贝尔事件”。这是一场以内蒙古人民革命党人为主发动的、旨在推翻蒙古封建王公上层和东北军阀统治的武装斗争。

呼伦贝尔青年党成立于1923年，它的前身是郭道甫于1917年创办的“呼伦贝尔学生会”。1917年俄国爆发了十月革命，其革命影响波及西伯利亚外贝加尔地区。1918年，郭道甫等人代表呼伦贝尔青年学生会参加了在乌金斯克市（今俄属乌兰乌德市）召开的布里亚特蒙古民族大会，希望以教育实业作为改革政治的方针。1923年，郭道甫返回呼伦贝尔后，仿照外蒙古青年党将呼伦贝尔学生会更名为呼伦贝尔青年党，并将中央党部设在外蒙古首都乌兰巴托。1925年，呼伦贝尔青年党与内蒙古其他地区的政治运动结合，共同创建了内蒙古人民革命党，并在1925至1926年间，策划了两次反王公反黑龙江当局、争取呼伦贝尔自治的民族运动，均因受到奉系军阀势力的阻挠而没能实现，但革命者们却并未因此而气馁。

1927年大革命失败以后，国内形势混乱，东北形势也日趋微妙。1928年初，郭道甫、福明泰等人在乌兰巴托召集呼伦贝尔籍各族青年，讨论中国与国际局势，通过了要以呼伦贝尔青年党名义、以武装暴动的方式改革旧的蒙旗政治，实现呼伦贝尔完全自治的决定，并且争得共产国际和蒙古人民共和国给予武器援助的承诺。6月，东北奉系军阀张作霖在皇姑屯被日本人炸死，东北局势开始动荡。这一事件的发生却让酝酿暴动已久的革命者们看到了机会。当时远在蒙古人民共和国的郭道甫和福明泰认为举行暴动的时机已经成熟，于是率领四十余名青年学生来到哈拉哈河上游、中蒙交界的绰克托松布尔地方，开了一个多月的会议，制订了一套具体行动方案，“决议以武装革命，恢复呼伦贝尔的完全自治，并决定向海拉尔、兴安岭、满洲里三路进攻。”会上推举郭道甫为军事委员会委员长，组成平民军司令部，推举福明泰为司令，乌尔根、雅德木扎布为副司令。暴动队伍以哈伦阿尔山和罕达盖为基地，争取了驻防当地的呼伦贝尔保安队的一支小队，并很快推进到呼伦湖两岸的新巴尔虎左、右旗境内。他们在当地牧民群众中大张旗鼓地进行宣传工作，成功策动了正蓝旗保卫团起义，说服了保卫团参加平民军，并将其编为骑兵第一路第一团。其后，郭道甫、福明泰等还派人到海拉尔，向呼伦贝尔副都统署送交了宣布“统一内蒙古，蒙古人自治”等通告文书，但是该文书遭到拒绝。后又向呼伦贝尔道尹赵仲仁致书，表明他们“并非搞呼伦贝尔独立和革命，而是为改革旧的蒙旗政治，排除副都统及其一派”的目的。同时提出：“一、撤换现副都统；二、左右厅长等重要官吏由呼伦贝尔人民选举产生；三、呼伦贝尔的租税中除关税以外一切由蒙旗方面征收；四、承认领土主权属于中国，但一切地方行政由蒙古人行使，并应将中国军队撤退”等要求，还提出“如14日为止得不到满意答复的话，将采取直接行动”。对此情形，呼伦贝尔当局急忙派人与呼伦贝尔青年党负责人郭道甫等交涉，并派军队进驻新巴尔虎左旗地区加强巡防，拒绝了呼伦贝尔青年党的要求。暴动队伍随即按计划分路展开暴动行动。

7月16日，在福明泰指挥下，分三路开始暴动。按照暴动计划，西路由阿勒精太率领新巴尔虎左翼正蓝旗为主的暴动队伍袭击磋岗车站，继而西进占领满洲里；东路由官其格扎布率领索伦右翼鄂温克人为主的暴动队伍袭击乌努尔车站，继而东进占领兴安岭；中路攻击海拉尔，占领后成立自治政府。8 月 6 日，郭道甫、福明泰等人同三四十名便衣队员破坏了海拉尔与阿尔山温泉之间的交通线路，并以此为中

● 郭道甫与蒙旗师范

心，向北到甘珠儿庙的呼伦贝尔西南一带进行了宣传活动。8月15日，平民军又派二百多骑兵袭击了中东铁路乌努尔站的守备队，破坏、切断了铁路运输和通讯。16日，平民军又在满洲里以东的磋岗站附近拆掉路轨，切断了电话线。当时正在呼伦贝尔的黑龙江省军务督办万福麟闻讯后立即从满洲里乘专列回海拉尔，当列车开到磋岗站时，平民军向万福麟乘坐的专用列车开炮，但被万福麟的卫队击退。

呼伦贝尔青年党暴动发生后，东北三省保安司令张学良和呼伦道尹赵作人非常恐慌，立即派出马占山和刘均衡的部队，对暴动部队进行镇压，得以恢复铁路运输及通讯。呼伦贝尔平民军截断铁路、攻占海拉尔的计划均遭失败，只好退到新巴尔虎左翼南部的将军庙。

在调遣兵将的同时，张学良恐事态扩大，试图尽量以和平谈判的方式来解决呼伦贝尔青年党事件，遂先后两次派人前往甘珠儿庙附近与郭道甫为首的青年党进行停战交涉。由于青年党态度强硬，要求“中国军队一律撤退到兴安岭以东；否定中国道尹；呼伦贝尔副都统改为民选;蒙古方面获得征税权”。谈判均未成功。虽然青年党的诉求并未得以实现，但让强大的军阀势力看到了青年党的决心和勇气。

9月12日，万福麟命第二军军长马占山率部向暴动地区推进，并派飞机在克鲁伦河上空示威飞行、散发宣抚传单，准备进行大规模军事镇压。暴动队伍由于缺乏训练，经过几次大的交火之后，士气低落，此刻更是人心浮动。基于这种情况，郭道甫出于保存实力、避免更大伤亡的考虑，此时有意争取和谈。最后，经过多方交涉和疏通，东三省保安总司令张学良认为呼伦贝尔青年党的举动是政治问题，再次派出代表同郭道甫等谈判，并请郭道甫的启蒙老师、奉天省长翟文选致函劝说。郭道甫遂决定做出让步，并提出“仅以（副）都统衙内添设参议厅，容纳青年党人物，并以增加长年行政经费、教育经费，及增编蒙旗守备队等”条件。经过谈判，双方最终达成协议：改组现行的呼伦贝尔副都统公署的传统制度，添设参议会，吸收青年，实行民主民治制度，兴办现代化学校，培养人才，改善人民生活，增加行政、教育经费，扩充地方自卫队，对参加暴动的任何人都不追究责任，等。但暴动队伍中以福明泰为首的青年党激进派没有同意这一协议，率部撤到蒙古人民共和国境内。

谈判结束后，郭道甫只身前往沈阳，被张学良聘为秘书，后来又受其委托创办了东北蒙旗师范学校。呼伦贝尔青年党暴动也就此宣告结束。

东北当局许诺的在副都统公署内设参议厅，增加行政、教育经费及增编蒙旗守备队等条件都没有兑现。

呼伦贝尔青年党暴动，是以内蒙古人民革命党人为主发动的一次推翻蒙古封建上层和东北军阀统治的武装斗争。此次暴动受到中国共产党的热情赞扬：“被帝国主义、中国军阀、本地王公三重压迫的蒙古民族，其希望解放，至少同被帝国主义、军阀两重压迫的中国民族一样……那么，呼伦贝尔的蒙民，尚在黑暗统治之下，起而建立民众的政权，组织索伦赤军，推翻王公，反对中国军阀，自是勃发而不可遏的事。”

英雄的嘎达梅林

南方飞来的小鸿雁啊
不落长江不呀不起飞
要说起义的嘎达梅林
是为了蒙古人民的土地
天上的鸿雁从南往北飞
是为了追求太阳的温暖哟
反抗王爷的嘎达梅林
是为了蒙古人民的利益

这首曲调哀伤悲壮又脍炙人口的科尔沁民歌《嘎达梅林》，在内蒙古大地被广泛传唱。歌中所传颂的正是嘎达梅林领导达尔罕旗（今通辽市科尔沁左翼中旗）农牧民群众，反对军阀和王公开垦蒙旗土地而举行的武装起义。起义震惊了科尔沁草原乃至内蒙古地区，为内蒙古蒙旗社会带来深远的影响。几十年来，嘎达梅林抗垦起义的英雄壮举和不畏强权的反抗精神一直受到蒙汉各族人民的肯定和赞扬。

嘎达梅林，蒙古族人，本名那达木德，汉名孟青山，又名业喜，1893 年出生于内蒙古哲里木盟达尔罕旗塔木扎兰屯。因为他在家中排行最小，当地人习惯将最小的儿子称作“嘎达”，乡亲们都亲昵地称呼他为“老嘎达”。“梅林”是其官职，因为他后来做了达尔罕旗旗卫队一百二十名兵丁的军务梅林，所以人们习惯地称呼他为“嘎达梅林”。

●嘎达梅林

嘎达梅林自幼聪明，学习刻苦，兼通蒙汉两种语言。十三岁时经亲友介绍到达尔罕旗王府当差役，由于精明能干，他很快就在王府中崭露头角，成为王府旗卫队中不可多得的人才，深得王爷器重，先是被提拔为王府卫队的专依达，后又被相继提升为昆都、扎兰。在三十三岁时，他又被任命为军务梅林，掌管全旗一百三十名蒙古骑兵。

嘎达梅林的家乡达尔罕旗草原幅员辽阔、水草丰美。原全旗南北长约九百公里，东西宽约二百五十公里，为著名的辽河流域天然大牧场。在这广阔的草原牧场上，蒙古族人民世代过着以牧为主的生活。但由于从清末到北洋军阀统治时期，达尔罕草原前后遭到过七次大规模开垦，使得原本水草丰美的牧场日益缩小，蒙古族牧民们渐渐被排挤到荒漠之地，牛马羊群无处放牧。失去牧场的牧民生计受到严重威胁，生活日趋贫困。

1928 年以后，东北军阀张学良在达尔罕王那木济勒色楞同意下，陆续放垦该旗东、西夹荒地和辽北荒大片土地。其实这些所谓的荒地实际都是优良的牧场、是几百年来蒙古族牧民世世代代赖以生存的草场。如此肆无忌惮地放垦，使得全旗本已少得可怜的牧场面积愈加萎缩，牧民将面临无处放牧的困境，再加上蒙古族农民从事农业生产的经验远不及汉族农民丰富，因而蒙古族农牧民更加留恋和依赖畜牧业生产。这导致不仅蒙古族农牧民反对放垦，就连拥有西夹荒和部分牧场的一些闲散王公、台吉也对放垦表现出不满。

1929 年初，那木济勒色楞全然不顾本旗农牧民群众的死活，与东北军阀相勾结，在该旗设立了垦务局。正月，军阀强行开荒的测量队就将开始丈量土地。

●嘎达梅林起义军战斗过的地方

面对将有更多的牧民失去牧场的情况，嘎达梅林再也无法沉默，立即与一些较有威望也比较公正的大喇嘛一起商定，召集本旗民众举行群众集会，希望从中选出代表以请愿的形式与达尔罕王交涉，阻止放垦。与会者以“独贵龙”的形式纷纷签名，并选出嘎达梅林、韩曾格嘎力布、张舍楞尼玛和赵舍旺等四人为代表去与达尔罕王交涉。

同年 7 月，嘎达梅林等偕六十名长者，赴沈阳向达尔罕王请愿。经嘎达梅林等人再三强烈要求，达尔罕王才同意接见请愿代表。嘎达梅林等人将全旗人民反对继续出卖土地的签名请愿单递交王爷，并说：“如若达尔罕旗的土地继续被出卖，旗下的牧民被驱离自己的牧场，不得不大量逃亡，王爷你将来还给谁称王呢？”王爷的福晋朱尔吉特听到这些话，立即怒气冲天地斥责道：“放肆，出荒设治是国家的法令。达尔罕王已经世袭十三代，将来子孙万代，仍然继承王位，不用你们操心。”嘎达梅林听了福晋的话，怒发冲冠地指着她大骂：“王爷败家，全旗百姓遭殃，都是你这个钻进王府的狐狸精勾结军阀干出的好事！”

随后，达尔罕王和其福晋等为镇压反对出卖土地的请愿活动，与奉天军阀密谋，派出省府警察厅宪兵，于当天夜里包围了请愿代表团的住处，逮捕了色仁尼玛、僧格嘎如布、赵舍旺三人，凌晨又将嘎达梅林逮捕。接着达尔罕王又下令，驱散请愿代表团，并令限期离奉返旗。不久，嘎达梅林等四人被押解回达尔罕旗王府监狱囚禁起来。王爷、福晋和王府官吏对嘎达梅林恨之入骨，回旗后便单独将他关进了黑牢，其他三人得以保释出狱。

嘎达梅林在狱中遭受了种种非人的折磨和摧残，甚至差点被害死在狱中。有几次，军事梅林刘昌林在给嘎达梅林送的饭里暗中投下毒药，恰好都被监狱伙夫、嘎达梅林的老朋友汉人张师傅及时发现，嘎达梅林才幸免一死。张师傅还常常借送饭之机向嘎达梅林传递消息，提醒他时刻提高警惕，以防遭人暗算。又有一次，刘昌林等人策划了更加阴毒的计谋。为了不露痕迹地杀人，他们企图用满口袋沙子压死嘎达梅林，打算在事成之后谎称嘎达梅林病死狱中，以此逃脱罪责。张师傅得知这一阴险毒辣的阴谋后，立即设法告诉了嘎达梅林的妻子牡丹。

牡丹生于1902年，蒙古族人，原名牡丹其其格，又名米丹其其格。她是嘎达梅林的第二房妻子，是一位勇敢细心、美丽而富有才华的贵族小姐。她自小练就一身好功夫，又受过系统的教育，是位文武双全的女子。牡丹于1924年冬同嘎达梅林结婚。牡丹思想进步，富有正义感，很支持丈夫的事业，是当时科尔沁草原上极为少见的蒙古族进步女性。

牡丹获知嘎达梅林在狱中的处境后，便急忙以探狱为名，会见了嘎达梅林，商讨了越狱事宜。阴历十二月初三那天，牡丹召集了二十多人，以祭祀祖宗为名，宰杀猪羊，请乡亲们来喝吉祥酒。她当场表示，营救嘎达梅林是为了抗荒保护牧场，是为了让达尔罕旗的牧民百姓在自已祖辈世代生息的土地上过上幸福生活。这样，牡丹挑选了七名精明强悍、善射能骑的人，告别了乡亲，直奔王府监狱。由于计划周密，劫狱比较顺利，很快将嘎达梅林营救了出来。

嘎达梅林出狱后，便亲自率领队伍，冒着风雪严寒，踏上科尔沁千里草原，为了科尔沁草原人民的利益，吹响了抗荒反达王、反军阀的战斗号角，从此走上了武装斗争的征途。

嘎达梅林领导的抗垦起义军给贫苦农牧民带来了希望。无论队伍走到哪里，当地的群众都像亲人一样欢迎他们、招待他们。有的送情报，有的支援枪弹、马匹，不少年轻人还积极参加了起义军。在全旗人民的积极支持和拥护下，抗垦武装由最初的二十余人很快发展壮大到七百多人。嘎达梅林的抗垦队伍转战于哲里木盟达尔汗旗和昭乌达盟扎鲁特左、右旗等地，袭击垦务局和垦务官员，使得测放“辽北荒”“西夹荒”的垦务无法顺利进行。

●嘎达梅林起义军兵营旧址

1930 年 3 月，旗垦务负责人韩色旺由东北军保驾带着测量人员来到辽北等土地肥沃的村庄强行丈量。嘎达梅林起义军闻讯赶来，以迅雷不及掩耳之势袭击了东北军，赶走了测量队，烧毁了地主的地契和高利贷者的账目，没收了他们的不义之财，为农牧民解了围、报了仇。后来韩色旺带着东北军的精兵追剿嘎达梅林起义军，双方激战过后，起义军打死敌军九人，俘获五人，缴获长短枪二十多支，全鞍马二十多匹。经此一战，起义军的士气更加高昂。

达尔罕旗王府军在与起义军交战中屡遭败绩，无奈之下，王府企图招降起义军。达尔罕王派出以嘎达梅林的老朋友巴拉珠尔为首的招降团，对嘎达梅林进行劝降。嘎达梅林念及友情接待了他，但对劝降之事断然拒绝。招降不成，达尔罕王只得乞求东北军派兵帮助镇压起义军。

1930 年底，张学良调集了驻开鲁县的十七旅李守信团、洮南的张大麻子部、奉天的张海鹏部，以及通辽、白城子等地的驻军，加上旗王府军，兵力达到四千人，对嘎达梅林的起义军发起了规模空前的围剿。

此时，嘎达梅林的起义军队伍虽然扩大到一千二百多人，但与几倍于己的正规军周旋作战，人员伤亡严重，损耗的武器弹药和物资也无法得到补充，作战条件愈益艰苦。到 1931 年初，在军阀和王府官兵的多次追剿下，义军内部逐渐分化。一些原为胡匪帮伙的成员离开队伍，嘎达梅林手下只剩下二百多人，即便如此，起义军依然继续坚持反垦斗争。

1931 年 4 月 9 日，起义军在西拉木伦河北岸遭到敌人四千多人的三面追击。最后，嘎达梅林带领四五十人在通辽北舍伯图附

●嘎达梅林抗垦

近的洪格尔敖包屯被第十七旅李守信部一千多人包围，双方展开激烈的战斗。在西拉木伦河的战斗中，嘎达梅林壮烈牺牲，他的鲜血染红了西拉木伦河水。这位为维护草原人民的利益而英勇奋战的英雄牺牲时年仅 39 岁。

嘎达梅林为保卫科尔沁草原不被开垦出卖，为了蒙汉人民的生存壮烈牺牲了。他领导的达尔罕旗蒙汉人民轰轰烈烈的抗垦起义虽然也失败了，但是它给蒙古族人民的民族解放运动留下了永不消逝的巨大影响。嘎达梅林英勇无畏的斗争精神，起义军可歌可泣的悲壮事迹，早已载入史册。

英雄的嘎达梅林，是草原上众多武装抗垦人物中的杰出代表，更是草原人民中自发维护自身利益、保卫世代赖以生存的家园，为大多数人的利益牺牲自我的斗士和勇士。

第六章

国民党对内蒙古的统治

南京国民政府为管理内蒙古等边疆少数民族地区，一方面设立蒙藏委员会，颁布《蒙古盟部旗组织法》，成立蒙政会；另一方面设省置县，割裂内蒙古，无视盟旗制度。

蒙藏委员会及其运作

南京国民政府时期设立的蒙藏委员会沿袭于清朝的理藩院（部），承接于民国北京政府的蒙藏工作处、蒙藏事务局和蒙藏院，是南京国民政府时期中央政府专门主管蒙藏等边疆少数民族地区事务的最高行政机构。

南京国民政府在统一全国的过程中也加快了对蒙藏等边疆少数民族事务处理和管理的步伐。1928 年 1 月，经国民党中央候补执行委员、原内蒙古人民革命党主要领导人白云梯的提议，国民党中央又经多次会议讨论，最终决定成立蒙藏委员会。3 月 21 日，国民党中央政治会议通过了《国民政府蒙藏委员会组织法》，送交国民政府公布于众。6 月，南京国民政府指定白云梯负责组织蒙藏委员会筹备处，接管北京政府蒙藏院的一切事宜，着手组建蒙藏委员会。12 月，南京国民政府又将蒙藏委员会改为委员长制，任命阎锡山为蒙藏委员会委员长。1929 年 1 月 5 日，阎锡山宣誓就职。2 月 1 日，蒙藏委员会举行成立典礼并启用印信开始办公。

蒙藏委员会隶属行政院，地位与各部、委相同，内设总务处、蒙事处、藏事处等三个处。总务处负责掌理文书及庶务等事项，蒙事处和藏事处分别掌理蒙古事务和西藏事务。还设有常务委员办公室、秘书室、参事室、专门委员室、编译室、调查室及书记室等。此外还设有提案委员会、设计委员会、边事研究会、蒙藏文研究会、编译委员会、蒙藏教育委员会、学术研究会及职员训练部等多个非建制机构。蒙藏委员会下直属或监管指导的机构还有驻北平办事处、驻藏办事处、北平蒙藏学校、蒙藏政治训练班、蒙藏月刊社、蒙古各盟旗联合驻京办事处、蒙旗宣化使公署、西康通讯处等，以及后来成立的蒙古地方自治政务委员会、绥远省境内蒙古各盟旗地方自治政务委员会、察哈尔省境内蒙古各盟旗群地方自治政务委员会等。

在职能和权限方面，蒙藏委员会与北京政府时期的蒙藏院基本相同，蒙藏委员会主要负责处理“关于蒙古、西藏之行政事项”及“关于蒙古、西藏之各种兴革事项”。1933 年，为解决蒙藏委员会在具体行使职权时常会与其他主管机关和地方各省政府发生权限不清、职责不明的问题，蒙藏委员会和内政部商定了《蒙藏委员会与内政部汇办案件之标准》，规定在处理边疆事务时，双方职权交叉时应相互商议办理。这一标准对蒙藏委员会和内政部的职权进行了初步划定。不久，南京国民政府行政院又通过《中央及地方主管机关对于处理蒙古盟旗事项权限划分办法》，其中规定，蒙藏委员会除掌理关于蒙古行政及各种兴革事项外，蒙古各盟旗设官、奖惩、铨恤、军政、司法、宗教等事项，亦均系蒙藏委员会掌管。由此可以看出，蒙藏委员会是南京国民政府掌管蒙藏等边疆少数民族事务的主管部门。事实上，除经办一般有关蒙藏事务外，蒙藏委员会的职权及作用还表现在对蒙藏地方政教上层的联系和监督方面，尤其是在各旗扎萨克的任免、承继及盟旗内部纠纷等方面具有决定权。另外，蒙藏委员会还有向国民政府各部门及国民党中央提供有关蒙藏事务问题上的咨询和建议的职责。

蒙藏委员会组建之后，为更好地推进蒙藏等边疆少数民族地区的工作，曾制定《蒙藏委员会施政纲领》作为南京国民政府开展蒙藏具体工作的指导性文件。这一施政纲领反映了当时南京国民政府维护中央政府对蒙藏等边疆少数民族地区的主权，以及加强对蒙藏地区行政管理的愿望和决心。

为切实了解蒙藏等边疆少数民族地区情况，蒙藏委员会先后向内蒙古、西藏等地区派出了大量的调查组进行实地调查走访，并通过下设的研究机构，对调研所收集的情况资料进行研究，为中央政府的蒙藏政策及施政提供资讯和依据。

为加强对边疆少数民族政教等多方面事务的管理，南京国民政府蒙藏委员会成立后，还拟定并实施了一系列关于处理蒙藏事务的法规、条例，并编有《蒙藏委员会法规汇编》。这些法规、条例的制定，使蒙藏委员会对蒙藏等边疆少数民族地区的工作日渐规范化，为恢复和健全中央政府对边疆少数民族地区的行政管理提供了法律上的依据，也使得之后在处理和解决蒙藏等边疆少数民族地区相关问题时提供了相应的参考，有例可依、有章可循。其中颁布的《蒙古盟部旗组织法》，以法律的形式明确了内蒙古各盟（部）旗制度不变，给予内蒙古各盟（部）旗一定的自治权利。正是由于这部法律的颁布，使得“盟”在法律上取得了与“省”平级的地位。

蒙藏委员会自成立起，就对蒙藏等边疆少数民族地区的教育十分重视。提倡在内蒙古等边疆少数民族地区兴办学堂，并创办各类学校及培训班，先后设立了“国立北平蒙藏学校”“国立南京蒙藏学校”以及“蒙藏委员会蒙藏政治训练班”等，多层次培养边疆地区人才。这些教育措施的实施，在开发民智、传播新思想、促进蒙藏民族与汉族间的相互理解和交流等方面都起到了积极作用，并为以后边疆少数民族地区现代教育的发展奠定了基础。

蒙藏委员会具有较为完备的组织体系和较为明确的权责职掌，随着国内局势的复杂变化，以及南京国民政府对国内民族及民族问题认识的日益深化，蒙藏委员会虽然曾面临过诸多的改制呼声，《蒙藏委员会组织法》也曾历经数次修正实施，但是在南京国民政府统治全国的二十多年时间里，蒙藏委员会一直作为南京国民政府管理蒙藏等边疆民族事务的最高行政机构而存在。

南京国民政府本质上代表的是大地主大资产阶级的利益，使得蒙藏委员会的施政纲领和措施在具体实施过程中不可避免地具有一定的局限性；再加上国民政府正忙于在政治上统一全国，随后又与日本帝国主义进行了长达十四年的艰苦斗争，东蒙地区沦陷后，施政纲领无法彻底有效地施行，以致边疆建设成果也十分有限。

横遭割裂的内蒙古

自清朝以来，内蒙古地区一直实行盟旗自治制度，由蒙古族内部自行决定扎萨克（旗长）管理本旗的军事、行政和司法，扎萨克一般由蒙古的王、贝勒、贝子、公、台吉等贵族充任。自清朝末年起，虽然清政府和北京政府均有在内蒙古地区划设行省的计划，但由于内蒙古各盟旗的激烈反对而未能实际推广施行。南京国民政府成立后，内蒙古地区蒙古族的基本情况是“其政府所能直辖者，不过一半之面积，其与各蒙王之公事来往者，仍系照会形势，各蒙王管辖之领土，行其政令”。这种情况对于南京国民政府实现全国统一无疑是一个很大的阻碍，同时也有悖于国民党实行的大汉族主义政策和民族同化政策。为了把蒙古族直接置于国民党的统治之下，国民政府在内蒙古地区设省置县。

1928 年 6 月，在南京国民政府内政会议上，国民党战地政务委员会主席蒋作宾提议将热河、察哈尔、绥远三个特别行政区改为行省，并建议撤销都统。这一建议获得了内政部长薛笃弼的支持，薛进一步提出，建议绥远特别行政区改称绥远省，热河特别行政区改称热河省，察哈尔特别行政区改称集宁省，等。内政部的这一建议引起了国民党上层的注意，国民党中央政治会议当即电询了阎锡山和北平、太原两个政治分会及河北省政府的意见，并取得了他们的同意。

经过准备，内政部正式向国民政府提出了改省的建议，并提出了改省的具体方案。关于各省名称，热河、绥远名称照旧，建议在上谷、口北、开平、兴和四个名称里选一个定为察哈尔省名。关于省政府所在地，热河定于承德，察哈尔定于万全，绥远定于归绥。随后，国民党中央政治会议通过特别行政区域改省决议。1928 年 9 月 17 日，国民政府发表《改热河等区为行省通电》，宣布："热河、察哈尔、绥远、青海、西康均改省；旧直隶省口北道各县划归察哈尔，察哈尔原划绥远之丰镇、凉城、兴和、陶林四县及后置之集宁县，仍归还绥远。"不久，甘肃省代表请准国民党中央政治会议，将甘肃宁夏道属等处，合并阿拉善、额济纳两旗，设立宁夏省。从蒋作宾提出建议到国民政府正式公布改省命令仅花了两个多月的时间，足以看出在边疆少数民族地区确立统治地位对南京国民政府而言极为重要和紧迫。

南京国民政府改省令下达以后，绥远、察哈尔、热河当局立即响应。绥远都统公署根据国民党中央政治会议太原分会的训令，将都统制改为委员制，绥远都统公署改称绥远临时区政府，并于 9 月下旬成立绥远省政府。随后，察哈尔、热河也相继建省。1929 年初，绥远、察哈尔、热河三省政府就相继完成了建省的改组工作。这样，内蒙古昭乌达盟、卓索图盟划入热河省，锡林郭勒盟、察哈尔部划入察哈尔省，乌兰察布盟、伊克昭盟及土默特特别旗划入绥远省，阿拉善旗和额济纳旗划入宁夏省。加上清末已划入东北三省的哲里木盟和呼伦贝尔部，内蒙古地区已经全部划归各行省，可以说，如此改省之下，内蒙古已名存实亡。

至此，清末以来历届中央政府准备在内蒙古地区遍设行省、将各盟旗分别划归各省统辖的设想得以实现，南京国民政府在内蒙古地区新的统治体系也正式确立起来。

当时绥远、察哈尔、热河三省的面积超过内地一般省份，人口却很少，省境大部分是盟旗区域。因此，绥远、察哈尔、热河省政府成立后，民国政府就开始向各盟旗境内移民放垦，将原来的设治局纷纷升格为县，并增设县或设治局。

南京国民政府在内蒙古地区实行的改省设县及放垦蒙地的做法，引发了蒙古族各阶级各阶层强烈的不满。内蒙古王公上层和政界人士出现了反对改省，要求内蒙古自治的呼声，并且以各种不同的途径和方式开展了请愿自治活动。

1928 年，在国民党中央任执行委员的蒙古族人恩克巴图在国民党第二届五次执监委全体会议上提出“将三区分省之议打消”的要求,并向会议提交了《内蒙古及青海各盟自治暂行条例》草案。在这份草案中，恩克巴图提出了各盟政府的机构设置、行政职能和人员组成及其任命、任期，还提议各旗设旗政府，作为内蒙古自治单位，并进一步明确了旗政府与盟政府、盟政府与蒙藏委员会之间的关系。

随后，聚集在北平的内蒙古各盟旗代表召开会议，接连向南京国民政府致电，请求尊重全体蒙民的意愿，暂时保留有关蒙古的法案，延缓改省设县给蒙旗以自决的机会，或“取消改省案，自设蒙古地方政治委员会”。之后，察哈尔部的杭锦寿、尼玛鄂特索尔等代表察哈尔 12 旗群奔赴南京，向国民政府请愿，提出了 12 项自治要求，其主要内容是：察哈尔部 12 旗群不受当地县政府控制，要与内蒙古各盟旗联合实现自治，成立“察哈尔内蒙古自治委员会分会”，直属国民政府管辖，不受其他任何机构支配；察哈尔内蒙古自治委员会分会委员应由察哈尔部各旗群总管担任，并推举其中资望较深者为主席；将与各县接壤的未开垦或开垦不完全的牧地一律返还所属各旗，以作为蒙古人生计和自治之用，今后没有察哈尔内蒙古自治委员会分会的决议，不得擅自开垦蒙地，以永久保护蒙古人的生活；等等。

当时南京国民政府正积极筹备在内蒙古设省，这些要求自然也就不可能被采纳。为了拉拢盟旗地方上的实力派，南京国民政府还任命尼玛鄂特索尔为国民议会代表，后又为国民党中央执行委员。这些举措让内蒙古各阶层惶恐不已，担心不但自治会成为泡影，而且原有的盟旗制度和自治权利也会丧失。于是，各地的蒙古人纷纷集会、请愿，要求国民政府保障盟旗制度和蒙古原有的政治、经济权益，停止设县和移民开垦。

1928 年 11 月，原蒙藏院秘书吴鹤龄又率领蒙古各盟旗代表团赴南京请愿，请求国民政府暂缓设省，并提出自治要求，向国民政府提交了《革新盟制旗制之办法》《蒙古各盟旗与中央发生密切关系又与新改各省切实合作之办法》等提案要求。他们指出，“革命告成，举国欢欣”“方期中央依照主义免除蒙古历年所受侵略及压迫而予以生存发达之机会，不谓中央竟将蒙众痛心疾首之改省一事首先实行。在中央方面固有其种种理由，而内蒙古民众则皆抱内蒙灭亡之痛，尤恐盟旗组织亦将连带消灭。所以还我内蒙之声至今不绝于耳。”并提出要求：将蒙古各旗扎萨克府一律改称政府，但组织结构仍要由扎萨克、协理、管旗章京及副章京组成，章京、副章京改称为总管、副总管；各盟盟长公署一律改称盟政府，但仍需沿用盟长制；各旗、各盟可分别设参事会、参议会，总管、副总管由参事会选出，盟长、副盟长由参议会选出；改组蒙藏委员会，分设蒙藏中央行政机构，成立蒙古行政委员会直隶于行政院，在北平设分会以便就近处理蒙事；热河、察哈尔、绥远各设一个盟、旗自治委员会，督办盟、旗自治事宜并与省府发生关系；要求热河、察哈尔、绥远三省政府委员蒙人参加一半。

以吴鹤龄等为代表的请愿要求遭到了国民政府的拒绝，但迫于形势，国民政府也在一定程度上做出了让步，于 1929 年初做出决定：蒙藏委员会分设蒙办事处、藏办事处；可设北平办事处；盟旗自治事由蒙藏委员会会同各该省政府拟定办法呈核；热河、察哈尔、绥远、青海各省省委蒙古委员额定为三人，吉林、宁夏定为一人。吴鹤龄也受到了南京国民政府的优礼接待，并委以重任，由他筹组蒙藏委员会蒙事处，出任处长一职。至此，蒙古代表团的请愿活动也算有了一定的成果。

就在代表团在南京请愿期间，内蒙古各盟也纷纷集会，向国民政府提出保障盟旗制度，反对开垦设县的要求。1929 年 3 月至 4 月，哲里木盟各旗王公扎萨克、官员代表等五十多人在长春开会，讨论如何保留和改良盟旗制度等问题。与此同时，锡林郭勒盟各旗王公、仕官也召开会议，讨论建行省后如何保障蒙古盟旗制度，并以扎萨克的名义向国民政府提出了“内蒙对于特区改省请求保障盟旗条陈”六条意见：“一、内蒙古盟旗制度一律照旧，不得改设县治；二、各盟长、副盟长、兵备扎萨克由中央就本盟旗中择优任命；三、盟旗归省管辖的范围仅以外交及关于抵御外侮之军事为限，所有地方行政权仍由王公处理；四、设在蒙地之省府须有半数蒙族委员，经盟旗公推，由中央任命；五、凡内蒙未垦之地不得借任何名义再行开垦，其已开垦者，土地所有权由蒙人自主；六、以上各条请中央明令公布。”这是在已经改省的条件下，对如何保障盟旗原有自主自治体制与权利的一份较完整的方案，相对充分地体现了内蒙古各阶层的普遍愿望和意志。

1929 年 5 月，根据南京国民政府及阎锡山授意，新成立的察哈尔省政府在张家口召集锡林郭勒盟 10 旗、察哈尔部 12 旗群王公、总管及其代表，召开察哈尔省蒙务会议，以示怀柔笼络。不料参加会议的各旗代表趁机通过省政府向南京国民政府提出了有关盟旗政治、军事、经济等多项提案和要求，并再次强调“请中央将前颁布之蒙古待遇条例明令颁布有效”，“声明盟旗制度、地方利权及世爵一律照旧，以取信于蒙民”，“请保留盟旗未垦之地永为牧场，俾资养畜以维持蒙民生计”。

1930 年，在南京蒙古会议期间，哲里木盟代表博彦满都等人再次向国民政府提出《组织地方政务委员会提案》和《内蒙古地方政务委员会组织大纲》，以示对国民党在内蒙古设省的明显反抗。卓索图盟代表那达木德等人也提出设立内蒙古行政委员会，“以遵从三民主义，五权宪法，完全实现蒙古之自治自决为职责，凡盟旗之不能解决事项均综合解决之”，“以为蒙古地方最大权力机关，而昭示我国家确实扶助弱小民族之实惠”。这也是他们企图摆脱各省对内蒙古各盟旗事务干预的提案。

1931 年，蒙古各盟旗驻京联合办事处要求约法起草委员会在起草约法时，一要注意扶植国内弱小民族，使其能够自决自治；二要蒙古地方以旗为自治单位，盟为旗与中央的联络机关；三要在开发蒙古土地及各项利源时，应先保障蒙民生计安全；四是要求中央指拨专款协助蒙古兴办教育文化事业。

上述这些提案和要求，反映了内蒙古各盟旗、蒙古族各阶级、各阶层的共同愿望和合理要求，但这些向国民政府请求自治的活动基本没有得到任何结果。

国民政府在内蒙古地区改省设县，使盟旗的法律地位更加模糊不清，造成各省县政府时时干预盟旗事务；在改省设县基础上放垦蒙地的做法更是损害了蒙古族各阶级阶层利益。国民政府推行的大汉族主义的民族压迫政策引发了蒙古族人民的不断反抗。

“高度自治”运动及其成果

1933年，内蒙古西部地区以德王为首的一批蒙古王公上层发动了内蒙古“高度自治”运动，在蒙古族各阶层中引起了强烈的反响，也对南京国民政府造成了极大的震动，成为当时内蒙古地区乃至全国的一起重大政治事件。

德王全名德穆楚克栋鲁普，1902年出生。因为他是锡林郭勒盟苏尼特右旗扎萨克亲王，故称德王。德王18岁成为旗扎萨克。与其他守旧的蒙古王公上层不同，他通晓蒙汉语言，年轻而有活力，善于广泛结交政界要人和社会名流，经常出入于张家口、北平、天津、南京等地。

蒙古族各界因国民党改省设县而发起的请愿自治运动激起了德王推动自治的野心，他极力宣传维护蒙古民族利益，标榜“民族自强”。

九一八事变之后，德王先后两次受到蒋介石的接见。蒋介石要求德王在内蒙古创办中央军官学校分校，为编组蒙古骑兵师做准备，还答应保持蒙古王公制度，并赠送给他一批武器。但是，德王向中央政府提出治理蒙古的意见和建议并未得到采纳，想通过改组蒙藏委员会蒙事处而掌握权力的目的也未能如愿。

1932年冬，德王回到苏尼特右旗。第二年春，他在王府西营盘成立了“蒙古干部学生队”，由从南京招募的蒙古族青年知识分子韩风林、云继先等充任教官，把从北平招收的20多名蒙古族青少年学生及从各盟旗选送的70名蒙古族青年编入学生队进行军事训练，并用从武汉、南京所得之武器装备起来，培养可靠的后备力量。

与此同时，德王也重视争取蒙古贵族和上层，他与身边的一批蒙古族青年、王公讨论内蒙古自治问题，决定由锡林郭勒盟联合乌兰察布、伊克昭两盟发动内蒙古自治运动。为了争取老王公的同情与支持，德王多方设法求得锡林郭勒盟盟长、乌珠穆沁右旗扎萨克亲王索特纳木喇布坦，乌兰察布盟盟长、达尔罕旗扎萨克郡王云端旺楚克等的赞同与支持。这样，一场由德王发动的内蒙古西部地区蒙古封建上层的自治运动可谓“山雨欲来”。

1933年7月，德王和乌兰察布盟盟长云端旺楚克在乌兰察布盟达尔罕旗百灵庙召开了第一届内蒙古自治会议，锡盟和乌盟的少数王公和上层人物出席了会议。会议决定以锡林郭勒、乌兰察布、伊克昭三盟所有盟长、扎萨克的名义致电国民党中央及南京国民政府行政院、蒙藏委员会，要求中央许可内蒙古实行自治，成立统一的自治政府；同时邀请各盟王公、各旗扎萨克、旅外蒙古人士汇集百灵庙，召开规模更大的第二次内蒙古自治会议，研究制定具体自治方案，齐心协力完成内蒙古自治。会后，德王发出要求中央政府允许内蒙古高度自治的通电，表明了内蒙古实行高度自治的理由。这则通电表达了西蒙人民生活在日俄武力威胁之下，希望通过自治增强内蒙古地区的军事力量，以抵抗日俄武装侵略、挽救边疆危机的主观愿望；同时希望中央政府充分考虑内蒙古地区的战略地位而允许内蒙古高度自治；又以外蒙古已经取得自治的事实和南京国民政府有尊重国内各民族一律平等、扶植国内弱小民族自决自治的理论基础为理由，表明内蒙古理应可以实行自决自治。通电决定于9月28日仍在百灵庙召开第二届内蒙古自治会议。电稿中德王在"自治"之前特地加了"高度"二字，意指除军事、外交由中央政府管辖之外，其余各项事务都归自治政府管理，内蒙古"高度自治"由此而来。因为会议在百灵庙召开，此次运动也被称为百灵庙"高度自治"运动。

●百灵庙自治时期的德穆楚克栋鲁普（即德王）

内蒙古自治电稿发出后，国内各报纷纷刊登，社会各界舆论哗然，各种臆断和揣测层出不穷。国民党中央也受到极大震动，命令各方立即进行调查，并要求绥远、察哈尔两省采取各种办法阻止第二次会议的召开。

尽管有国民党中央及地方当局极力阻止，但百灵庙方面发出的自治要求仍在内蒙古西部各盟旗和旅居南京、北平等地的蒙古人中得到了广泛响应。各盟旗不顾省政府方面的阻挠，陆续派代表前往百灵庙参会。由于国民党方面的强大阻力，到9月28日召开第二次自治会议时，除乌兰察布、锡林郭勒两盟外，来百灵庙参加会议的很少有王公上层等实权性人物，多数是一些协理台吉。会议呈现出冷清的局面，最终只开了预备会议，并决定将会期推迟到10月上旬，会议名称改为"内蒙各盟部旗长官自治会议"。在德王的主持下，到会者共同协商成立了自治会议筹备委员会和主席团，起草了《内蒙自治政府组织大纲》，拟定并发出了致南京国民党中央的《要求自治呈文通电》。

1933 年 10 月 9 日那天，内蒙古各盟部旗长官自治会议，即第二次自治会议在百灵庙召开，来自锡盟、乌盟各旗和察哈尔 12 旗群以及土默特特别旗、额济纳旗的 53 名代表出席了会议。除此之外，北平、南京等地的各蒙古人团体的代表和各旗长官及随员数十人列席了会议。会上讨论通过了《内蒙各盟部旗长官自治会议组织大纲》，推选出云王、德王等五人为主席团成员。会议通过了《内蒙自治政府组织法》，讨论了“内蒙古自治政府”预算案、建筑案、保卫案、职员薪俸案；选举乌兰察布盟盟长云端旺楚克为内蒙自治政府委员长，锡林郭勒盟盟长索特纳木喇布坦、伊克昭盟盟长沙克都尔扎布为副委员长；讨论了迎接南京国民政府专使黄绍竑等的有关事项，决定派云王、索王、德王等在百灵庙恭候；同时宣布暂时休会。10 月 28 日，德王等向国民党中央、南京国民政府行政院、蒙藏委员会发了通电，说明内蒙古高度自治的真相，意在表明内蒙古地区面临严峻的边疆危机，请求中央允以内蒙古高度自治、成立统一的自治政府。

第二次自治会议上讨论决定的最重要文件就是《内蒙自治政府组织大纲》，它集中体现了这次自治运动的主要纲领和主张，其一是应内蒙古现时之需要，援国民政府建国大纲国内各民族自决自治之规定，在国民政府领导之下成立“内蒙古自治政府”；其二是“内蒙古自治政府”总揽内蒙古各盟、部、旗之治权；其三是“内蒙古自治政府”以原有之内蒙古各盟、部、旗之领域为统辖范围；其四是除国际军事及外交事项由中央处理外，内蒙古一切行政俱依自治政府法律、命令行之；其五是自治政府正副委员长及委员，由各盟、部、旗长官共选之，自治政府以政府委员会处理一切政务。

这些条文更加明确地体现了“高度自治”的含义。

百灵庙“高度自治”运动声势浩大，产生的影响也十分重大。南京国民政府据此认识到了事态的严重性，不得不采取一系列措施予以应对，并于10月下旬派出内政部长黄绍竑等官员到内蒙古巡视、谈判。

为了应对内蒙古“高度自治”运动，1934年1月，国民党中央政治委员会根据黄绍竑等人的建议，讨论通过了《蒙古自治办法十一项》。《蒙古自治办法十一项》不仅没有改善蒙旗的政治、经济地位，而且还削弱了盟旗原有的权益，一经公布便引起了百灵庙方面及蒙古各界的强烈抗议。

国民党中央迫于各方面的压力，收回了《蒙古自治办法十一项》，重新拟定了《蒙古自治办法原则》八项，蒋介石在原文中将“蒙古自治政务委员会”改为“蒙古地方自治政务委员会”，予以批准。《蒙古自治办法原则》的要点主要有：设立统一的蒙古地方自治政务委员会“总理各盟旗政务”，“以用蒙古人员为原则”；蒙古各盟旗的组织制度及管辖治理权，一律照旧，盟旗地方以后不再增设县治或设治局，盟旗牧地停止放垦，盟旗原有租税不变。

由于这八项原则已较前述十一项办法有了极大的改善，特别是在各盟之上建立一个统一的自治机构这一项，基本满足了自治运动方面的要求，保障了蒙古盟旗体制的合法存在；蒙旗原有租税不变，维护了蒙古王公贵族制度和蒙古王公的特权统治地位。百灵庙方面表示接受该八项原则，双方最终达成了共识。至此，内蒙古“高度自治”运动终于获得了一定成果。

无奈的蒙政会

为表示尊重内蒙古盟旗利益，协调各省与盟旗的矛盾，国民政府决定成立蒙政会。根据《蒙古自治办法原则》八项的规定，国民党中央政治会议通过了由行政院草拟的《蒙古地方自治政务委员会暂行组织大纲》和《蒙古地方自治指导长官公署暂行条例》，并于 1934 年 3 月 7 日以国民政府名义正式公布实施。

《蒙古地方自治政务委员会暂行组织大纲》中规定："本会直隶于行政院，并受中央主管机关及中央指导大员之指导，办理各盟旗地方自治事务，遇有关涉省之事件，应与省政府会商办理"；"本会会址设于百灵庙"；"本会设委员九人至二十四人，由行政院呈请国民政府任命之，并于委员中指定委员长一人，副委员长两人"；"本会委员以用蒙古人为原则"。《蒙古地方自治指导长官公署暂行条例》中规定："蒙古地方自治指导长官，依国民政府颁布之蒙古地方自治办法原则，承行政院之命指导蒙古地方自治政务委员会，并调解省县与盟旗之争执"；"指导长官一人、副长官一人，由行政院呈请国民政府特派之"；"指导长官公署，设参赞两人，由指导长官呈请行政院简派之"；"蒙古地方自治政务委员会开会时，指导长官副长官得派参赞出席指导"；"蒙古地方自治政务委员会，处理事件及发布命令，如指导长官认为不当时，得纠正及撤销之"；"蒙古地方自治政务委员会经费，由指导长官公署转发”。依据后一文件，指导长官不仅对蒙政会的决议具有否决权，而且控制着该会的经费来源。

同日，国民政府还发布政令，任命何应钦为蒙古地方自治指导长官，赵戴文为副指导长官；任命云端旺楚克（乌盟盟长）、索特纳木喇布坦（锡盟盟长）、沙克都尔扎布（伊盟盟长）、德穆楚克栋鲁普（锡盟副盟长）等23人为蒙古地方自治政务委员会（简称蒙政会）委员，并指定云端旺楚克为委员长，索特纳木喇布坦、沙克都尔扎布为副委员长。

根据国民政府命令，云王等人于4月3日在百灵庙先行宣布就职。4月23日，蒙古地方自治政务委员会在百灵庙正式举行成立典礼。出席典礼的有云王、德王、白云梯、克兴额、伊德钦、郭尔卓尔扎布、康达多尔济（达拉特旗扎萨克，系新增补之员）、荣祥、尼玛鄂特索尔、贡楚克拉什、卓特巴扎普、托克托胡等12名正式委员和各盟旗王公未到会委员的代表等共三百余人。蒙古地方自治指导长官何应钦派北平军分会委员兼指导长官公署参赞何竞武作为代表到会监誓。蒙

● 1934年4月，百灵庙蒙古地方自治政务委员会成立大会合影

政会各委员宣誓就职后，表示："敬谨奉行总理遗教，在中央指导之下，举地方应兴应革之事宜，按自治实施之方案，殚思规划，策励进行，以固边圉，而副厚命。"

4 月 24 日，蒙政会召开第一次委员大会，确定了蒙政会的组织机构，任命了各厅、会、处的负责人。蒙政会下设秘书厅、参事厅、民治处、保安处、实业处、教育处、财政委员会。任命德王为秘书厅秘书长，吴鹤龄为参事厅参事长，沙拉布多尔济为民治处处长，补英达赉(后改为托克托胡)为保安处处长，阿拉坦鄂其尔为实业处处长，富龄阿为教育处处长，包悦卿为财政委员会主任委员。大会还讨论通过了《蒙古地方自治二十三年度自治实施计划草案》，内容包括民治及实业、教育、交通、保卫等各个方面，并报国民党中央备案。

与此同时，应青海蒙古左右翼两盟驻南京代表的请求，国民政府又补充任命索诺木吐济勒(左翼盟盟长)、林沁旺济勒(右翼盟盟长)、索诺木达什(左翼盟副盟长)、达什那木济勒(右翼盟副盟长)为蒙政会委员。

蒙古地方自治政务委员会的成立，并不意味着原有问题和矛盾的解决，相反，由于蒙政会与各有关省之间的区域划分、权限划分以及省县与盟旗并存导致的争端和权责利益冲突进一步加剧。

对蒙政会的成立最不满意的是绥远省政府。由于蒙政会的成立，绥远省政府直接管辖的地区仅剩下十几个县局的地盘，原来受傅作义控制的乌、伊两盟王公也不像从前那样服从了。因此，不甘心权限削减的绥远省政府与蒙政会频频发生摩擦，以致双方的矛盾发展到武装冲突的地步。其中特税问题和西公旗扎萨克继承问题上的冲突最为典型。

所谓特税，即甘肃、宁夏出产的鸦片运经蒙古草地，由绥远省在沿途设卡收取鸦片过境税。此项收入每年"约百余万元，最多可收到二百余万元"，成为绥远省的主要收入来源之一。蒙政会成立后，即按照《蒙古自治办法原则》第七条的规定，要求劈分数成，作为蒙政会经费。为此，蒙政会曾派包悦卿赴北平，要求军分会主持劈分。但当时北平军分会一再推托，不做明确答复。蒙政会又派人与绥远省政府直接交涉，因双方意见相距甚远，亦无结果而返。

1935 年，蒙政会派保安队到绥远省设在乌拉特中旗黑沙图的税卡，扣留了绥远省载运鸦片的汽车数辆，绥远省方面又派兵前去抢回。之后，蒙政会便派保安队到黑沙图等地驻扎，并在几个旗的交通要道上设卡征税。绥远省方面立即增派军队，武力阻止蒙政会收税，并将蒙政会设在达拉特旗柴登的税卡捣毁。对此，蒙政会发表通电，指责绥远省政府“不但侵夺本会权限，且置中央法令于不顾”，要求北平军分会秉公处理。1935 年 2 月，北平军分会派高级参谋萧仁源进行调解，使双方达成协议：“(一)察绥在蒙所设之税卡撤销；(二)绥省所派赴蒙之剿匪军队，悉数撤回；(三)将一部分税收，拨归蒙政会。”后来虽经几次商谈，终因双方劈分比例相差太大，协议未能实施。

蒙政会与绥远省政府之间的矛盾冲突，在西公旗(即乌拉旗前旗)承袭扎萨克的问题上表现得更为尖锐。该旗扎萨克贺喜格德力格尔于 1924 年去世后，因无子嗣，按照惯例，应由其近亲侄辈承袭。其近亲侄辈中的巴图巴雅尔、石拉布多尔济两人都想继承扎萨克职位。当时乌盟盟长云王认为巴图巴雅尔较为近支，主张由巴承袭，并得到该旗公庙大喇嘛伊希达克丹的赞同支持。而石拉布多尔济则以答应放垦该旗大片土地为代价取得绥远省政府的支持，于 1931 年承袭了扎萨克职位。对此，云王甚为不满，认为绥远省政府越权干涉蒙旗内部事务。

1935 年秋，伊希达克丹来到百灵庙，请求云王、德王撤免石拉布多尔济。当时，云王、德王等正好对石拉布多尔济投靠傅作义、王靖国，在鸦片过境税问题上站在绥远省当局一边甚为不满。因此，云王便以乌盟盟长和蒙政会委员长名义呈请蒙藏委员会免去石拉布多尔济的扎萨克职位，让巴图巴雅尔暂为署理西公旗旗务，并派蒙政会保安队护送巴图巴雅尔返旗就职。石拉布多尔济拒不从命，率领该旗保安队同蒙政会派去的保安队对峙。1936 年春，蒙藏委员会派鄂其光前来调解。蒙政会方面认为此事件既归中央处理，就将保安队调回。8 月，石拉布多尔济请王靖国派兵围攻伊希达克丹等踞守的梅力更庙。王靖国派出的两个团士兵均伪装成西公旗保安队，协同西公旗保安队攻陷梅力更庙，杀死了大喇嘛及其侄儿巴图巴雅尔全家。

在察哈尔部改盟的问题上，蒙政会与绥远省又发生了利害冲突。察哈尔部改盟是《蒙古自治办法原则》中明确规定的。蒙政会据此在第二次蒙政会委员大会上通过了察哈尔部改盟的决议。但是因为察哈尔右翼四旗与绥东五县并存于一地，牵涉到右翼四旗与绥东五县的区域划分问题，所以绥远省方面极力阻挠察哈尔部改盟的实现。直到 1936 年 1 月，蒙政会将察哈尔部正式改盟时，也未能将右翼四旗划入察哈尔盟。

● 绥远省主席傅作义

蒙政会在涉及盟旗利益上据理力争，使绥远省萌生了搞垮蒙政会的决心。它一方面煽动一些盟旗脱离蒙政会，另一方面电请南京政府，建议将蒙政会一分为二。这样，1936 年 2 月经南京批准，绥境蒙政会粉墨登场。然而，绥境蒙政会同样是国民党的一个傀儡。

伊盟事变

20 世纪 40 年代的中国异常动荡，远在祖国西北部的伊盟也不例外。伊盟靠近陕、甘一带，是边区北方的门户，又是通往漠北的要道，特殊的地理位置决定了这块土地对于中国共产党、国民党和日本人来说都极为重要。伊盟地区阶级矛盾、民族矛盾犬牙交错，各种势力的斗争尖锐复杂。

1941 年秋，为了加强对伊盟地区的军事控制和对陕甘宁边区的包围以及防止伪蒙疆政权的渗透，国民党成立了伊盟守备军总司令部，任命阎锡山的部下、原第 6 集团军总司令陈长捷为守备军总司令。司令部最初设在伊盟的桃力民，1942 年初迁至当时的东胜县城，下辖骑 7 师朱钜林部和从陕西调来的新编 26 师何文鼎部，受第 8 战区副司令长官傅作义统领与指挥。

陈长捷到任以后，以高压、铁腕方式管理伊盟各旗，从政治、军事、经济等方面向各旗进行渗透，民族压迫明显加深，经济掠夺更是日盛一日。

1942 年 11 月，陈长捷以“通共”和种植鸦片为由捕杀乌审旗西协理奇国贤，引起伊盟各旗的强烈愤懑，反抗的怒火也由此蕴蓄。

就在同一年，蒋介石在甘肃天水召开军事会议时，陈长捷又以解决驻军粮食问题为名，建议在伊盟开荒 5 万顷。蒋介石当时允许先试垦 5 000 顷，并命令陈长捷与傅作义商定垦荒的具体办法。会后，陈长捷就立刻向沙王提出开垦伊盟土地的要求，但被沙王拒绝。开垦的消息很快从上至下传遍全盟，伊盟各旗王公上层和牧民群众都坚决反对，并酝酿要联合起来，举全盟之力共同抵抗。抗垦行动一触即发。

与此同时，国民党一方加紧了开垦的步伐。1943 年 2 月，国民党中央拨发 100 万元经费，专项用于军垦。陈长捷立即在东胜设立“屯垦督办公署”，督办和推进开垦事宜，更擅自将开垦面积由蒋介石所言 5 000 顷扩大到 2 万顷。不仅如此，他还放任军队及临时招来的垦民在当地滥肆划占，甚至无视和践踏蒙古人的宗教信仰和民族习惯。蒙古人视为神灵的禁地，比如大小“伊金霍洛”地、庙地、敖包等竟然也被列为垦区。开垦需要工具粮马，陈长捷下令从伊盟各旗征牛马车 200 辆，粮食 3 万石、骆驼 500 峰、马 300 匹等，并加征草料。这些简单粗暴的行为都直接侵犯了伊盟各旗蒙古族人民的经济利益和生存条件，而且也极大地伤害了蒙古族人民的民族自尊心。

陈长捷的行为必然会引起反抗。1943 年 2 月，扎萨克旗保安队捕杀了白音仓。白音仓是沙王近侍，也是伊盟保安长官公署副官长，他勾结陈长捷，擅自答应开垦，被视为蒙古民族的败类。白音仓被杀后，陈长捷便以“缉拿凶手”为名，调集军队进逼札萨克旗新街的沙王府。

1943 年的 3 月 26 日，面对大军压境，五百余人的扎萨克旗保安队官兵无畏地发动武装起义。他们扣捕了在新街一带的国民党官员和特务，并将个别特务杀死，震动全国的“伊盟事变”爆发。

陈长捷立即下令骑 7 师和新 26 师各 1 个团向札萨克旗保安队和沙王府所在地新街全面进攻。4 月 1 日，国民党军队攻占沙王府。沙王和保安队只能撤至乌审旗境内，在沙漠中与国民党军队周旋游击。

4 月 15 日，乌审旗保安队也在大队长奇金山的领导下举起了反抗的大旗，发动武装起义，捕杀国民党派驻该旗的部分军队和政府人员。见此情况，傅作义和陈长捷立即以重兵强力镇压，又增派新 26 师 2 个步兵团和骑 7 师 1 个骑兵团进攻乌审旗,并于 5 月 5 日占领乌审旗王府。此后，国民党军队在扎萨克、乌审两旗肆意杀害无辜的蒙汉各族居民，抢掠财物，烧毁庙宇和王府，所到之处一片生灵涂炭的惨象。

伊盟事变发生后，沙王通电蒋介石等国民党军政首脑和全国各界，控诉陈长捷和新 26 师师长何文鼎等在伊盟苛征摊派、放垦无度、欺压蒙古官民、破坏抗战国策等罪行，并提出了和平解决事变的六项要求：“一、立饬陈、何等部队之侵略行动，并由扎、乌两旗及伊盟撤回；二、严惩肇事罪魁陈长捷、何文鼎等，并释放被捕之蒙胞；三、退还及赔偿蒙胞所有遗失及损失物品，拨款救济被难同胞，并抚恤被害蒙胞家属；四、保障我蒙胞在中央领导之下应享有自治权、信教自由及保存风俗习惯之权利；五、保障我蒙胞人权，并不得任意更换军政职员与不得杀害；六、此后应免去任意征收蒙胞土地、驼马牛羊、食粮等。”

中国共产党和在榆林、重庆的蒙古族各界人士对国民党的军事镇压予以谴责，另一方面考虑到抗战大局，推动和敦促国民党尽快和平解决伊盟事变。在军事镇压几近无效与全国各界舆论的强大压力之下，国民党军队停止了军事镇压，和平解决伊盟事变的进程开启。

6 月以后，绥远傅作义、宁夏马鸿逵、陕北邓宝珊、西安胡宗南等相继派代表与沙王接触、斡旋，谋求以谈判方式和平解决此事。最后，国民党接受沙王提出的各项要求，撤销陈长捷的职务，宣布暂缓开垦蒙地和征调粮畜等。10 月，沙王等率扎萨克旗保安队返回新街。12 月，国民政府派军事委员会办公厅副主任姚琮、蒙藏委员会蒙事处处长楚明善及傅作义、邓宝珊、高双成、马占山等到沙王府慰问，沙王的一切职务均得以恢复。至此，震动全国、也显示蒙古民族强烈反抗精神的伊盟事变得到和平解决。

伊盟事变以后，国民党撤销了伊盟守备军总司令部。但是新 26 师、骑 7 师等军队依然驻扎在伊盟各地，而且，垦务活动实际上也并未停止，甚至开垦面积还在进一步扩大。伊盟事变中两个旗的起义领导人则被残害：1944 年 2 月，扎萨克旗保安队起义领导人劳瑞被国民党诱捕杀害；1945 年 2 月，乌审旗起义领导人奇金山又被暗杀。国民党军队在这次事变中的种种暴行，都充分暴露出国民党民族压迫政策的真面目。

第七章

日本铁蹄下的血与火

1931年九一八事变后，日本侵略者占领了中国东北，不仅扶植了伪满洲国，而且对内蒙古地区进行诱降，培植了伪蒙古军政府和伪蒙疆政权，企图侵占整个内蒙古地区。在此过程中，日本侵略者以“治安肃正”的名义进行了一系列血腥的军事行动，实行“大讨伐”“大屠杀”“大逮捕”，制造了许多骇人听闻的惨案。

东方会议与“满蒙政策”

日本侵略者对内蒙古的觊觎由来已久。侵略中国东北和内蒙古地区是其“大陆政策”的重要步骤。1904年至1905年的日俄战争中，日本战胜沙俄，从沙俄手中取得了在中国东北和内蒙古地区的诸多权益。以此为契机，日本开始按“大陆政策”的既定方针，把侵略重点放在中国东北和内蒙古地区，也由此在日本统治集团中开始形成所谓的“满蒙政策”。这一政策包括日本对中国东北和内蒙古地区所进行的侵略扩张的所有思想、言

● 田中内阁召开的东方会议

论、计划和行动。1927 年日本田中内阁召开的东方会议是其“满蒙政策”成熟和完善的标志。

早在日俄战争之前，日本间谍已在内蒙古东部地区进行了大量活动。诸如伊藤柳太郎、吉原四郎、横川省三等间谍在内蒙古东部盟旗进行的广泛调查活动，日本女间谍河原操子以家庭教师的名义在卓索图盟喀喇沁右旗贡王府潜伏下来，展开刺探情报的活动。

日俄战争中，日本曾派遣一个特别任务班，穿越内蒙古东部地区刺探军事情报，并在喀喇沁右旗王府建立了一个间谍联络站。1906—1907 年，一批日本间谍在内蒙古东部地区进行了大量的调查，并编辑出版了《东部蒙古志》。

1907 年、1910 年和 1912 年，日俄签订了三次密约，划分了各自在中国东北和内外蒙古的势力范围，也是日本“满蒙政策”的具体实施过程。

1915 年 1 月 18 日，日本政府向袁世凯政府提出了二十一条要求。日本的“二十一条”侵略要求分为五个部分，第二部分是确保“日本国在南满洲及东部内蒙古享有优越地位”等七条要求，其中有五条是涉及内蒙古东部地区的。这五条要求分别是：

一、日本臣民在南满洲及东部内蒙古营造工业应用房厂，或为耕作，可得到其需要土地的租借权和所有权；

二、日本臣民可以在南满洲及东部内蒙古任便居住往来，并经营商工业各项生意；

三、中国政府允许将南满洲及东部内蒙古各矿开采权，许与日本臣民；

四、中国政府如准许他国在南满洲及东部内蒙古建造铁路或以该地区课税作抵押向他国借款时，应先经日本政府同意而后办理；

五、如中国政府在南满洲及东部内蒙古聘用政治、财政、军事各顾问教习，必须先向日本商议。

由此可见，20世纪初以来日本在内蒙古东部地区的所谓“旅行”“调查”活动，以及所编纂的“蒙古志”等，都是为这五项侵略目的展开的。

日本帝国主义在实施其“满蒙政策”的过程中，拉拢和利用蒙古封建王公上层是其一贯的手段；煽动、策划蒙古王公上层的“自治”“独立”运动是其“满蒙政策”的主要策略。

早在八国联军镇压中国义和团运动时，日本军队就以不触犯蒙古王公利益而得到蒙古王公的好感。之后，日本帝国主义利用派遣间谍到蒙古王府任家教、与蒙古王公一起办学校、引诱蒙古王公访问日本、与蒙古王公合办企业，以及给蒙古王公借款等办法拉拢蒙古王公。在辛亥革命时期，日本帝国主义乘中国政权更迭之机，连续策划了两次“满蒙独立”运动，但是，他们策划的两次“满蒙独立”运动都失败了。

1916年10月，以巴布扎布为首的第二次“满蒙独立”运动的破产，特别是1917年11月俄国十月革命的成功，迫使日本帝国主义对中国的侵略不得不有所隐蔽。日本在外交政策方面实行了所谓的“协调外交”，以所谓“和平的”“渐进的”“经济的”方式来扩张其势力，对“满蒙政策”的推行也是此种方式。

修筑铁路是日本侵略者向内蒙古地区输出资本的重要途径。1913年10月5日，中日签订的《满蒙五铁路借款预约》，其中由四平街起经郑家屯到洮南府、由长春的专长铁路车站起贯穿“南满铁路”至洮南府、由洮南府至承德府都是通向内蒙古的。为了全面控制内蒙古的经济命脉，1923年11月，“满铁”

向日本政府提出“促进满蒙五铁道的敷设”，其中白音太拉到开鲁、洮南到齐齐哈尔两条铁路是深入内蒙古地区的。1925年9月，“满铁”提出今后20年间修建“满蒙开发铁道网”，新建了35条全长共计2 800公里铁路，其中有关内蒙古东部地区的有11条。可见，日本帝国主义对内蒙古的经济侵略步步扩大与深入。

除了修筑铁路外，日本侵华势力还特别热衷投资经营土地。“东蒙古拓殖盛德公司”拟把“开垦荒地”作为第一种经营项目。“佐佐江农场”在通辽县占有土地4.8万多亩，“早间农场”在通辽占地4.1万亩，“华峰公司”在东扎鲁特旗占地14.4万亩，“隆育公司”在西扎鲁特旗占地54万亩，“哈番农场”在通辽占地1万亩，“蒙古产业公司”在林西占地3.24万亩。资本达20万银元的“华兴公司”主要在奈曼旗经营水田。

到20世纪20年代，日本帝国主义势力改变了“和平的”“渐进的”“经济的”侵略方式，转变为以武装侵略中国、进而征服亚洲大陆的策略。

1927年4月20日，政友会总裁田中义一受命组阁。田中义一上台后转而以强硬的姿态对外交往。1927年6月27日至7月7日，田中义一召开东方会议。会议就中国时局、维护与扩大日本帝国在中国的

●日本首相田中义一

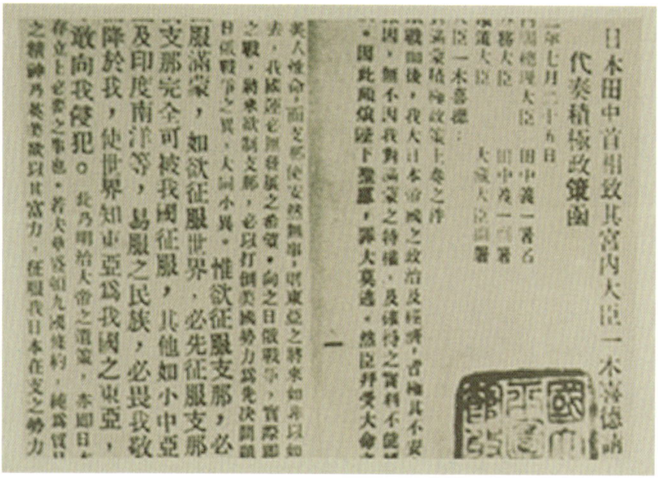
日本田中首相致其宮內大臣一木喜德函
代奏積極政策函

惟欲征服支那，必
服滿蒙，如欲征服世界，必先征服支那
支那完全可被我國征服，其他如小中亞
及印度南洋等，易服之民族，必畏我敬
降於我，使世界知東亞為我國之東亞，
敢向我侵犯。

● 大连档案局收存的田中奏折

经济利益、对华武器输出等议题进行了讨论。会议结束后，田中义一制定了一份《对华政策纲领》，企图在“日华共荣”的幌子下，把“满蒙”和整个中国分割开来。他声称“满蒙”在日本的国防和国民生存中有重大的利害关系，在“特殊地位权益受到侵害时”，“将采取武装干涉，并且要扶植和支持亲日的地方政权”。其主要有以下几个方面的内容：

第一，鉴于日本在远东的特殊地位，对中国本土和满蒙加以区别对待，确立使东北、蒙古脱离中国的政策。

第二，镇压不逞分子(指抗日革命者)以维持秩序，当帝国的权利利益与在华日侨的生命财产遭受不法侵害时，应该果断采取自卫措施。

第三，当前中国形势对张作霖不利，认为张作霖应稳固东三省的基础，维持治安，安定人心，防止动乱。

东方会议的内容表明，日本政府彻底抛弃了在华盛顿会议上制定的不干涉中国内政的政策，对中国采取了强硬的侵略方针。东方会议是日本“满蒙政策”成熟和完善的标志。

东方会议后，田中义一于 1927 年 7 月 25 日向日本天皇进呈了所谓的《田中奏折》。此《奏折》对其提出的《对华政策纲领》

做了进一步的说明和补充，对“满蒙”的范围做了新的解释，即“所谓满蒙者，乃奉天、吉林、黑龙江及内外蒙古是也。”它还对其“满蒙政策”的内容、性质和实施步骤做了十分简洁的概括，即“惟欲征服支那，必先征服满蒙，如欲征服世界，必先征服支那”。田中义一宣称：“如其内外蒙古之土地，多数被我买有之时，斯时也，是蒙古人之蒙古欤？抑或日本人之蒙古欤？使世人无可辩白。”可以说，日本帝国主义的“满蒙政策”到田中义一内阁时已经理论化、纲领化和系统化，它的实质也被田中义一表白得再清楚不过了。在以后十几年的时间里，日本帝国主义奉行的就是“田中义一路线”。1931 年日本侵略者发动的九一八事变，是其公开推进“满蒙政策”的重要标志。

“王道乐土”的伪满洲国

1924 年 11 月初，溥仪在冯玉祥所部逼迫下离开皇宫，搬进北府（载沣的居处），继而逃进日本公使馆。日本各大报刊都刊登出同情溥仪的文章，为建立伪满洲国造势。1928 年 12 月 29 日，张学良在东北易帜。日本灭亡中国、称霸世界的野心受到重挫，时任关东军作战参谋的石原莞尔在 1929 年提出了武装占领中国东北并建立傀儡政权的设想。1931 年，日本参谋本部提出《形势判断》，进一步细化了日本武装占领中国东北后的行动计划，即第一步建立取代张学良的亲日政权，但形式上仍将其置于中国中央政府的主权之下；第二步建立一个由日本控制的“满蒙”政权，并将其从中国的中央政府独立出来；第三步占领“满蒙”，并将其纳入日本版图。

● 石原莞尔

1931 年 9 月 18 日，驻中国东北地区的日本关东军发动了九一八事变，其后两个月内，日本军队迅速占领了东三省，并成立了地方性的亲日政权。1931 年底，原日本陆军大臣南次郎前往中国东北，与日本关东军司令本庄繁和关东军特务机关长土肥原贤二会谈，商讨事变进展，确立了迎接溥仪至东北建立

● 关东军司令本庄繁

伪满洲国的方案。

为得到日本政府和军部中央的一致支持，关东军决定派遣板垣征四郎回国汇报分裂中国东北的方案。他们计划成立“满蒙中央政权”，实行中央集权制，与中国本土脱离，成为一个名副其实的“独立”国家。

在板垣征四郎来东京之前，日本陆军省和参谋本部也已制定了《时局处理要纲》，其基本精神与关东军完全一致。日木军部中央与关东军代表碰头以后，便立将其方案与外务省磋商。1932 年 1 月 6 日，日本陆军省、海军省和外务省就促进傀儡政权成立制定了《中国问题的处理方针纲要》。《纲要》明确提出：鉴于满蒙已形成一个政权的现状，应使它具备一个国家的实质；目前满蒙的治安主要由帝国来维持；满蒙作为帝国对华对俄国防的第一线，绝不允许外部扰乱。为确保上述目的的实现，可适当增加帝国驻满陆军之兵力，如有必要亦应增设海军设施；为尽速执行帝国在满蒙的政策，应设置相应的统制机关；在努力实行上述措施时，应尽量避免与国际法乃至国际条约的抵触；应尽可能采取由新国家方面自主要求的形式进行。这是一份具有纲领性的文件。

● 土肥原贤二

● 日本陆军大臣南次郎

日本关东军一方面制订建立傀儡政权的方案，一方面积极物色充当

●伪满洲国币（满币）

傀儡的汉奸。因为借汉奸之手建立傀儡政权既可以欺骗国际舆论、逃避国际责任，又可以“以华制华”、减轻中国人民的反抗情绪，当然还可以弥补日本军部人力、物力的不足。

日本参谋本部批准将负责关东军政治谋略的司令部第三课升格为“统治部”。该部与幕僚部并立，直属关东军司令官领导，下辖行政、财务、产业、交通、交涉等五个课，共七八十名部员。部员绝大多数为文职官员，其中大部分来自“满铁”和关东厅。统治部不仅是关东军促进伪满洲国建立的机构，而且是伪满洲国成立之前的“影子政权”。为提高统治部的工作力度，1932 年 1 月 9 日，统治部又改为特务部。2 月 5 日，日军攻占哈尔滨，北满局势趋于稳定。于是，关东军司令部连续召开“建国幕僚会议”，指示汉奸出面召开“建国会议”。

1932 年 2 月 16 日，东北各省的领袖在沈阳大和旅馆召开“东北政务会议”。关东军司令本庄繁主持，决定迎接溥仪为伪满洲国“执政”，并分配了各人在政权中的职务。其中板垣征四郎任奉天特务机关长、伪满洲国军政部最高顾问。2 月 18 日，“东北行政委员会”发布《独立宣言》：“从即日起宣布满蒙地区同中国中央政府脱离关系，根据满蒙居民的自由选择与呼吁，满蒙

●溥仪在天津与日军合影

地区从此实行完全独立，成立完全独立自主之政府。”2月23日，板垣征四郎在抚顺与溥仪会面，告知溥仪出任满洲国“执政”。原本以为能够重登帝位的溥仪尽管对于执政的安排甚为失望，但只能接受。2月29日，“全满建国促进运动大会”通过决议，选出代表“敦请”溥仪出任“执政”。3月1日，日本侵略者假借伪满洲国政府的名义，发表了“建国宣言”，宣布伪满洲国成立。

日本在我国东北地区建立了“满洲国”政权后，宣扬与伪满洲国“共存共荣”“一心一德”。但实质上，伪满洲国是彻头彻尾的由日本扶植的傀儡政权。至于日本侵略者通过大量报纸舆论渲染鼓吹的其建立的“新国家”（即伪满洲国）是“以道德仁爱为主，除去种族之别、国际之争”的“王道乐土”，实则是其在中国东北和内蒙古东部地区实行殖民统治的人间地狱，给当地的人民带来了无尽的灾难。

●日军在兴安盟五岔沟修建的飞机库

伪满洲国的殖民傀儡性质显而易见。对溥仪来说，溥仪的出巡、接见宾客、行礼、训示“臣民”，举杯祝酒，甚至点头微笑，都在日本常任代表的控制中；溥仪的讲话，事先由日本人写在纸条上。在伪中央的一级机构中，日本人占到一半以上，并且掌握着实权。伪满洲国的下层官员基本上是由蒙古王公上层充任，参与官则由日本人担任，日本人处于绝对的统治地位。日本把占领东北作为侵占中国的第一步，其目的就是要把东北变成日本总体战略的资源供应地。在这样的事实下，“王道乐土”之下的内蒙古东部地区呈现出的却是血迹斑斑的画面。

●被日寇屠杀的群众遗骸形成的“万人坑”

日本侵略者为了强化对内蒙古东部地区的法西斯军事统治，在伪满洲国中央机构中设立兴安局，下辖东、南、西、北四个省，并在伪兴安各省驻有不同数量的日军主力和宪兵队。日本侵略者还制定了严酷的法西斯法令

●日寇曾在这所房子里烧死数十名无辜群众，当地人称之为“炼人炉”

来镇压和控制中国民众。为了围攻抗日联军、镇压内蒙古人民的反抗，日本关东军以“治安肃正”的名义进行了一系列血腥的军事行动，实行“大讨伐”“大屠杀”“大逮捕”，制造了许多骇人听闻的惨案。日军为了切断抗日武装与人民群众的联系，还在东北和内蒙古东部地区推行“集团部落”制度，让民众过集中营式的生活，因饥寒交迫或疾病而惨死在“集团部落”里的人不计其数。日本侵略者在东北和内蒙古东部地区留下了诸多的“万人坑”，这些“万人坑”是日军对东北和内蒙古东部地区人民大规模屠杀、在大型军事工程或其他工程中实行的秘密屠杀以及疯狂掠夺煤铁等矿产资源时对中国劳工迫害的有力证据。

●日本关东军在阿尔山修筑的铁路隧道和守备碉堡

日本侵略者在对内蒙古东部地区民众进行军事殖民的同时，在文化思想方面也实行了法西斯化的专制政策和奴化教育。这种奴化教育随着日本对外侵略扩张的加剧而逐步加深。日本侵略者于1937年在伪满洲国推行“新学制”，把日语列为“国语”，在中小学开设“国民科”“建国精神”等课程，向学生灌输殖民主义思想。他们强制学生进行军训，企图把中国人训练成任日本殖民主义者驱使的亡国奴才。同时，日本对内蒙古东部爱国文化人士和教育界的爱国人士实施疯狂的镇压和迫害。在日本占领内蒙古东部地区期间，日本侵略者严密控制群众的思想、言论，取消新闻自由。如果发现有“思想不纯正”的人，他们就会进行严密监视、盯梢，甚至拘役。日伪当局完全垄断了内蒙古东部地区的一切文化、教育和宣传事业。内蒙古东部地区民众在毫无安全和自由的环境中生活，面对森严恐怖的日本法西斯政策，整日战战兢兢、如履薄冰。

在经济方面，日本侵略者对内蒙古东部地区进行了残酷的掠夺。日本在行政管理上奉行“以华制华”政策，在军事占领上则实行“以战养战”的策略。为了给他们的侵略战争提供物质支援和供给，日本推行“日满经济一体化”，通过“满铁”及特殊会社与准特殊会社对内蒙古东部地区进行垄断资本渗入，控制各行各业，掠夺伪满洲国的经济。这一系列的掠夺行动使伪满洲国成为日本进行侵略战争的战略基地和物资供应基地。

另外，日本侵略者一方面有组织有计划地向中国东北和内蒙古东部地区移民，一方面通过“土地奉上”的政策对东北和内蒙古东部地区人民的土地进行掠夺。日本侵略者在掠夺土地时，采取强行收买的办法，对于逾期不交者，施行暴力，强行驱逐，使大批东北和内蒙古东部地区的人民流离失所，无家可归。

不得不提的是，日本侵略者对东北和内蒙古东部地区的人民实行经济殖民时，在伪满洲国推行“以毒养战”的罪恶政策，利用鸦片和大麻等毒品对东北和内蒙古东部地区人民进行肉体和精神摧残。他们在东北和内蒙古东部地区广泛开展毒品交易，不仅使成千上万的中国财富流入日本人的口袋，而且也严重摧残了中国人民的身心健康。当时伪满洲国地区流传的一首《大烟叹》即是真实写照：

提起抽大烟，
两眼泪涟涟，
倾家又荡产哪，
受苦实在难；
自从抽大烟，
健壮身体变，
面黄又肌瘦啊，
美味不能餐。

显然，日本侵略者所鼓吹的伪满洲国是“王道乐土”，只是日本侵略者施淫取乐、为所欲为的“乐土”，而并不是中国包括内蒙古东部地区在内的东北人民可以安居乐业的场所。它留给东北和内蒙古东部地区人民的是欺压、恐怖、迫害和杀戮以及亡国奴的悲惨生活。

关东军的“内蒙古工作”

• 投靠日军的李守信

日本侵略者在侵占热河之后，为进一步侵占内蒙古地区，制订了所谓的“内蒙古工作”计划，意即在日本陆军、日本政府的直接指导下，由日本关东军直接负责策划，煽动利诱蒙古封建王公上层进行“独立”“自治”运动，建立傀儡政权，将内蒙古中、西部地区（当时包括锡林郭勒盟、察哈尔八旗、乌兰察布盟、伊克昭盟和归化城土默特部等）纳入势力范围，实现其侵占察哈尔省和绥远省的目的。

关东军为了能更好地推行其“内蒙古工作”，专门调来了被称为“蒙古通”的松室孝良。松室孝良被任命为承德特务机关长，随即开始了其“内蒙古工作”，对内蒙古地区西部王公上层和掌握实权的人

●日军《历史写真》画报刊登的日军进攻热河与和谈时的照片

物进行拉拢利用，以寻找傀儡和代理人。

1933 年在日军侵略热河省的过程中，驻守开鲁原东北军崔兴武旅的李守信部投降了日军，被改编为“兴安游击师”。松室孝良命令李守信进驻察哈尔省多伦县，以此为据点开始向锡林郭勒盟及察哈尔各旗进行渗透，其目的就是在与伪满洲国接壤的察哈尔东部地区扶植亲日满势力，确保伪满洲国西部国境地带的安全，同时得到向华北和外蒙古扩张的立脚点。关东军将多伦县改称为察东特别自治区，任命李守信为行政长官，军事和行政方面均受关东军多伦特务机关长指挥。这样，多伦就成为了关东军“内蒙古工作”的策源地。

7 月，日本关东军参谋部提出了《暂行蒙古人指导纲领要案》，规定了在内蒙古西部建立“自治”政权的方针，并把特务活动作为开展“内蒙古工作”的有力手段。随即向锡林郭勒盟和察哈尔部各旗群派遣特务。以后又相继在百灵庙、嘉卜寺、张北、归绥、包头等地设立了特务机关。

10 月，松室孝良向关东军提出了《有关建设蒙古国的意见》。松室孝良认为，建立“蒙古国”可以使日本对苏或对华采取军事行动时更为有利；可以使日本的经济圈扩大；可以促进日本“大亚细亚政策”的实施。同时，松室孝良指出建立“蒙古国”的可能性。他认为从 1933 年冬开始用三年时间可以完成建立“蒙古国”的工作。为此，他提出聚集蒙古人才、培养蒙古军官、培养优秀的日本人指导官等具体工作计划。同月，松室孝良策划召开多伦蒙古王公会议，将锡林郭勒、察哈尔各旗群王公总管接到多伦，加以笼络，表示要支持内蒙古“自治”，帮助“复兴蒙古民族”，鼓吹“满蒙提携，抑汉扬蒙”，以此来煽动、利用和操纵蒙古王公贵族，实现其“以华制华”、分裂中国的罪恶目的。由于与关东军意见不合，松室孝良被调离。

1934 年 1 月，关东军参谋部制订了《对察措施》计划，提出“内蒙古工作”的当前目标是将察东地区和锡林郭勒盟作为在经济上与伪满洲国具有密切关系的行政区域，并制订了开通道路交通、通商贸易、产业开发等具体计划。日本善邻协会也积极配合关东军的“内蒙古工作”，在内蒙古组织多伦支部、西苏尼特班，开设诊疗所、巡回医疗班、兽医部、小学等。善邻协会的工作范围由最初的与伪满洲国接壤地域延伸至察哈尔，甚至扩展到了绥远境内，以这种文化侵略的方式推进其“内蒙古工作”。

关东军除把李守信作为拉拢的对象外，还将锡林郭勒盟盟长索特纳木喇布坦（即索王）作为拉拢对象，由于遭到索王的冷遇，转而将视线瞄准了德王。

1934 年夏，阿巴嘎旗特务机关长盛岛角芳与德王会见，向德王传达了关东军可以无偿提供武器的意向，并将德王确定为“内蒙古工作”的主要对象。同年秋，日本驻天津特务机关长土肥原贤二到西苏旗活动，德王以礼相待。当时，由于绥远省和察哈尔省与蒙政会屡屡作对，德王等自治运动的领导者对国民党中央越来越失望。在日本关东军加紧拉拢收买的情况下，转而投向了日本侵略者的怀抱。

随着伪满洲国国内治安的稳定，关东军对华北、内蒙古西部的野心更大，于 1935 年 1 月召集大连会议，确定了积极推进内蒙古分离华北的工作方针。大连会议后不久，日军就借口“张北事件”逼迫察哈尔省签订了《秦土协定》。协定规定：日本人今后在察哈尔省可以自由往来，并划出一个“察东非武装区”，中国军队从该地区全部退出。《秦土协定》使日本占领察东的目的基本得以实现，使国民党政府在察哈尔省的主权大部丧失。

紧接着，关东军加强德王、李守信、察哈尔部卓特巴扎布等人的军事武装力量，指挥李守信伪军武装占领了察哈尔的沽源、宝昌、康保、商都、赤城、张北等六县，使日本人活动范围扩展到察绥两省的长城线，为进攻绥远创造了条件。

● 板垣征四郎

日军在占领察哈尔大部后，展开了其在绥远省的“内蒙古工作”。关东军参谋长板垣征四郎于1936年8月间到绥远“访问”，企图用分化、离间的阴谋拉拢绥远省主席傅作义，结果遭到傅作义的严词拒绝。于是日本决定以武力占领绥远。

关东军为进攻绥远，利用汉奸于志谦、王道一部率伪军进犯绥东地区，起用绥西大地主王英，招募土匪及原东北军散兵游勇组成“大汉义军”大举进攻绥远，在红格尔图、百灵庙与傅作义部展开激战，但都遭到惨败。傅作义将军取得了著名的绥远抗战的胜利。

从“蒙古军政府”到“蒙疆政权”

由于不满于国民党大汉族主义以及国民政府对内蒙古政策的出尔反尔，在日本人的策动下，德王集团走上了投靠日本侵略者的道路。

察哈尔盟公署的建立是德王走向“独立”的第一步。1934年2月，国民党中央政治会议通过了设立察哈尔盟的方案，但由于之后根据《秦土协定》，国民党军队被迫退出察北，方案没有实施，国民党基本失去了对察哈尔的控制。其后，察哈尔的大部被日军控制。在日军支持下，德王决定以蒙政会名义成立察哈尔盟。这时的卓特巴扎布也已经投靠日军，成为日本的合作对象。1936年1月，察哈尔盟在张北成立。为了保证察哈尔盟执行亲日政策，关东军还冒充宋哲元的部队杀害了反对与日本合作的蒙古族政治家尼冠洲。

察哈尔盟虽然建立，但只是管辖察盟所属地区，并不能号令其他盟旗。德王认为要统一指挥所有蒙旗，一是强化已经由他控制的蒙政会，二是成立蒙古军总司令部。关东军驻苏尼特右旗特务机关长主张强化蒙政会。但是任蒙政会委员长的云王害怕得罪傅作义，提出由德王在锡盟成立蒙古军总司令部为好。1936年2月，德王在德王府成立了蒙古军总司令部，宣布改元易帜，实行成吉思汗纪年，并制定了蓝地右上角红、黄、白 3 条的蒙古旗。蒙古军总司令部由德王担任总司令，李守信为副司令，由日本人组成的顾问部负责指导军事和政治。总司令部下设军务部、政务部和秘书处。

苏尼特右旗荒凉偏僻，交通和通讯不便。蒙古军总司令部设立在这里无法全面展开工作，对于其他蒙旗的影响力也有限。关东军对此不满意，特别是在百灵庙暴动之后，百灵庙蒙政会已经名存实亡。为此，德王与吴鹤龄商议，决定召开一次有西部各蒙旗参加的蒙古大会，向各蒙旗介绍与关东军合作以及建立蒙古军总司令部的情况，共同商讨建立“蒙古国”事宜。1936 年 4 月，蒙古大会在乌珠穆沁右旗（锡盟盟长索王的家乡）召开。德王以蒙古军总司令部名义下令锡、察两盟各旗扎萨克和总管务必参加，又以蒙政会名义通知乌、伊两盟和阿拉善、额济纳、土默特等旗派遣主要人员参加。但是到会的以锡、察两盟王公为主。会议商讨的主要内容包括：关于实现内外蒙古和青海蒙古为一体建立“蒙古国”案；设立“蒙古国”会案；在嘉卜寺成立蒙古军政府、收复蒙古固有疆土案；与“满洲国”缔结互助协定案；实行统制经济、开发资源案；将化德县改为德化市，并从察盟划出由蒙古军政府直辖；等。

会议通过了《蒙古军政府组织大纲》，它规定，蒙古为筹备建国设立蒙古军政府，至“蒙古国”成立时，改组为“蒙古国政府”。军政府主席为政府首领，由蒙古全体会议公举年高德硕之蒙古领袖担任。总裁兼承主席总揽蒙古统治权，率所属机关及军队，掌理关于建国一切事宜，对主席负责。总裁由主席慎举，选出不负众望、具有建国能力的蒙古领袖担任。政府委员由总裁慎选，提请主席任命。会议选举云王为军政府主席，索王和沙王为副主席。

云王以主席的名义任命德王为总裁，负实际责任。《大纲》还规定，本政府设顾问室，由总裁慎选相当人员，陈请主席聘任之，并置助理员、翻译员。1936 年 5 月 12 日，蒙古军政府在化德正式成立，原蒙古军总司令部的日籍顾问继续成为军政府的顾问。

蒙古军政府成立之后进行的最重要的工作就是组建了蒙古军。德王亲自主持招兵买马，整编军队。他把李守信的部队和蒙古军总司令部从伪满洲国招募的士兵以及从锡、察两盟征召的士兵整编为两个军。第一军由李守信兼任军长，第二军由德王兼任军长，总兵力达一万一千人。

● 德穆楚克栋鲁普（德王）加紧与日寇勾结

在抗日战争全面爆发之前，蒙古军政府在关东军扶植下已经具有一定实力，但是由于绥远抗战，蒙古军遭到沉重打击，蒙古军政府也由此一蹶不振。卢沟桥事变后，抗日战争全面爆发，日本关东军相继攻占察哈尔、晋北和绥远等地。在其侵占察绥晋北的过程中，又加紧了建立伪政权的步伐。

1937 年 8 月，关东军司令部制定了《察哈尔方面政治工作紧急处理要纲》，决定在察哈尔地区建立一个“对内蒙、绥远工作有利的”政权，即以原有的察哈尔省为基础组织“察南自治政府”。之后，关东军在《要纲》的基础上又制定出《具体措施案》，规定在察北保持内蒙自治政府现状，察南政府公署设在张家口，其空缺职位由在满洲的察哈尔系人士充任，在察哈尔政权中央委员会中设置日本人为最高顾问。1937 年 9 月，察南自治政府在张家口宣告成立，最高顾问是金井章二，最高委员是于品卿、杜运宇。察南自治政府根据最高委员及最高顾问的合议执行政务，下辖张家口市和察南的宣化、怀来等 10 个县。

关东军设立察哈尔政权的计划伴随着其占领区的不断扩大又进一步发展。1937 年 10 月，关东军制定出《蒙疆方面政治工作指导要纲》,决定“迅速建立统辖内长城线以北地区的晋北自治政府”。随后，晋北自治政府在大同成立，最高顾问是前岛升，最高委员是夏恭，下辖大同市和晋北的浑源、左云等 13 个县。

日军和蒙古军进占绥远之后，于 1937 年 10 月在归绥召开了第二次蒙古大会。大会讨论通过了《蒙古联盟自治政府组织大纲》《蒙古联盟自治政府暂行组织法》以及《第二次蒙古大会宣言》等文件,规定该政府以“防止共产、协和民族”为基本方针,“以生、聚、教、兴、养、卫六事为施政纲领”。决定仍用蒙古军政府时期的旗

● 1937年10月28日，第二次蒙古大会成立了“蒙古联盟自治政府”

帜，以成吉思汗纪元为年号，政府所在地设在“厚和豪特”（由归绥改称）。随后，“蒙古联盟自治政府”正式成立，选举云王为主席，德王为副主席。自治政府设政务院、蒙古军总司令部和参议会，其中政务院掌理一切行政事务，由德王兼任院长。同时，它设政务最高顾问和军事最高顾问，关东军指定金井章二为自治政府最高顾问，高场损藏为蒙古军最高顾问。1938 年 3 月云王逝世。1938 年 7 月第三次蒙古大会召开，选举德王为主席，李守信为副主席。

关东军一手建立了察南、晋北、蒙古联盟三个自治政府后，下一步就是要把这三个地方自治政府合并起来，组成一个“民族协和”的统一政权，以实现建立巩固的防共基地的目标。因为，内蒙古西部地区人口稀少、经济实力薄弱、战略资源不足，地形平坦，依靠在这一地区建立的亲日政权并不能使这一地区成为抵抗苏军进攻的有效战略地带，所以关东军决定把内蒙古西部地区的牧区与人口众多、资源丰富、地形险要的察南和晋北合为一体。这是关东军要占领和统一蒙疆地区最重要的目的。

在 1938 年 11 月，关东军按照预定工作指导计划，将察南、晋北、蒙古联盟三个伪政权代表汇集张家口，商讨成立了“蒙疆联合委员会”。金井章二任“蒙疆联合委员会”最高顾问兼总务委员会委员长，成为该委员会的权力中心和三个自治政府的实际领导者。“蒙疆联合委员会”的成立标志着伪蒙疆政权的诞生，也标志着日本在内蒙古西部地区殖民统治的正式确立。

“蒙疆联合委员会”包括总务委员会和金融、产业、交通三个专门委员会。三个伪政权派出的委员比例为蒙古联盟 3 名、察南 2 名、晋北 2 名，关东军司令官可向联合委员会“推荐”最高顾问 1 名、参议 1 名及各专门委员会的顾问 2 名。总务委员长总理委员会并为委员会的代表，委员会的决议要经过最高顾问及各顾问的合议。联合委员会掌管的事务包括：统一管理平绥铁路、邮政、电信，改组、扩大察南银行，统一三个伪政权的货币。为调整财政，联合委员会对盐务、鸦片、烟草的经营进行统管，对煤炭、钢铁及主要电业企业实行统制。

当“蒙疆联合委员会”机构逐步健全，运作基本正常之后，日本驻蒙军便开始促进察南、晋北和内蒙西部地区蒙古联盟的完全合并，决定以“蒙疆联合委员会”为基础，将察南、晋北、蒙古三个自治政权统合，建立“蒙古联合自治政府”。

1939 年 9 月 1 日，在金井章二的主持下，察南自治政府、晋北自治政府和蒙古联盟自治政府三个伪政权正式合流，在张家口成立了“蒙古联合自治政府”，德王任主席，设有政务院、参议府、蒙古军总司令部、最高法院、政务委员会等机构。1941 年，它被改称“蒙古自治邦”，一般称作“蒙疆政府”。无论名称如何改变，它们始终都是日本帝国主义“满蒙政策”的产物，是日本侵略者控制下的一个傀儡组织。日本驻蒙军、兴亚院蒙疆联络部、日本最高顾问和大大小小的次长、参与官等操纵着伪蒙疆政权的一切实权。

●1939年9月1日在张家口成立了“蒙古联合自治政府”

日本占领内蒙古西部地区时期，十分重视对蒙疆的统治。1939 年 5 月拟定的《蒙疆建设基本计划》提出要把蒙疆变为“防共特殊地带”。在日本大本营陆军部给中国派遣军总司令多次下达的命令中，首先提到的就是确保苏尼特王府、百灵庙、安北、黄河、黄泛区、庐州、芜湖、杭州之线以东地区的稳定，要迅速恢复蒙疆地方、山西省北部、河北省及山东省各要地和上海、南京、杭州等地区的治安。因此，在内蒙古西部地区的沦陷区，日本侵略者通过建立伪蒙疆政权从政治、军事、经济、文化等各个方面加强了它的殖民统治。

日本占领下的内蒙古西部地区，包括原锡林郭勒盟十旗、乌兰察布盟六旗、察哈尔部八旗四牧群、上默特特别旗、伊克昭盟的达拉特旗和准格尔旗的部分地区以及察哈尔省北部九个县、绥远省中东部的十四个县。在其统治时期，该地区的社会政治制度发生了一系列变化。1937 年，蒙古联盟自治政府公布了《蒙古联盟自治政府组织大纲》，将其所属的五盟均确定为一级行政单位，分别设立了盟公署。

1938 年，蒙古联盟自治政府公布了《盟公署官制》，规定盟公署设置盟长、副盟长、主任、厅长等官员，设置官房、民政、畜产、保安厅等部门。1939 年，蒙古联合自治政府成立，重新修正并公布了《盟公署官制》，更详细地规定了盟公署的职官、机构及其职权。它确定了盟公署为一级行政机构，并有了固定的办公场所和较完善的办事机构。它还确定盟公署不仅管辖境内的蒙旗，而且要管辖境内的县、市，改变了过去“旗县并存”、盟管旗、省管县的行政体制。这也改变了过去盟长、副盟长职务的兼任性质，成为专任职务。另外，1939 年 9 月，蒙古联合自治政府公布了《顾问部组织法》，规定了蒙古联合自治政府内设最高顾问作为辅佐机关，设政府顾问、盟顾问、市县顾问等部员。这样，在政府机构及盟、市、县内形成了一个独立的顾问体系，顾问人员成为政府各部、各盟及市县的实际主宰者。这是蒙疆傀儡政权在政治制度方面的殖民特征之一。

日本在察哈尔、绥远、晋北组织傀儡政权的同时，对这些占领地区守备力量做了一系列部署。1937 年 9 月，关东军把第 26 师团配置在蒙疆地区，承担了晋北和集宁、“厚和豪特”、包头、固阳等地的防务。1938 年 1 月 8 日，日本陆军中央部编组了直属大本营的驻蒙兵团，兵力由第 26 师团和独立混成第 2 旅团组成。1938 年 7 月，驻蒙兵团改称驻蒙军，隶属于日军华北方面军。驻蒙军后来又增加了骑兵集团，共三万余人，分布在蒙疆地区。1939 年 3 月，日本侵略者在张家口设立了“兴亚院蒙疆联络部”，负责管理蒙疆地区的政治、经济和文化事务。联络部长为陆军中将酒井隆，兼任张家口特务机关长，在归绥、包头、大同、化德、百灵庙、嘉卜寺等处，均设有权力很大、活动范围很广的特务机关。

伪军是日本侵略者控制蒙疆地区的重要军事力量，主要分布在内蒙古西部地区各蒙旗县及乡村、牧区。伪蒙古军总司令部设于归绥，李守信任总司令，高场损藏、小仓达次等先后任最高顾问。伪蒙古军下属九个师，起初有万余人，后缩减为几千人。1940 年，第一、二、三师整编为伪靖安警备队三个集团十二个大队，其余六个师整编为四个师。此外，日本侵略者还装备起以汉奸王英为总司令的伪绥西自治联军和以白凤翔为总司令的伪东亚同盟军数千人，设有伪巴彦塔拉盟警察队、伪鄂尔多斯蒙古挺进队以及伪警察、自卫团、保安队、保甲团等。伪军没有任何独立性，完全是日本顾问、教官、指挥官操纵下的傀儡军队。

在经济方面，蒙疆地区盛产铁、煤等矿产资源和粮食、鸦片以及牛马羊及皮、毛、肉食等畜产品，这些都是日本国内极为短缺而又是其侵略战争所急需的战略物资。日本在政治军事方面把蒙疆地区看作“特殊防共地区”,在经济方面则把它当作“以战养战”和经济掠夺的重要基地。为了有效地控制该地区的经济命脉和最大限度地获取所需要的战略物资，日本帝国主义在伪蒙疆政权所辖地区普遍推行了经济统制政策，包括了金融、交通、通信、矿产、粮食、畜牧业、盐业、物价、劳动力以及鸦片等所有经济部门。

1937 年 8 月日军占领张家口之后，随着“蒙疆联合委员会”的成立，设立了金融专门委员会，负责金融统制工作，并在张家口成立了“蒙疆银行”。接着日军在各主要城镇设立蒙疆银行分行，大量发行“蒙疆银行券”，成为蒙疆地区货币发行、外汇管理、银行业务及制定金融政策的统制机关，控制了蒙疆地区的金融。

平绥铁路是蒙疆地区最主要的交通线。察南的龙烟铁矿、晋北的大同煤矿、绥远的皮毛以及其他矿藏的运输都需要这条交通线，它在军事及政治、经济方面占有特殊的地位。日本侵略者以平绥铁路线为中心把整个蒙疆地区的经济全面控制起来，使之殖民地化。从 1938 年到 1941 年，在蒙疆地区创办的日本资本经营的公司企业就有 73 个。日本侵略者通过“大蒙公司”“蒙疆公司”“蒙疆电业株式会社”“大同炭矿株式会社”“蒙疆畜产股份有限公司”“北支那开发株式会社”等，垄断了内蒙古西部地区的工商业和交通运输,对该地区的矿藏资源、畜产资源等进行了疯狂的掠夺。仅 1938 年，从蒙疆地区输出的各种物资总额就达到 10 839 万元。1939 年日本侵略者成立了“大青山煤矿股份有限公司”，对大青山山脉的石拐子煤矿和杨圪楞煤矿进行控制，负责开采、销售。1940 年，他们又修筑了包头至石拐沟运煤铁路，进一步加强了对大青山地区煤矿的开采、运输、销售等方面的统制。

除此之外，日本侵略者还通过设立名目繁多的税收来搜刮当地老百姓，主要有鸦片税、盐税、统税、关税、田赋、烟酒税、印花税、营业税、屠宰税、牙税等。

特别需要指出的是，日本侵略者为了进行经济掠夺，更为了在中国推行罪恶的“毒化”政策，在内蒙古西部地区有计划地、有组织地扩大鸦片生产，强迫老百姓种植鸦片，使蒙疆统治区成为战时最大的鸦片生产基地。从 1939 年 7 月开始，为了满足日本占领区的鸦片需要及伪蒙疆政权的财政收入，“蒙疆联合委员会”根据兴亚院的指示，实行了以增产鸦片为目标的“准专卖制度”形式的鸦片清查制度，成立了“蒙疆土药股份有限公司”。蒙疆土药股份有限公司成为垄断鸦片收购的专门机构。从 1940 年到 1943 年，伪蒙疆政权不断增加鸦片种植的面积。尤其是到 1943 年以后，蒙疆地区物价上涨、物资匮乏，伪蒙疆政权对鸦片的依赖性越来越强。直到日本投降，伪蒙疆政权仍以鸦片作为维持其统治的主要手段之一。

在思想文化方面，日本帝国主义在蒙疆地区实行奴化教育，积极执行所谓“亲日防共、民族协和、发扬东亚道义精神”的反动方针，并宣扬所谓“抑汉扬蒙”，制造蒙汉民族矛盾，企图达到其各个击破、分而治之的目的。在学校中，中小学每周日文课占七至十小时以上，而汉文、蒙古文课仅占三至五小时，还限制蒙汉学生互相学习蒙汉文化，以阻止各族人民之间的文化交流。课程中字里行间灌输亲日思想，在历史课程中，见不到“中华”字样，妄图抹杀中国数千年的文明历史。日本侵略者还要求师生必须每天清晨举行升日本旗典礼，并要向东方遥拜。同时，他们在蒙疆各地广泛设置日语补习学校、日语进修班等，以达到同化蒙、汉各族人民的目的。

成吉思汗陵西迁

成吉思汗陵原为全体蒙古民众供奉的“总神祇”——八白宫（室），即八座白色的毡帐。早在1649年（清顺治六年），成吉思汗后裔、鄂尔多斯济农、伊克昭盟首任盟长额璘臣将八白宫及苏鲁锭等圣物，从黄河南岸的伊克召迁移至郡王旗，安奉在巴音昌霍格河畔的草地上。从此，这个地方被称为“伊金霍洛”（意为圣主的院落）。

1931年九一八事变之后，日本侵略者占领了中国东北与内蒙古东部地区。1932年，他们策划成立了伪满洲国。与此同时，他们对内蒙古西部地区一方面加紧军事侵略步伐，另一方面对蒙古王公上层进行诱降活动，积极策划建立傀儡政权。

1937年抗战全面爆发后，日本侵略者大举西进，内蒙古西部城市归绥、包头相继失陷。当时日本特务机关曾派化名为乌吉达的日本特务内田勇四郎到伊盟，要求各旗王公扎萨克参加伪蒙疆政权，提出要把成陵迁到日伪占领区。支持德王的部分蒙古王公也提出将成吉思汗八白宫东移归绥，以此号令蒙古民众归附伪蒙疆政府。

虽然当时伊盟盟长沙王和各旗王公以各种借口拒绝了内田勇四郎的要求，但成吉思汗陵面临着随时被日伪军劫持的危险。

●日军装甲车侵入沈阳

在这种形势下，为了避免成吉思汗陵遭到日寇的劫掠，沙王于1939年初到重庆向国民政府提出了移陵的请求。沙王的请求引起了国民政府的高度重视，认为日本帝国主义和德王如果劫持成吉思汗陵作为号召，这会对内蒙古地区的抗战形势造成极其不利的影响。于是，国民政府很快批准了沙王移陵的请求，还特地为成陵迁移拟定了迁移方案。同时，国民政府成立了专门负责成陵西迁的领导机构负责成陵西迁的具体工作。指定沙王、图王、傅作义、邓宝珊、高双成、荣祥、石华严等7人为起灵致祭官，任命沙王为主祭官，任命蒙藏委员会蒙事处处长楚明善、军事委员会少将科长唐井然、郡王旗协理台吉贡布扎布为移灵护送官。根据国民党政府蒙藏委员会拟定的《成吉思汗灵榇迁移办法》，决定将成吉思汗灵榇先迁至甘肃省榆中县兴隆山大佛寺中，日后相机再迁。成陵西迁的消息传开之后，伊金霍洛周围的草原上人山人海，无数蒙古族牧民在八白宫前长跪不起。

1939年6月9日，在举行隆重的祭奠仪式之后，成陵西迁正式开始。达尔扈特人和附近各地的蒙古族民众云集伊金霍洛，他们挥洒热泪，顶礼膜拜，与世代敬仰和崇拜的圣主告别。祭礼仪式由沙王主持，鸣放三声礼炮后，灵榇、神物被慢慢扶上骡轿。迁陵队伍从伊金霍洛出发。陵地顿时哭声震天，祭品盈地。蒙古族群众迎住迁陵队伍，匍匐叩头，举佛灯，献哈达，有的老年人甚至横躺路中央，以示挽留圣主。很多人因悲伤过度，就地昏倒。一些达尔扈特人放声大哭，一路跟随，不肯离去。当时的《旅行者》杂志记者这样写道："成吉思汗的灵榇，是在蒙古群众的泪海中离开伊金霍洛的。"

从伊金霍洛旗动身，成吉思汗陵于1939年6月15日到达陕西榆林。在榆林，成陵受到社会各界人士的致祭，数万民众倾城出迎。下午3时，护陵的二十二军和新一军的骑兵、工兵、步兵一队队走过来，后面是四百龙旗飘扬，达尔扈特人的马队擎着苏鲁锭大纛，随后是四个小苏鲁锭的银庙，最后是成陵。护陵总指挥陈玉甲在前引导，护陵专员们紧随灵榇之后，形色庄严，气氛肃穆。烈日高照，然而队伍仪仗森严，扈从谨肃，除了照相机的声音外，一片肃静。大汗的灵榇在全城人的肃默和悲愤中通过。

1939年6月16日，护送迁陵队伍改乘8辆大汽车，从榆林继续进发，后经陕西米脂、绥德等县，于6月21日到达延安。驻延安的中共中央、八路军总部、陕甘宁边区政府和两万多边区各界人士举行了隆重的迎送祭奠仪式。在十里铺设立了灵堂，中共中央代表谢觉哉、八路军代表滕代远出城迎接。上午11时，覆盖着黄色缎幔的陵车缓缓开进了十里铺。当护陵队来到迎送队伍中间时，人群中立即爆发出阵阵口号："蒙汉联合起来，

• 成吉思汗陵奉移图

打倒日本帝国主义！保护伊金霍洛，保卫内蒙古，保卫祖国！”之后，中共中央统战部副部长柯庆施、八路军总部联络部长王若飞、陕甘宁边区政府主席高自立等人将成陵迎进精心布置的灵堂。毛泽东、八路军和边区政府的高层献了花圈，谢觉哉和边区政府秘书长分别恭读祭文，高度赞扬成吉思汗的丰功伟绩，号召蒙汉各族人民高举抗日民族统一战线的大旗，打倒日本帝国主义。在公祭仪式上，鲁迅艺术学院送灵乐队改编并演奏了《凤凰玲》，在场的人听了无不落泪。祭祀之后，人们列队绕行

陵前，瞻仰成陵。

延安人民在公祭成吉思汗陵后，决定以后长年祭奠成吉思汗。1940 年 7 月，延安建成成吉思汗纪念堂和蒙古文化陈列室，毛泽东亲手题写了“成吉思汗纪念堂”七个大字。

1939 年 6 月 22 日凌晨，陵车继续南下。延安又有上万人聚集在南门外广场恭送。经过甘泉、耀县、洛川、黄陵、潼关、三原、咸阳等地，1939 年 6 月 25 日，成吉思汗灵榇进入古城西安。西安 20 万民众自发在街头迎接，沿街香案罗列，鞭炮齐鸣。国民政府代表和地方高级官员及各界知名人士在鼓楼礼堂举办了盛大的祭奠活动。在祖国山河破碎之际，成吉思汗灵榇所经之地，中华民族表现出了空前的凝聚力。

成吉思汗陵离开西安后，护送灵榇的车队继续向甘肃方向进发。经过泾阳、永寿、长武、定西等地，于1939年7月1日抵达甘肃省榆中县。榆中县各界参加欢迎致祭者近四万人。国民党甘肃省政府及其他官员亲自从兰州前往榆中迎祭，并随成陵到榆中县城西南的兴隆山，扶挽灵榇登山，将成吉思汗灵榇安置在东山大佛殿。

成陵从伊金霍洛起灵西迁，沿途经过榆林、延安，期间国共两党都举行盛大祭奠。浩荡的成吉思汗灵榇护送队伍冲破来自各方面的阻拦和破坏，踏上了西迁的征程，表明了伊盟王公与伪蒙疆政权决不妥协和将抗日战争进行到底的决心，也奏响了蒙古族历史上的一曲悲天动地的壮歌。

1954年，内蒙古自治区人民政府得到中央人民政府政务院批准，终于将离开十五年之久的成陵迎回伊金霍洛。内蒙古人民对中央的这一决定欢欣鼓舞。内蒙古自治区人民政府成立了以自治区统战部长克力更为团长的迎陵团，敬赴甘肃恭迎。迎陵团举行了盛大的回陵归省仪式。成陵乘专列回到内蒙古时，自治区主席乌兰夫亲自迎接。1954年4月23日，内蒙古自治区举行了隆重的回陵奉安大典。世事变迁，十五年恍然如梦，蒙古族人民魂牵梦萦的大汗灵榇完好无损地重归伊金霍洛。如今，几经修缮的成吉思汗陵绚丽多彩、庄严肃穆。

第八章

大刀向鬼子的头上砍去

随着全国抗日救亡运动的发展，从东部到西部，从辽北蒙边骑兵到蒙政会保安队，从普通百姓到中国共产党的民族干部，从自发的抗日组织到中共领导下的抗日游击队，内蒙古地区包括蒙古族在内的各种抗日力量勇敢地走向前线，掀起了波澜壮阔的抗日斗争。

辽北蒙边骑兵的抗日

在日本侵略军侵占内蒙古东部地区及建立伪满洲国的时候，内蒙古东部地区的各族军民首先展开了武装抗日斗争，其中影响非常大的是东北抗日义勇军中蒙古族将领李海山、刘震玉部。

李海山于1889年出生于哲里木盟科尔沁左翼中旗，行伍出身的他，1912年任哲里木盟科尔沁左翼中旗卓哩克图亲王府统领。九一八事变后，他率领辽北蒙边骑兵投入抗日斗争，转战吉林西部、辽宁北部、内蒙古哲里木盟等10个旗县的广大地区，先后与日伪军作战百余次，共毙伤、俘获日伪军多达几千人，并击落日军轰炸机，烧毁日军坦克、装甲车。

面对整个东北、内蒙古东部沦陷的民族危机，1931年10月，当甘珠尔扎布、正珠尔扎布等组织蒙古独立军攻打通辽之际，张学良电令东北军军事委员会步兵训练组少将组长高文彬赶往北平，共商在哲里木盟等地区组织蒙汉人民共同抗日问题。决定在通辽成立辽北蒙边宣抚专员行署，由高文彬任行署专员，领导各民族军队奋起抗战。同时电召卓王府统领李海山、巡防骑兵统领刘震玉赴北平。李、刘被张学良任命为辽北蒙边骑兵第一路司令和第二路司令，隶属高文彬统一指挥，投入抗日斗争。

李海山、刘震玉从北平夜以继日、披星戴月地回到家乡，立即投入到抗日的备战工作中。李海山亲自向本旗青年宣讲日本侵略东北、内蒙古的危机，号召旗民积极参军，很快招募了大批蒙古族和部分汉族青壮年入伍，并吸收了一些有文化的学子，在旗卫队的基础上，骑兵队伍很快扩大到五千余人，每路设统领一员，由颇懂军事的蒙古人担任。李海山卖掉自己的家产,用于购买马匹、武器弹药、军需物资。刘震玉部扩大到万余人。两路骑兵经过短期训练，誓师联手抗日。

当时，高文彬等通过各种关系，将蒙古自治军第一军包善一部和第二军韩色旺部收编为辽北蒙边骑兵，任命包善一为总司令，韩色旺为副司令。但是当时包、韩等同时从关东军方面得到大批武器弹药，两边讨好，以扩大各自的势力，并没有积极参加内蒙古独立、自治活动，更没有参加抗日斗争。

1931年深秋,日军某部司令官、伪蒙军顾问松井指挥数千日军、伪蒙军，在伪蒙古自治军第三军司令甘珠尔扎布的配合下，由通辽北的萧河敖包、舍伯图一带扑向通辽城。驻守通辽、早已做好准备的李海山立即命令蒙边骑兵将敌人包围，左右夹攻。骑兵与日军、伪蒙军血战四昼夜，敌人败退舍伯图。此战毙敌士兵、校尉军官总共达几百人，保住了通辽城。

之后，侦察员报告松井密谋以舍伯图为根据地，企图再次进犯通辽城。李海山火速与刘震玉取得联系，做了先发制人的战斗部署。李海山率部从西面，刘震玉率部从东、北两面攻打舍伯图，又与日军、伪蒙军血战三昼夜，毙敌士兵百人以上，收复了舍伯图，又一次保卫了通辽城。

12月初，日军出动装甲车、坦克，在飞机的掩护下，第3次大举进攻通辽城。蒙边骑兵与敌人激战两昼夜，为使居民、商家免遭飞机轰炸，减少部队伤亡，李海山决定退守至通辽城以北的余粮堡，之后退往开鲁，日军占领了内蒙古东部地区重镇通辽县城。

1932 年 2 月，李海山部和刘震玉部联合驻开鲁的东北军骑兵第 9 旅共同发动反攻，相继收复了余粮堡、莫力庙、曹家营子、舍伯图等地。战斗中击毙关东军派到内蒙自治军担任顾问的松井清助，并缴获了大批枪支弹药。由此，李海山等得到张学良的嘉奖。

5 月，东三省民众后援会总会将 3 省义勇军划分为 5 个军区，辽北蒙边宣抚专员行署辖区被划为第五军区，高文彬任司令，李海山部编为第 5 军区第 3 梯队，刘震玉部为第 4 梯队。

9 月 1 日，李海山部和刘震玉部在高文彬的率领下，向通辽县城发动攻击。李、刘部攻入县城与敌军展开巷战。激战至傍晚时，敌援军两千余人从钱家店赶到。李、刘部势单力薄，遂撤出通辽经余粮堡到康平休整。10 月 4 日和 6 日，李海山部和刘震玉部向通辽县城又发动了两次进攻，驻守通辽的日军出动坦克、装甲车进行反攻。李、刘部义勇军终因“不能抵敌方之武器”，撤出战斗退回康平。10 月 27 日，李海山、刘震玉部又在高文彬的指挥下，向辽源县城发起攻击，并一度攻占火车站。由于日军从四平赶来增援，李、刘部撤退到康平。

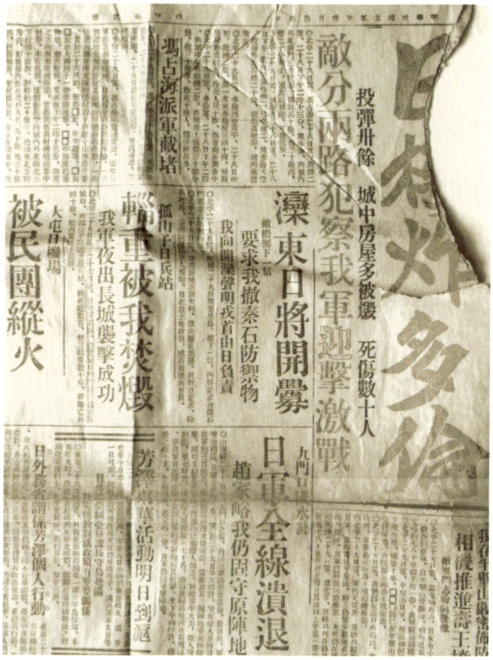
日機炸多倫
投彈卅餘 城中房屋多被燬 死傷數十人
敵分兩路犯察我軍迎擊激戰
灤東日將開釁
要求我撤秦石防禦物
我向閻灤聲明戎首由日負責
九門口
日軍全線潰退
趙家峪我仍固守原陣地
瑪古海派軍截堵
孤山子日兵站
輜重被我焚燬
我軍夜出長城襲擊成功
大屯日機場
被民團縱火
日外務省謂係芳澤個人行動
芳澤活動明日到滬
相機推進壽王

●1933年3月30日，《时报》报道日军轰炸多伦的消息

11 月 27 日，日军出动飞机、坦克、装甲车向康平县城展开猛攻。

●冯玉祥将军

高文彬部伤亡惨重，在向开鲁突围途中高文彬被俘。李海山、刘震玉部义勇军从康平突围后，向奈曼旗、敖汉旗一带撤退。

1933 年春，日军又占领了热河全境，李海山、刘震玉部退往察哈尔省康保一带。5 月，冯玉祥在张家口组建察哈尔民众抗日同盟军后，将李海山部编为抗日同盟军蒙古骑兵第 1 路军，任命李海山为司令，刘震玉部被编为骑兵第 2 旅，刘震玉任旅长。7 月，李海山部与原东北义勇军其他部，在吉鸿昌统一指挥下，参加收复多伦的战役。李海山率部攻破西门，占领西城。接着，蒙古骑兵乘胜攻占了城北大庙据点。7 月 12 日多伦光复。这是九一八事变以来中国军队首次收复失地。此战李海山的蒙古骑兵以伤亡三百四十余人的代价，歼敌七百余人，并击毁敌机 1 架。然而，南京国民政府一直不但不支持察哈尔民众抗日同盟军的行动，而且派大军压逼冯玉祥，最终把同盟军遣散。之后，李海山部被改编为察哈尔省商都警备骑兵第 1 支队，他被任命为司令，并在宝昌警备骑兵担任副司令。不久，警备骑兵也被察哈尔省当局遣散，李海山还被察哈尔省主席宋哲元拘押 5 个月之久。国难当头，英雄竟落入如此境地，唯有李海山的自述最能表达他当时的心境：“余自奉命起兵救国，所有各官兵，除本司令原统率蒙古兵外，其余均召集本旗壮丁，及蒙古望族，

●察哈尔民众抗日同盟军指挥总部印

• 1933 年，察哈尔抗日民众同盟军开赴察北，与日伪军作战

而枪马弹药，切系个人私有，俱以血汗金钱所买。我蒙古官兵被日本杀伤两千有余，而国土又未收复，遂被缴械致使蒙古战后余生，流离失所，无衣无食，死于沟壑道路者不知凡几……饥寒之声，不绝于耳。余无以筹措，只仰天叹我蒙古牺牲、荡户救国，结果竟至如此，余不敢怨天尤人，惟愿国人察其愚忠，赐以教言。”

李海山、刘震玉在没有任何给养的困难条件下，带领几千名蒙古人，自备枪马参加到抗日阵营中。他们率领的蒙古官兵中有两千多人壮烈殉国，在内蒙古地区抗日斗争史上写下了可歌可泣的一页。

百灵庙的枪声

1936 年 2 月 21 日深夜，在寂静的内蒙古西部达尔罕草原重镇百灵庙打响了蒙政会保安队爱国官兵反对德王投日、参加抗战的枪声。当时，百灵庙蒙政会保安队千余名官兵在蒙政会保安处二科科长云继先、三科科长朱实夫等人带领下，毅然发动军事暴动，宣布脱离德王领导的蒙政会，投入抗日阵营。这就是震惊全国的“百灵庙军事暴动”。一场捍卫民族尊严的红色风暴，让百灵庙成为传奇。

● 云继先

● 朱实夫

百灵庙在原达尔罕旗境内，又称贝勒庙，地名因庙名而得。它坐落在山环水绕的小盆地中，控扼着相互交叉的两条要道，一条连接着内蒙古和外蒙古，一条连接着内蒙古的东部和西部。百灵庙成立蒙政会后，一时成为内蒙古西部地区矛盾的焦点，日本特务、国民党人员以及共产党地下党员均

● 中共地下党员在百灵庙蒙古族官兵中宣传抗日救亡

聚集在此活动。

蒙政会成立后，掌握实权的德王多方筹集资金和武器，陆续从察哈尔、乌兰察布盟和土默特旗招募士兵，组建了蒙古地方保安队。至1935年秋，保安队已经发展到一千余人。保安队从组建开始，就引起了各方力量的关注。这支队伍内部关系错综复杂，成员既有日本特务，也有毕业于黄埔军校的教官，还有中共党员。日本特务、间谍不断活动于百灵庙地区，与德王进行秘密交往，企图拉拢德王成为他们进一步西侵的踏板。

1935年1月，日本关东军邀请德王到长春访问伪满洲国，其间，关东军司令官南次郎等与德王举行了会谈。德王与日本人勾结的势头日甚。日本帝国主义加紧策划在内蒙古西部地区建立伪政权，不惜代价企图将德王引上第二个“溥仪之路”。德王为了实现统治蒙古、建立“大蒙古帝国”的梦想，不顾蒙古族人民的死活，继续公开勾结日本侵略者，背叛祖国，出卖蒙古族人民的利益。

德王的行径激起了广大蒙古族群众特别是蒙古族青年知识分子和蒙政会保安队官兵的强烈不满。目睹了德王彻底投靠日本、出卖祖国和民族利益的行为，保安队中的进步力量对德王的最后一丝希望破灭，他们开始思考通过武装暴动反对德王投靠日本帝国主义、粉碎日本帝国主义以华治华的阴谋。

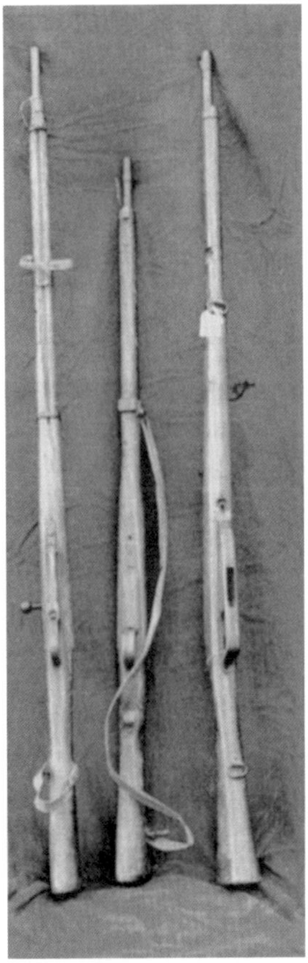
●百灵庙暴动使用过的武器

中国共产党采取“争取德王抗日”的方针，以乌兰夫为书记的西蒙工委在百灵庙蒙政会保安队进行抗日救亡的秘密工作。在保安队征兵中，中共党员赵诚、云清、赵俊臣等打入蒙政会保安队并担任官职，乌兰夫还动员一批土默特旗蒙古族青年和原蒙古族部队“老一团”官兵进入保安队。这样，保安队官兵的爱国倾向占据主流，而德王信任的“袍子队”逐渐失势。此外，老党员李森利用与保安队官兵的特殊关系，担任秘密的交通工作，传递西蒙工委和乌兰夫的指示。中共早期党员白海风也奉命来到蒙政会从事地下工作。

乌兰夫两次到百灵庙开展抗日救亡宣传工作。他们在保安队官兵中以串门聊天的方式，讲解抗日救国的道理，掌握德王的思想动向；他们编印传单在蒙政会和保安队的进步人士和官兵中秘密传阅，进一步揭露德王降日的行径，为百灵庙保安队官兵的暴动制造舆论。

1935 年 3 月，在德王紧锣密鼓地与日本人勾结之际，乌兰夫独自到了百灵庙，指示保安队爱国人员：“只要德王公开投日，你们就要在抗日的旗帜下举行暴动。”乌兰夫由朱实夫引介面见了德王，竭力劝其抗日，但遭到德王的拒绝。

1936年2月10日，德王由百灵庙返回苏尼特右旗，成立了伪“蒙古军总司令部”，脱离国民政府，公开投日。云继先、朱实夫等认为时机已经成熟，决定于2月22日举行军事暴动。

1936年2月21日中午，两辆日军汽车开到百灵庙，车上拉着荷枪实弹的日本兵开向德王府。这一异常情况引起云继先、朱实夫的高度警觉，决定比原计划提前一天举事。

21日晚11时许，云继先和朱实夫来到保安队驻地南营盘。云继先站在集合起来的队伍前，紧握双拳，郑重地用地道的土旗话大声说：“弟兄们，德王已经投靠日本人了，他要调保安队为日本人当炮灰，向南打我们的同胞。咱们半年多没发饷，绝不能去给日本鬼子卖命。今天晚上咱们要举行暴动，要打开军械库，给徒手兵发枪，离开百灵庙，去与傅作义一起打日本,我们安排好了。你们同意吗？”士兵们异口同声地回答：“我们跟云科长干！”接着，云继先下达了各部的战斗任务，随后向傅作义将军发电，通报了保安队提前一日暴动的消息，请傅作义部及时派车接应。晚 11 时半，覆盖厚厚白雪的群山异常安静，突然清脆的枪声划破了万籁俱寂的夜空，百灵庙暴动开始了。

● 百灵庙起义

这枪声是云蔚带领暴动士兵闯入稽查处击毙德王亲信李凤诚的枪声。随后，士兵们占领了稽查处，接着打开军械库，控制了武器弹药，武装了起义队伍。与此同时，担任捣毁电台和发报机的官兵也完成任务，切断了蒙政会与德王府的通讯联系。起义队伍包围了蒙政会驻会官员的住处并给他们讲清了举事缘由，多数人同意参加暴动。在会计科，暴动的士兵砸开银柜，取出账目付之一炬，把里面的2万多块银元取出，按照总指挥部的要求分文未动，全部摆放在地上，表示暴动官兵不为钱财所动，完全是为了抗日救国。各部完成任务后，陆续集结到南营盘。

2月22日凌晨2时，云继先、朱实夫等把暴动队伍重新编队，之后，暴动成功的一千多名爱国官兵和文职人员，踏着皑皑白雪，离开百灵庙，向着归绥方向进发。傍晚时分，德王的追兵和保商团一百多人的骑兵追来。朱实夫等人选择有利地形，奋勇迎战，击溃追兵。暴动队伍稍作休息后，文职人员和云继先被傅作义派来的汽车接走，其他人员与傅作义派出的35军的412团的两个加强营汇合。之后暴动部队被一分为二编为归绥县和萨拉齐县两个“防共保安队”。

1936年2月25日，云继先等5人领衔，向国民政府发出通电，揭露德王投日的罪行，表达了暴动的动机。国民政府军政部遂将暴动队伍编为“绥远省蒙旗保安总队”，云继先、朱实夫分别被任命为正副总队长，隶属傅作义统辖。但是绥远省当局对这支民族武装一直怀有戒心，限制其发展。不甘心失败的德王妄图把起义部队再拉回百灵庙，派人混入这支部队，收买拉拢下级军官和士兵，造谣惑众，扰乱军心。1936年秋，在德王引诱策动下，部分士兵哗变，德王亲信枪杀了云继先，绑架软禁了朱实夫、孟纯、陈应权、云蔚、纪寿山等人。

在这危急关头，乌兰夫、纪松龄等帮助朱实夫，设法解救出被绑架的军官，重组部队，纪松龄主动挑起代理总队长的重担，赵诚、云清等也进入部队工作。1936年底，第二次国共合作形成之际，国民政府军政部任命白海风收容整顿该部。整顿后的绥远省蒙旗保安总队，白海风任总队长，纪松龄、朱实夫分别任第一、二大队长，纪贞甫任政训处处长，乌兰夫任政训处科长，孟纯任军需主任，营连以上军官大部分由共产党员担任，实际上已成为中国共产党在内蒙古地区秘密掌控的一支由蒙古族民众组成的抗日武装。

这支部队成立后，便转战于百灵庙、大庙、固阳等地。1937 年 10 月间，该部归东北挺进军总司令马占山指挥，被编为“蒙古混成旅”，参加了防守归绥、阻击日军的战斗。在绥远大黑河、小黑河、桃花板、南茶房一带与日寇进行了激烈的战斗，予敌以重创。绥远沦陷后，该部经伊盟廾赴府谷县哈拉寨驻防，同年冬，又转赴河曲县驻防。1938 年春，国民政府军政部下令正式将该部升编为“蒙旗独立旅”，下属两个团。不久，该旅开往神木县整训。1938 年秋，该旅奉命进驻伊盟郡王旗，并派一个团驻桃力民。1939 年夏，蒙旗独立旅扩编为新

●中共绥蒙工委委员、新三师中共党务委员会书记乌兰夫与新三师部分官兵在一起

编陆军第三师，即“新三师”，白海风任师长，划归第八战区副司令长官部指挥，下辖三个团。蒙政会保安队由蒙古混成旅、蒙旗独立旅到“新三师”，几经周折，最终成为一支由中国共产党领导的人数最多、战斗力最强的蒙古族抗日武装。

百灵庙武装暴动举起了内蒙古人民爱国抗日的义旗，打击了蒙古族上层的卖国行为，鼓舞了全国人民御侮救亡的斗志，延缓了日本侵略军入侵内蒙古西部地区的计划。这次暴动，参加的人员有一千余人，占保安队总人数的百分之九十以上，一定程度上瓦解了以德王为首的蒙政会，

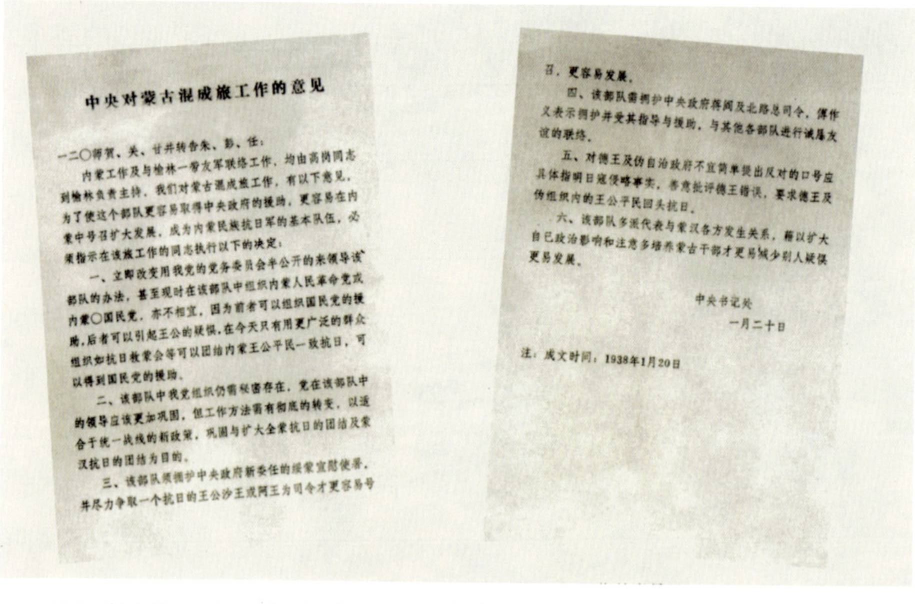
中央对蒙古混成旅工作的意见

一二〇师贺、关、甘并转告朱、彭、任：
内蒙工作及与榆林一带友军联络工作，均由高岗同志
到榆林负责主持。我们对蒙古混成旅工作，有以下意见，
为了使这个部队更容易取得中央政府的援助，更容易在内
蒙中号召扩大发展，成为内蒙民族抗日军的基本队伍，必
须指示在该旅工作的同志执行以下的决定：
一、立即改变用我党的党务委员会半公开的来领导该
部队的办法，甚至现时在该部队中组织内蒙人民革命党或
内蒙〇国民党，亦不相宜，因为前者可以组织国民党的援
助，后者可以引起王公的疑惧，在今天只有用更广泛的群众
组织如抗日救蒙会等可以团结内蒙王公平民一致抗日，可
以得到国民党的援助。
二、该部队中我党组织仍需秘密存在，党在该部队中
的领导应该更加巩固，但工作方法需有彻底的转变，以适
合于统一战线的新政策，巩固与扩大全蒙抗日的团结及蒙
汉抗日的团结为目的。
三、该部队须拥护中央政府新委任的绥蒙宣慰使署，
并尽力争取一个抗日的王公沙王或阿王为司令才更容易号

召，更容易发展。
四、该部队需拥护中央政府蒋阎及北路总司令，傅作
义表示拥护并受其指导与援助，与其他各部队进行诚恳友
谊的联络。
五、对德王及伪自治政府不宜简单提出反对的口号应
具体指明日寇侵略事实，善意批评德王错误，要求德王及
伪组织内的王公平民回头抗日。
六、该部队多派代表与蒙汉各方发生关系，藉以扩大
自已政治影响和注意多培养蒙古干部才更易减少别人疑惧
更易发展。

中央书记处
一月二十日

注：成文时间：1938年1月20日

• 1938年1月20日，中共《中央对蒙古混成旅工作的意见》

体现了蒙古族人民群众维护祖国统一的坚强意志和抗击日本侵略者的强烈爱国精神。它使中国共产党在革命力量较薄弱的民族地区开始有了自己的武装。

百灵庙暴动距今已八十余年，暴动的枪声穿越历史的厚重云烟，至今仍清晰地回荡在达尔罕草原，彰显历史，启迪后人。

同仇敌忾

抗日战争期间，归绥（今呼和浩特）地区蒙古族人民在中国共产党的领导下，组织成立了抗日游击队，主要有蒙汉抗日游击队和蒙古抗日游击队，他们一直坚持着艰苦的抗日游击战争。

1937 年秋，归绥地区沦陷后，失败主义的情绪蔓延，日伪横行、盗匪蜂起，蒙汉各族人民处于国破家亡的灾难之中。就在这国土沦丧、民族危亡和日伪气焰最盛的时候，坚持绥远地下斗争的共产党人杨植

●1937年10月，日军侵占绥远。图为日本兵在归绥旧城街头

霖、刘洪雄、高凤英等决心组织抗日武装，开展武装抗日斗争的尝试。

● 高凤英（中共党员）

1938年春，杨植霖等在归绥东北郊一带动员了十几名青年农民和学生，组织起一支游击队，命名为“绥远民众抗日开路先锋队”。但因没有组织武装和开展游击战的经验，这支队伍很快被国民党军冲散。

日寇占领归绥以后，刘洪雄、高凤英隐蔽在郊区，秘密组织抗日救亡活动，杨植霖则打入国民党“绥远民众抗日自卫军”政训处，准备争取这支地方武装，让它成为真正的抗日队伍。当“绥远民众抗日自卫军”因日伪军侵占归绥西撤时，杨植霖随该部西撤包头，后经伊克昭盟转赴晋西北，与八路军120师取得了联系，并汇报了绥远抗日活动的情况。120师师长贺龙、政委关向应根据绥远的情况，指示杨植霖重返绥远争取“自卫军”与伪军，组织抗日武装。杨植霖迅速返回归绥，与刘洪雄、高凤英以及刚从外蒙古回来的蒙古族共产党员贾力更等，共商抗日大业。在争取大青山“自卫军”头目王有功、郭怀汉未果后，杨植霖潜入归绥，与抗日志士丁良合作，策动伪军抗日。结果，他们的活动被日本特务发现，丁良被捕，策反伪军工作受挫。而刘洪雄到托克托县策动伪军一个连反正，但在起义过程中被日伪军打散。接着，刘洪雄、高凤英进入归绥。通过关系，他们与一些不甘心充当日寇走卒的伪军官取得联系，说服他们倒戈抗日。经过细致的工作，他们拉出一个排的伪军上了大青山，

● 刘洪雄（中共党员）

组织起一支游击队。杨植霖在归绥西郊动员了几位青年农民，组成了一个小游击队。为了找一个会带兵打仗的人指挥游击队，杨植霖便在乌素图村与蒙古人卜存良联系。经过杨植霖宣传教育，卜存良带了二十余人、十多支枪，参加了游击队，当上了队长，并收编了一股土匪武装。不久这支部队被伪蒙军打散，卜存良带着大部分人马投靠了伪防共 2 师。

杨植霖带领部分留下的人马，重振旗鼓，组织抗日武装。1938 年 6 月，杨植霖在家乡归绥城西什报气村动员了 6 名农民，组织起一支游击队，而且使邻村大户张有聚走上抗日道路，张有聚任这支抗日武装队伍的团长，杨植霖任参谋长，并负责与八路军的联络工作。与此同时，隐蔽在藤家营的高凤英等人，也在家乡发动了一些蒙汉农民，组织起了游击队。不久，两支抗日武装合并为蒙汉抗日游击队，张有聚任队长，杨植霖任参谋长，高凤英负责情报与军需工作。就这样，在日伪统治绥察的指挥中心归绥附近，一支蒙汉抗日游击队在斗争中诞生了。

蒙汉抗日游击队诞生以后，以大青山为依托，在日寇统治内蒙古西部地区的指挥中心归绥一带，依靠蒙汉各族人民，开展抗日武装斗争，在人民群众中产生了一定的影响，并在斗争中由几十人发展成为一百多人的骑兵抗日武装。根据自己的力量，他们抓住有利时机，在保存实力的原则下，开展小规模的抗日斗争，打击了敌伪的反动气焰，扩大了蒙汉抗日游击队的影响。

蒙汉抗日游击队不仅树起了武装抗日的旗帜，而且在尖锐复杂的政治斗争中坚持了正确的政治方向。日寇侵占归绥以后，很快扶植起伪蒙古联盟自治政府，打出“复兴蒙古”“抑汉扬蒙”的旗号，制造“蒙汉一贯斗争”的谬论，离间蒙汉民族关系，企图瓦解蒙汉各族人民团结抗日的力量。日本侵略者的这些活动，最初在蒙汉各族人民群众中产生过一定的作用，也影响到蒙汉抗日游击队，使游击队内的蒙古族战士产生思想波动。在这紧要关头，游击队的蒙古族领导人高凤英以自己的亲身经历向战士们讲述蒙汉人民遭受帝国主义、封建主义压迫

● 大青山烽火

剥削的共同命运，揭露日本帝国主义的“满蒙政策”和种种欺骗宣传，指出日寇扶植“蒙疆政府”是要吞并内蒙古，分裂中国，并不是为了解放蒙古民族。他还热情地宣传中国共产党的民族平等政策，讲述中国共产党是各民族人民解放斗争的领导者，蒙汉各族人民只有团结一致，共同抗日，才能实现共同的解放。通过艰苦细致的政治工作，蒙汉战士提高了认识，增强了团结，提高了政治素质。这是蒙汉抗日游击队发展壮大的重要保证。

1938 年 10 月初，蒙汉抗日游击队与大青山支队在绥中面铺窑子胜利会师。蒙汉抗日游击队随之改称为“绥蒙游击大队”，张有聚任大队长，杨植霖任政委，下辖三个中队，直接受大青山支队领导，成为了八路军的正规抗日武装。

蒙汉抗日游击队是一支土生土长的规模很小的抗日武装。在日寇严密统治的伪蒙疆心脏地带，无法与敌人在军事上进行大规模的战斗，也没有可能给敌人以重大打击。但是，它的产生、发展以及能在这里坚持下来就是一个胜利；它在国民党驻军溃退，在日寇统治强固的敌后，由共产党人率领蒙汉各族人民奋起武装抗日，表明中国共产党是真正抗日的领导者；蒙汉抗日游击队的出现，表明中国共产党“蒙汉联合、共同抗日”的主张在归绥地区得到蒙汉各族人民的响应；也表明这里的蒙汉各族人民由群众性的抗日救亡运动向武装抗日斗争发展。因此，蒙汉抗日游击队在内蒙古人民的抗日斗争史上具有重大意义。

抗日战争期间，在归绥西部地区还有一支影响较大的游击队，即中共土默特旗蒙古工作委员会领导的蒙古抗日游击队。为了加强土默特旗的工作，中共绥远省委于 1939 年 9 月成立了中共土默特旗蒙古工作委员会，由奎璧、贾力更负责。这是开辟归绥地区工作，尤其是蒙古民族工作的重要决策。它对于在归绥地区开展武装抗日斗争和进行秘密的抗日救国活动都具有重要意义。

中共土默特旗蒙古工作委员会成立以后，树立起团结蒙古民族抗日的旗帜，并着手组织蒙古抗日武装。最初，中共土默特旗蒙古工作委员会负责人贾力更以及勇夫、李才 (即云浦) 等在察素齐塔布子村动员了十几位蒙古族青年农民，组织起了一个小游击队，并派云高明、云旺到八路军大青山支队学习军事。游击队组织起来以后，在察素齐北面的东西沟进行了初步训练，并命名为“蒙古抗日游击队”，李森任队长，贾力更任指导员。

李森和贾力更将队员分成四个宣传动员小组，走村串户，利用蒙古族的亲友关系控诉日伪、土匪的罪行，宣传八路军抗日救亡政策。他们鼓励蒙古族农牧民送子弟参加游击队，动员一些倾向抗日的富裕人支援抗日斗争。在两个多月的时间里，他们在美岱召等十多个蒙古族聚居的村庄里留下了身影，扩大了游击队在群众中的政治影响。在群众的拥护和支持下，这支队伍迅速发展到六十多人。他们配合萨拉齐县游击队打跑了盘踞在美岱召一带的土匪，捣毁匪窝，为老百姓除了一大害。随后，他们又攻打了萨拉齐县缸房营子天主教堂，教训了在中国土地上阻挠中国军队抗日并与日寇勾结的神甫。此后，蒙古抗日游击队的士气大振，活动范围扩大到托克托、和林格尔一带。

● 李森

1940 年夏的一个早晨，李森为给八路军大青山骑兵支队筹集粮草，带领队员来到距土默特旗区公所不远的日军治安区大里堡周围。伪保长立即向日本特务机关小队长小野报告情况。小野随即带领机动队和驻旗守备队，乘卡车从察素齐出发赶往大里堡。游击队闻讯迅速转移到小里堡。小野扑空后又迅速赶往小里堡，结果又一次扑空。小野又继续追赶，结果一步步陷入到李森精心设计的埋伏中，最终被李森等几名队员活捉。

李森队长因为积劳成疾，身患重病，向蒙古工委建议调高凤英担任队长。高凤英很快接任了蒙古抗日游击队队长职务。

1941 年 2 月，晋绥边区党委和土默特旗蒙古工委决定蒙古抗日游击队与和林游击队共同打击和林的“自卫团”。这个“自卫团”的团长胡连奎依仗日寇的势力，不仅祸害百姓，还在归绥、托克托、和林地区疯狂反共。两支游击队在大青山柳沟门盘道上会合后，进行了周密的部署和战斗动员。尔后在晋绥边区党委武装部长于占彪的统一指挥下，高凤英与和林游击队队长杨振华带领游击队包围了“自卫团”，击溃了“自卫团”官兵，缴获步枪 36 支，手枪 1 支。

1941 年夏末，游击队侦察到归绥城西南联家营村草滩放养着日伪近百匹军马，由伪蒙古军两个班看守，于占彪和高凤英决定，由和林游击队配合蒙古抗日游击队，完成抢夺军马的任务。这次夺军马的战斗仍由于占彪统一指挥。高凤英和和林游击队的新任指导员陈璋共同率领游击队员七八十人，从大青山水磨沟口的陶合气村和茶坊村出发，包围了伪军军马场，突入圈军马的翟家大院，经过激烈的战斗，俘虏了全部在此放军马的伪军，夺取了全部军马。

蒙古抗日游击队在归绥地区打了不少胜仗，取得了很大战果。党中央对组建蒙古抗日游击队的作用和意义从政治上给予了高度评价。1940年4月，中共中央在《关于绥远敌占区工作的决定》中指出："以进步蒙人为骨干建立蒙古的抗日游击队，以之作为号召与团结蒙人的旗帜，是可以允许的，党应从政治上组织上帮助它。"正是在党的关怀和具体领导下，蒙古抗日游击队坚持正确的政治方向，与其他游击队和主力部队亲密团结，密切配合，成为蒙汉民族团结抗日的典型。

青山埋忠骨

大青山抗日游击根据地是抗日战争时期中国共产党领导的 19 个抗日根据地之一，是晋绥抗日根据地的重要组成部分。创建大青山抗日游击队是中国共产党根据实际所做的高瞻远瞩的决定。

1931 年九一八事变后，内蒙古东部地区沦陷，成为伪满洲国的一部分；1937 年七七事变以后，日本侵略军沿平绥铁路向内蒙古西部地区发动大规模的军事进攻，内蒙古西部大部分地区很快变成了日本的殖民地。内蒙古地区跨中国东北、华北、西北，又与蒙古人民共和国及苏联接壤，在国防上具有极其重要的地位。

● 党中央、毛泽东关于开辟大青山抗日游击根据地的文电

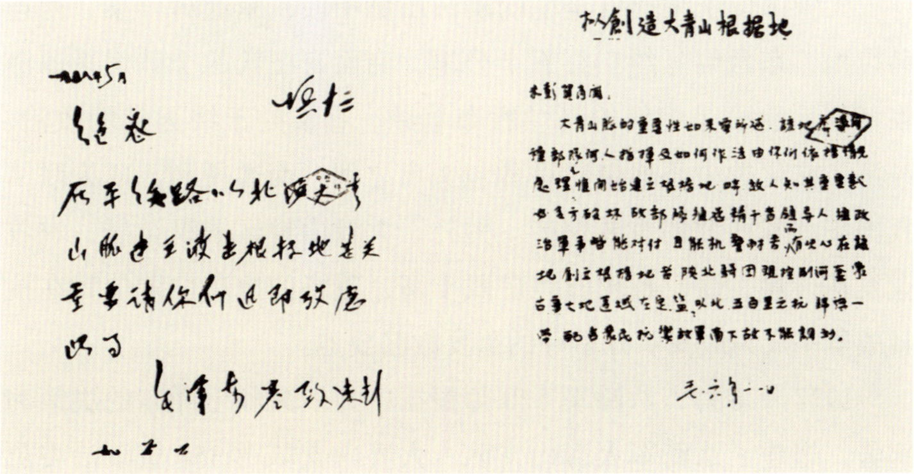
創造大青山根據地

大青山脈的重要性如來電所述

内蒙古又是蒙古民族聚居的地区，争取与团结蒙古族各阶层共同抗日，具有更加特殊的意义。

●1938年，八路军120师大青山支队挺进大青山，开辟抗日游击根据地

全面抗战爆发后，中国共产党根据国内形势的变化，提出了党在内蒙古地区及蒙古族中展开革命工作的方针和政策，号召和动员内蒙古地区蒙汉各族人民团结起来，共同抗日。

1938 年春，在侵华日军集中兵力进攻徐州、武汉的形势下，中共中央决定八路军各师实行大幅度分兵，向华北敌占区挺进，建立抗日根据地，开展敌后游击战争。根据这一战略需要，同时也为了团结蒙古民族共同抗日，毛泽东等中共中央做出了在内蒙古西部地区创建大青山抗日根据地的决策。

大青山位于绥远省全境的阴山山脉中段，东起辉腾梁，西连乌拉山，东西绵延约三百五十公里，南面有肥沃的土默川平原濒临黄河，北面是广阔的乌兰察布草原。它又处于绥远省的政治、经济、文化的中心地带归绥和包头市之间，交通便利，成为联结我国华北和西北的重要纽带。另外，大青山地区蒙汉杂居，农牧业发达，煤、铁、石灰石等矿藏丰富，独特的地理位置使其在抗日战争中成为敌我双方争夺的重要战略要地。

1938 年 6 月，八路军 120 师根据中共中央和毛泽东的决策和部署，组建了八路军大青山支队。大青山支队由 358 旅政治委员李井泉任支队长兼政委，支队参谋长、政治部主任分别由姚喆、彭德大担任。支队组成以后，在山西五寨举行了挺进大青山誓师大会。会后支队从五寨出发进至平鲁、左云、右玉、怀仁、大同及长城沿线地区，他们发动群众，开展游击战，积极做好挺进大青山的准备。与此同时，晋察绥边区工作委员会和战动总会抗日游击第四支队（简称四支队），也决定跟随八路军大青山支队挺进绥远，参与大青山抗日游击根据地的创建工作。

1938 年 7 月，八路军总司令朱德发出了进军大青山的命令。随后，八路军大青山支队、总动委会及第四支队两千三百余人，开始向大青山进军。由于日伪军堵截围攻，主力部队经过两次北上终于在 9 月初进入大青山腹地大滩一带。10 月初，担任掩护任务的大青山支队 1 营胜利越过平绥路，与主力部队会合于速勒图。至此，大青山支队及总动委会、四支队胜利完成了挺进大青山的任务。不久，他们与杨植霖等领导的蒙汉抗日游击队胜利会合。

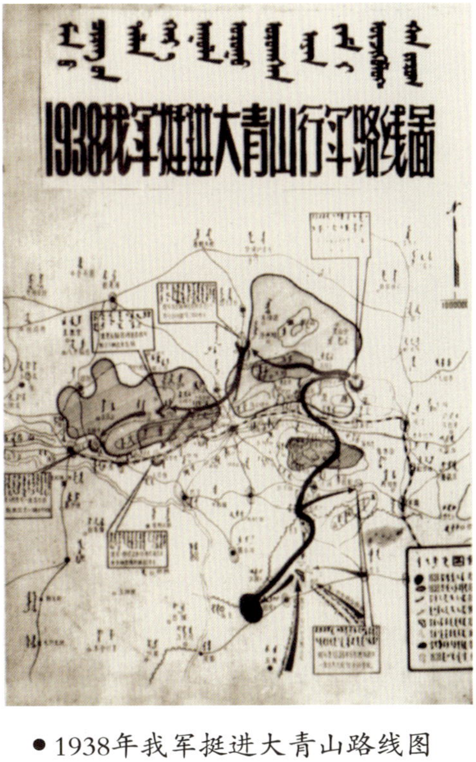

● 1938年我军挺进大青山路线图

大青山支队挺进大青山时，整个绥远敌占区处于日伪蹂躏、兵匪横行、山河破碎、百姓遭殃的混乱局面。大青山支队挺进大青山，像一把尖刀直插伪蒙疆政权的心脏，在极其困难的环境下，逐步开辟了包括绥中、绥西、绥南三块游击区的大青山抗日

●1938年11月，八路军支队与蒙汉游击队在大青山面铺窑子胜利会合

游击根据地，大大推动了内蒙古敌后抗日游击战争的发展。

大青山支队首先进驻绥中大滩一带，通过夜袭陶林县城、突袭乌兰花镇、伏击归武公路上的敌人军用汽车等战斗，迅速打开了绥中抗日斗争的局面。随后大青山支队进入武川、萨拉齐、固阳三县交界处一带，开辟绥西游击区。他们在雨夜奇袭陶思浩火车站，歼敌一百多人，缴获了大量军用物资。接着他们又袭取了石拐镇，俘获伪军三百余人，毙伤百余人。如此，大青山支队很快也打开了绥西游击区的局面。

八路军在绥南地区的斗争工作开展较早，但真正开辟绥南游击区还是在 1938 年 10 月大青山支队派邹凤山等人率领的部队重返绥南蛮汉山后开始的。邹凤山等人率领的部队在蛮汉山打击了三股土匪势力，保证了晋西北和大青山之间的交通联络，从而开辟了绥南游击区，并很快组织起了骑兵。这是大青山支队组织骑兵的开始，也是开辟绥南游击区的特点之一。

至 1938 年 12 月，东起辉腾梁，西到包头、固阳，南到黄河、

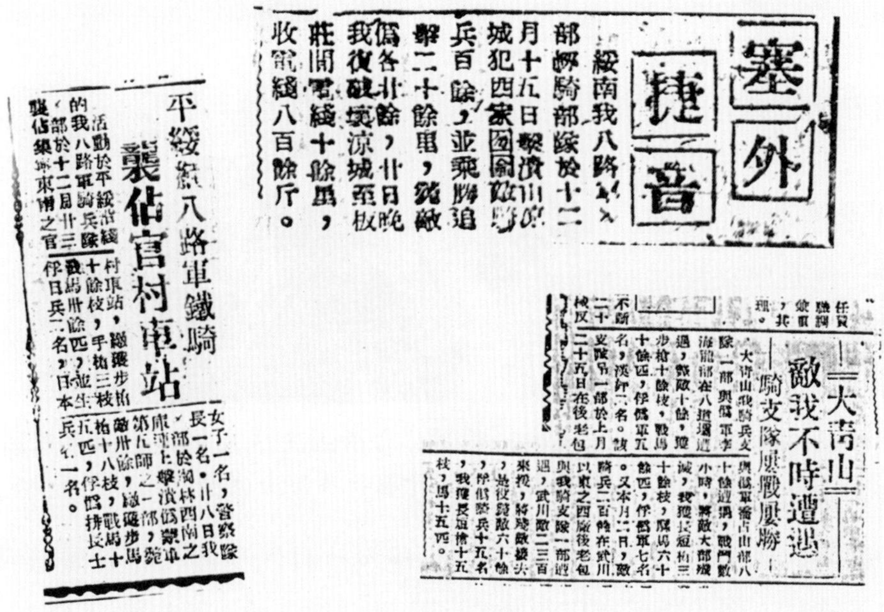

塞外捷音

綏南我八路軍[illegible]部騎部隊於十二月十五日襲擊[illegible]城犯西家園[illegible]兵百餘，並乘勝追擊二十餘里，殲敵偽各卅餘，卅日晚我復破壞涼城至板莊間電綫十餘里，收電綫八百餘斤。

平綏綫八路軍鐵騎 襲佔官村車站

大青山 敵我不時遭遇 騎支隊屢戰屢勝

●《抗战日报》对大青山支队战斗消息的报道

长城，北到四子王旗的绥中、绥西、绥南三块游击区初步建成。此后，大青山抗日游击根据地继续得到巩固和发展，逐步和晋西北根据地连成一片，成为晋绥边区抗日根据地。

日本侵略者对建立不久的大青山抗日游击根据地惊恐不已，集结了日伪军约七千人从大同、丰镇、集宁、归绥、包头一起出动，兵分三路向抗日游击根据地发动冬季大“扫荡”，妄图一举摧毁刚刚建立的大青山抗日游击根据地。在抗日游击根据地军民的奋力抵抗下，敌人的“扫荡”被粉碎。与此同时，八路军大青山支队分别在绥中、绥西、绥南三个游击区进行了剿匪，基本上肃清了当时为群众所痛恨的匪患，进一步巩固了大青山抗日游击根据地。

从 1939 年开始，大青山抗日游击根据地进入了全面发展时期。根据中共中央《关于绥蒙工作的决定》，1939 年 3 月，中共绥远省委成立，白如冰任书记兼蒙民部长，李井泉兼军事部长，武新宇任宣传部长，白成铭任组织部长。随着革命形势的发展，党的领导机关虽然有过多次变动，但是中共绥远省委和历届党的领导机构，都能够按照中共中央对绥远敌占区工作的方针和部署，大力发展抗日武装力量，建设抗日民主政权，开展城乡地下抗日工作。他们在归绥成立了中共归绥工委，秘密组织了“绥蒙各界抗日救国会”等抗日团体，体现了绥远敌占区抗日游击战争具有广泛的地方性与群众性。

●1939年夏，大青山支队改编为晋西北军区大青山支队，开展骑兵游击战争

大青山抗日游击根据地建立以后，武装斗争依然是坚持和发展游击战争的主要形式。为了发展大青山抗日游击战争，八路军大青山支队开始组建骑兵。在较短的时间里，便建立了一支英勇的八路军骑兵。他们驰骋在阴山南北，成为开展游击战争的骨干力量。大青山骑兵支队自组建以来，经历了敌强我弱、供给不足的艰难困苦，坚持和发展了抗日游击战争，粉碎了敌人一次又一次的“扫荡”，积累了开展敌后骑兵游击战争的丰富经验。

与此同时，大青山抗日游击队还进行了“反顽”斗争。1939年，国民党顽固派发动了抗日战争时期的第一次反共高潮，在大青山地区展开日益猖狂的反共活动，严重破坏了游击队的建设和发展。根据中共中央指示，大青山抗日游击队进行了反击国民党顽固派的斗争。在斗争中，许多战士光荣牺牲，大青山骑兵支队政治部主任彭德大同志也献出了自己宝贵的生命。但是中国共产党领导的反顽斗争打击和孤立了顽固势力，加强和扩大了抗日民族统一战线，为创建和发展抗日民主政权创造了有利条件，促进了大青山抗日游击队的发展。

●活跃在大青山上的骑兵支队

总动委会与八路军大青山支队挺进绥远敌占区以后，进行了广泛的抗日动员工作和动委会组织建设工作。从 1938 年 9 月到 1939 年初，各级动委会组织陆续建立。动员物资、解决军需是动委会的中心工作之一。动委会还组织了农民、青年、工人、妇女、儿童、蒙古族民众等救国会群众团体以及若干游击队。同一时期，根据大青山抗日游击根据地斗争发展的需要，动委会向民主政权过渡，成立了一批县级抗日政权。

●八路军大青山骑兵支队司令员姚喆和进山送信的群众

1940 年 8 月，绥远敌占区各族各界各党派抗日力量代表会议在大青山游击根据地绥西武归县小西梁村召开。这次会议也称“绥察人民代表会议”，通称“西梁会议”。此次会

● 动委会晋察绥边区工作团北征纪念

议根据中共中央北方局指示，成立了绥察行政办事处，推举姚喆为主任，杨植霖为副主任。会议还批准成立绥西、绥中、绥南三个专员公署和萨拉齐等九个抗日民主县政府，正式取消了动委会。从此，大青山抗日游击根据地的政权建设由动委会完全过渡到了抗日民主政权阶段，这也是大青山抗日游击战争胜利发展和抗日游击根据地建成的重要标志。

1941 至 1942 年，日本侵略者在伪蒙疆区域，尤其是在大青山地区连续推行了多次“施政跃进”运动，这使得中共在大青山地区的斗争陷入了极其困难的境地。从 1942 年 7 月开始，日军对大青山绥中游击区进行了“铁壁合围”式的袭击，妄图一举歼灭绥中游击队。面对数倍于我军的敌人，绥中抗日政权和游击队按照晋绥军区指示，通过与敌人周密周旋，转移和保存了有生力量，

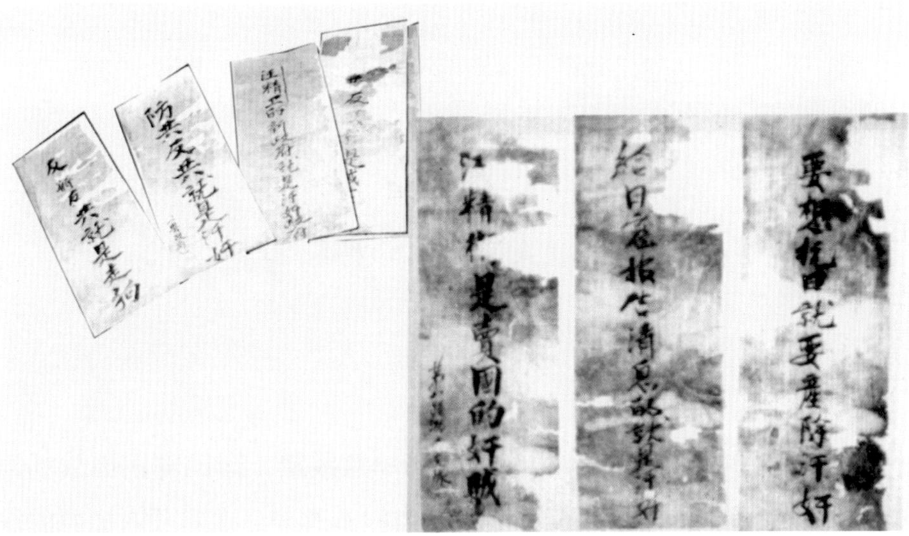

● 大青山根据地的抗日标语

挫败了敌人的计划。在绥南地区，敌人集中数千人的兵力进行了大规模的“扫荡”。绥南地区军政领导机关和骑兵主力采取隐蔽斗争方式，与群众打成一片，继续坚持绥南斗争。同时，为了保存实力，其领导机关和主力部队向雁北和晋西北方向转移。日寇在绥中、绥南的“扫荡”计划破灭后，于1942年10月又对绥西地区展开“梳篦式清剿”。绥西领导机关和骑兵3团在姚喆等人的率领下与敌人战斗6次,并加紧对队伍的分散转移。在苦战一个月后，敌人败退，绥西部队和游击队又返回原地，继续坚持斗争。

在领导机关和骑兵主力转移、敌我力量悬殊、环境十分险恶的情况下，中国共产党领导的大青山抗日游击根据地各民族军民坚持着英勇卓绝的斗争，与日军、日伪军、汉奸、特务进行着顽强的拼搏。在抗日游击战争中，大青山地区的蒙汉及各族人民表现出了高度的爱国主义精神，许多蒙汉等各民族英雄儿女把鲜血洒在了大青山地区，为抗战事业献出了自己宝贵的生命。巍巍青山永远不会忘记他们！

蒙古族青年奔赴延安

1937 年的蒙古高原被日寇的铁蹄肆意践踏，国民党正面战场的抗战虽然取得了不小的成就，但也无力根本改变日寇对蒙古高原的蚕食。于此时，中国共产党适时地发出《关于蒙古工作的指示信》，提出在日寇将大举进攻内蒙古西部地区的背景下，要号召绥蒙人民动员起来阻止日寇的进攻，强调内蒙古工作的地方党组织和工作人员要把蒙古民族的抗日运动作为头等重要的任务和一切工作的中心，认为蒙汉联合抗日是目前绥蒙工作的最高原则。其后，中国共产党陕甘宁边区党委一方面成立绥蒙工作委员会，负责组成广泛的抗日民族统一战线，一方面派遣警备骑兵团进入伊盟中心地区，负

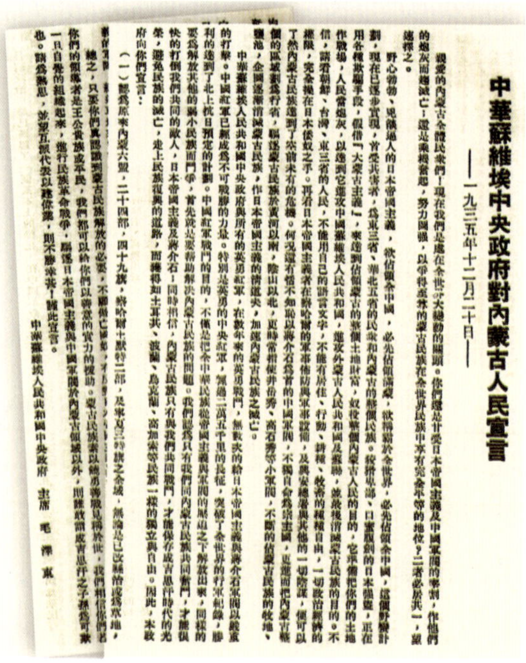

中華蘇維埃中央政府對內蒙古人民宣言

——一九三五年十二月二十日——

親愛的內蒙古全體民衆們！現在我們是處在全世界大變動的關頭。你們還是甘受日本帝國主義及中國軍閥的宰割，作他們的炮灰而趨滅亡？還是乘機奮起，努力圖強，以爭得並恢復內蒙古民族在全世界民族中享有完全平等的地位？二者必居其一，願速擇之。

野心勃勃、兇橫殘暴的日本帝國主義，欲佔領全中國，必先佔領滿蒙，欲稱霸於全世界，必先佔領全中國，這個野蠻計劃，現在已逐步實現，曾受其害者，爲東三省、華北五省的民衆和內蒙古的整個民族。狡猾卑鄙、口蜜腹劍的日本強盜，正在用各種欺騙手段，假借「大蒙古主義」，來達到佔領蒙古的整個土地財富，奴役整個內蒙古人民的目的，它準備把你們的土地作戰場，人民當炮灰，以達到它進攻中國蘇維埃人民共和國，進攻外蒙古人民共和國及蘇聯，並最後消滅蒙古民族的目的。不信，請看朝鮮、台灣、東三省的人民，不能用自己的語言文字，不能有居住、行動、耕種、牧畜的種種自由，一切政治經濟的權限，完全操在日本倭奴之手。再看日本帝國主義者在察哈爾的軍事佈防與軍事設備，及興安總署與其他的一切陰謀，便可以了然內蒙古民族遭到了空前未有的危機。何況還有恬不知恥以蔣介石爲首的中國軍閥，不獨自命爲宗主國，更進而把內蒙古整個的區域劃爲行省，驅逐蒙古民族於黃河以南，陰山以北，更時常指使井岳秀、高石秀等小軍閥，不斷的佔蒙古民族的牧地、鹽池，企圖逐漸消滅蒙古民族，作日本帝國主義的清道夫，加速內蒙古民族之滅亡。

中華蘇維埃人民共和國中央政府 主席 毛澤東

●1935年12月，中华苏维埃中央政府主席毛泽东发表《对内蒙古人民宣言》

责领导抗日斗争。

为了建立更广泛的抗日民族统一战线，中共绥蒙工作委员会编印了《绥蒙抗战报》，用蒙汉两种文字大量印发《对内蒙古人民宣言》，积极宣传抗日思想。此外，中国共产党还进一步明确和完善自身的民族抗日理论，在 1938 年 10 月召开的六届六中扩大全会上，全面地阐述了民族工作的总方针和基本政策。同年 11 月 24 日，毛泽东等党的领导人进一步提出团结蒙汉人民联合抗日的方针，并指出，为了服务于党的这一方针，要教育党的军队充分尊重蒙古民族的风俗习惯、宗教信仰，不得侵犯蒙古民众的利益；同时要充分吸收蒙古族知识分子抗日，努力培养蒙古民族干部。可以看出，在党的抗日民族统一战线理论当中，蒙古民族干部的培养是非常重要的一环。在这样的大背景下，从 1939 年初开始，在党的引导和指示下，一批蒙古族青年冲破日伪封锁线，奔赴革命圣地延安学习革命理论。

动员和组织这些蒙古族青年赴延安学习的工作主要由大青山抗日根据地党组织领导，中国共产党土默特旗工委负责，土默特旗工委负责人贾力更、奎璧、李森、高凤英、勇夫（云尚义）等人参与了具体工作。土默特旗工委前后共组织了大约九批共有一百多名蒙古族青年赴延安学习。

这些蒙古族青年基本上都在出发前接受了党的革命抗日启蒙，表达了追求新生活的愿望。第一批奔赴延安的蒙古族进步青年云世英的回忆文章《渡水登山赴延安》中就生动地记载了其与本家侄子云生格的对话，表达了现实的黑暗以及追求光明的愿望：“1938 年的夏天，我和村里的蒙汉族乡亲一样，已经在日本鬼子的铁蹄下挣扎一年了，那年我仅仅十四岁，加之父母亲双亡，日子已经到了过不下去的程度。一天，年龄比我大的本家侄子云生格来到我家，很神秘地说：‘你想不想离开这憋气的地方？’‘想！可是天下乌鸦一般黑，走到哪还不

是照样受鬼子的气？’‘有不受鬼子气的地方，就看你愿不愿去。’‘哪儿？’‘延安！’云生格很严肃地对我说，‘延安是抗日民主根据地，是共产党领导的。’我知道云生格的姐夫是共产党的干部，他又经常往塔布子村姐姐家跑，所以断定他讲的是可信的，于是急切地问：‘什么时候去？’‘想去就等我的信儿吧。’”

在当时还有一个广为流传的土默特工委负责人贾力更启发、劝导进步蒙古族青年赵维新追求光明、奔赴延安的故事。《贾力更事略》编写组编订的《青山喋血》中记载道：“贾力更对穷苦的蒙古族子弟尤为关心，注意培养和输送这些青年去延安学习。长年给地主打短工的赵维新，是个很有正义感的青年。贾力更每次到巴独户村，总要找他谈心，启发他的阶级觉悟。有一次，贾力更问他天下为什么有穷人和富人，赵维新天真地说：‘富人有钱是命好，

• 蒙古青年奔赴延安

穷人受穷是命不好。’贾力更摇摇头说：‘富贵在天的说法完全是地主老财骗人的鬼话。’并解释道：天下的穷人是一个阶级，受老财剥削，老财们是另一个阶级，专门喝穷人的血汗，穷人成年劳动，

缺吃少穿，全是地主老财剥削的结果。赵维新问：‘那该咋办呢？’贾力更说：‘在共产党领导下，穷苦人团结起来推倒富人的统治！’从此，这个朴实的蒙古族青年，在贾力更的指引下奔赴延安，坚定地走上了革命的道路。”

在奔赴延安的路途中，这些蒙古族青年受到了国民党军警等反动势力的围追堵截、威逼利诱。最终在共产党党员干部的精心护送下，他们通过了种种考验，坚定了信念，人们称他们为“不穿军装的八路军”。他们大部分都顺利到达了革命圣地延安。

为了迎接蒙古族青年的到来，党中央决定在延安恢复陕北公学，重新招生，李维汉任校长兼党组书记，胡松为教务处长。1941 年，根据教学实际发展需要，陕北公学与女子大学等合并成立延安大学。同时，为了更加集中力量培养少数民族革命人才，在原陕北公学民族部的基础上，扩建成延安民族学院，这是中国共产党创办的第一所民族学院。新建立的延安民族学院受中共中央西北局领导，西北局书记高岗兼任院长，高克林任副院长，刘景平任党总支书记。院部设教育处、民族问题研究部，云泽（乌兰夫）任教育处长，刘春任研究部主任。

抵达延安后，这些蒙古族进步青年受到了各级党和政府的热情

● 延安民族学院旧址

欢迎和特别照顾，毛泽东主席、朱德总司令等都看望了他们。西北工委与陕北公学还根据这些蒙古族青年文化底子薄，生活习惯、民族风俗也与汉族学员不同的具体情况，将他们调整出原来蒙、汉混编的五十七队，单独编成五十五队（又称蒙古族青年队），进行单独教学和生活管理。许多蒙古族青年都把单独编队视作党中央对他们的特殊关怀。

初来延安，这些追求进步的蒙古族青年深深地被眼前的新气象震撼了。云世英同志是这样描述的："到了延安，宝塔山、延河水和山坡上那一排排的窑洞都像是在和我们招手、欢歌，表示欢迎，我们看到这些都感到新奇、亲切，心里热乎乎的。我们观察着街上的行人，男的女的都穿着一色的粗布衣，匆匆来去，似乎都在紧张地学习、工作。人们都显得安详、充实，亲切、热情。"

在对延安的环境进行短暂的熟悉之后，他们很快就投入到了紧张的学习中。根据蒙古族青年队的思想和文化特点，课程设置主要确定了以文化课和政治课为主的内容。学员们还按文化程度高低分三个班进行上课，主要学习汉文识读，老师也在讲课的过程中教授一些自然、社会知识和革命道理。政治课主要坚持理论联系实际的原则，尽量把抗战的实际、学员的思想与具体政治理论联系起来，以社会发展史、抗日战争的形势、抗日民族统一战线和根据地建设等作为主要内容，目的是使学员掌握文化知识的同时，也了解更多革命道理，从而树立革命的人生观和世界观。除了基本的文化课和政治课外，学员还参加学校不定期举行的面向全校师生的时事政治报告，除学校领导和老师做报告外，毛泽东、张闻天、任弼时、陈云、李富春、王若飞等中央领导人都做过报告，他们为学员们讲述国内外形势和马克思列宁主义的基本理论等。这些都进一步提高了蒙古族青年队的文化水平、政治觉悟和革命必胜的信心。学校还根据学员毕业后实际斗争的需要开设了党建和游击战术等课程。

● 学员们进行军事训练

蒙古族青年队在延安基本上是半工半读。特别是在1940秋，国民党背信弃义重提“攘外必先安内”的反动口号，进一步加强对边区的封锁、对革命根据地的狂轰滥炸，延安也遭到了较大的破坏。蒙古族青年队积极响应党中央“自己动手，丰衣足食”的号召，积极、主动地开荒种地，挖窑砍柴，这既强健了体魄，支援了边区建设，更锻炼了艰苦奋斗的意志。蒙古族青年队经过不懈努力，无论是劳动生产，还是文化学习，都受到了党中央和学校领导的肯定和表彰，还曾被评为学校的先进集体。

在经过延安革命烈火的淬炼之后，这些蒙古族青年无论是在文化、体魄、意志、思想觉悟上都得到了很大提高。在接受了一段时间的革命培养教育之后，蒙古族革命青年们纷纷走上了抗日前线，或者走上边区根据地的各种岗位，直接参与到民族抗日战争中来。

较早离开延安的蒙古族青年有奇俊山、李振华、巴增秀、云曙碧、云清等。他们都在各自的岗位上做出了突出的贡献，经受了严峻革命形势的考验。如李振华在 1940 年奉派到绥东平地泉（今集宁）地区从事地下工作。1941 年 10 月，李振华在陶林县活动时不幸被捕。日寇对他严刑拷打，灌辣椒水，坐老虎凳，但李振华始终守口如瓶，坚贞不屈。在日寇的倍加摧残下，他奄奄一息，患上了严重的伤寒病，敌人因怕被传染，把他丢弃在荒野，后被老乡救起。还如巴增秀，1941 年奉组织派遣返回大青山抗日根据地，化名李丹，担任武归县政府建设科科员一职。作为县政府里唯一的女同志，与男同志一样钻山洞、吃炒面，从不叫苦。1942 年春的一个晚上，有孕在身的巴增秀在一次躲避敌人“扫荡”过程中，在向山上转移的崎岖山路上不幸早产，虽经军医的全力抢救，但终因失血过多而牺牲。

1942 年之后，还有许多在延安学习的蒙古族青年陆续返回绥蒙地区工作，在各自岗位上做出了突出贡献。1942 年，李自勉、云贵生、云林秀、金玉等人也陆续结束在延安的学习，奉派到“三边”（陕北和伊克昭盟交界的安边、定边、靖边三个边堡）开辟工作。李自勉和金玉主要在当地蒙古工委领导下从事乌审旗等地的蒙古族上层工作。云林秀、云贵生被分配在八路军驻军警备三旅，云林秀成为政工干部，云贵生当了炮兵。1943 年春，云祥生、赵诚也来到三边专区领导机关所在地定边工作，主要负责在蒙古族上层人士和有志青年中宣传和建立抗日民族统一战线的工作。伊盟事变后，云祥生被调到新组建的三边骑兵大队任大队秘书。1944 年，又有云北峰、李景山、云照

● 延安民族学院的学员在打窑洞

光、李世昌等结束了在延安的学习，奉派到三边工作。云北峰和云照光被分配到母肯（凯）淖（今名木凯淖尔，鄂托克境内）从事地下工委工作，李世昌到三段地担任秘书，后升任工委组织部长。云照光不久也调到三段地委，负责国统区的地下工作。李景山被分配到三边工委直属大队任指导员。1945年，绥蒙区委、绥蒙政府和绥蒙军区成立。当年春天，绥蒙政府主席乌兰夫从在边区工作和学习的原绥远蒙汉各族干部、学员中抽调了几十人，集中到延安组成绥蒙干部大队，其中的蒙古族青年有李文精、朱玉珊、云世英、李新民、李自勉、云林秀、云志厚、寒峰、成少江、锐军、塔拉等。之后，绥蒙干部大队在偏关经过一段时间的整训后，与当地干部组成100人的队伍，挺近大青山区，然后分赴绥中、绥西、绥南等各区的党政军工作岗位，兢兢业业地开展各项工作，深入参与了对日寇的大反攻，终于迎来了日寇1945年的无条件投降。

在党的组织和号召下，这批追求进步的蒙古族青年满怀热血，奔向了革命圣地延安。在延安艰苦的革命条件下，他们提高了自身的文化素养，提高了政治觉悟，坚定了意志，义无反顾地走上了抗日的最前线，奉献了青春，抛洒了热血，最终迎来了中华民族抗日战争的胜利。

第九章

梦想成真

抗战胜利后，在复杂多变的国际国内形势下，中国共产党把握大局，把内蒙古各种民族运动引导到民族区域自治的正确轨道，建立了第一个少数民族自治区。随着解放战争的胜利推进，内蒙古实现了全境的解放，取得了民族民主革命的胜利。

把握大局 因势利导

日本侵略者投降后，政治风云变幻，局势扑朔迷离。一方面人心思变，蒙古民族渴求解放和民族自治如大旱望云霓；另一方面受各种因素影响，“内外蒙合并”或“独立”的思潮日盛。关键时刻，中国共产党因势利导，耐心工作，调动一切积极因素，为蒙古族人士指出了一条光明之路。

1945年8月，曾经在日伪统治下从事地下工作的蒙古族革命者哈丰阿、特木尔巴根、阿思根等人联合反日起义官兵，组成了“内

•1945年8月，内蒙古人民欢庆抗战胜利

蒙古人民解放委员会”。18 日，在苏联驻军的支持下，哈丰阿等人以内蒙古人民革命党东蒙党部的名义发表了《内蒙古人民解放宣言》。散布在各盟旗和东三省的大批蒙古族青年知识分子纷纷汇聚到王爷庙，成为自治运动的骨干力量。一些曾在伪满兴安省任职的官吏也参与其中。《宣言》提出了恢复内蒙古人民革命党、建立内蒙古解放军，驱逐日寇、铲除封建势力、民族平等、公平彻底解决蒙汉民族问题等主张，同日还向蒙古人民共和国领导人提出“内外蒙合并”的要求。

8 月下旬，内蒙古人民革命党东蒙党部正式组建。针对国民党在内蒙古东部地区以“接收”名义进行的各种活动，东蒙党部在给各地下达的指令中要求，严格限制国民党在各盟旗的活动，禁止建立国民党党部，强调“要深刻认识国民党的活动，不陷其阴谋诡计”,“使国民党不致蔓延到我们内蒙古来”;同时，还指出，“完成中国革命使命的是中国共产党，实际帮助内蒙古的也是共产党”，要求各地党支部与中国共产党人“尽力取得紧密联系，取得他们的帮助”。

从 9 月下旬开始，内蒙古人民革命党东蒙党部陆续动员、组织蒙古族各界群众进行了以“内外蒙合并”为名义的签名运动。10 月，博彦满都、哈丰阿、特木尔巴根、阿思根等十余人组成“东蒙古人民代表团”前往蒙古人民共和国，提出“内外蒙合并”的请求。蒙古人民党政领导人拒绝了代表团的请求，提出在中国共产党的帮助、领导下解决内蒙古民族问题的建议。

1945 年 11 月，东北各界人民代表会议在沈阳召开，东蒙古方面派出代表团参加了会议。中共中央东北局林枫、吕正操等人接见了代表团。林枫等在谈话中重申了中国共产党支持蒙古族及其他少数民族人民争取民族权利、实行民族自治的立场，同时指出，内蒙古人民当务之急，是在维护国家统一的前提下争取民族解放，建议尽快与在内蒙古西部开展工作的乌兰夫取得联系，共同开展自治运动。

赴蒙古人民共和国的“东蒙古人民代表团”返回后，“内外蒙合并”的宣传及签名活动逐渐停止了下来。民族运动的领导人又决定开展东蒙古自治运动，统一内蒙古各盟旗，组建自治政府。

1946 年 1 月 16 日，东蒙古人民代表会议在兴安盟葛根庙召开。内蒙古东部 36 个旗的代表参加了会议。会议通过了《东蒙古人民自治政府树立宣言》，宣布东蒙古人民自治政府正式成立，“实行高度的民族自治”，组建东蒙古人民自治军，同时，变更了原行政建制，将各盟改称为省，任命了各省省长。

东蒙古人民代表会议召开期间，中共中央东北局、西满分局、东北人民政府均致电表示祝贺。中共党员也受邀参加了会议，并在会议上阐述了中国共产党的民族政策和统一战线政策，受到大多数与会代表的热烈欢迎。

●东蒙古人民自治政府暂行流通券（蒙币，1946）

东蒙古自治运动的兴起和东蒙古人民自治政府提出的一些民族民主革命主张，在一定程度上反映了蒙古族人民渴望摆脱民族压迫、争取民族解放和管理本民族事务的意愿。其采取的措施对于稳定战后东蒙古地区的动荡局势、打击土匪和地方反动武装、抵制国民党反动势力的渗透、推动地区经济文化事业的恢复和发展起到了积极作用，也为中国共产党开展工作、创建东蒙古根据地创造了有利条件。

1945 年 8 月上旬以后，呼伦贝尔地区的日军基本全部被歼。在苏军和蒙军的影响下，呼伦贝尔地区的民族自治运动和东蒙古地区几乎同时开始。

1945 年 8 月 23 日，当地的部分蒙古族、达斡尔族上层人士组成以善吉密图普等 7 人为成员的呼伦贝尔代表团前往乌兰巴托，要求呼伦贝尔与蒙古人民共和国合并。在合并的要求被拒绝后，9 月下旬，呼伦贝尔代表团召集各界人士举行会议，决定发动民族自治运动，并得到苏军驻海拉尔城防司令部指挥官和蒙古人民共和国驻军代表的同意和支持。10 月 8 日，呼伦贝尔自治省政府成立大会在海拉尔举行，宣布以海拉尔为中心，实行“高度的民族自治”。自治省管辖区域为新巴尔虎左、右两旗，陈巴尔虎旗，额尔古纳左、右两旗和海拉尔市、满洲里市。

关于自治运动的发展方向及领导权问题，呼伦贝尔省内部存在严重的分歧和尖锐的冲突。11 月，呼伦贝尔自治省政府派代表赴长春，试图取得国民党当局对呼伦贝尔实行民族自治的承认。在遭到严厉指责和拒绝后，他们转而前往哈尔滨与中共中央东北局、东北行政委员会取得了联系。

1946 年 3 月，呼伦贝尔自治省政府改称为“呼伦贝尔临时地方自治政府”，自治政府代表向中共东北行政委员会呈递了“请愿书”，要求其批准呼伦贝尔地区实行地方自治。自治政府代表受到了中共中央东北局书记彭真的接见，双方并就自治问题进行了商谈。4 月 11 日，中共东北行政委员会批准呼伦贝尔地区维持现状。

呼伦贝尔自治省成立后，对辖区内国民党势力的活动进行了抵制。1945 年 10 月，国民党黑龙江省党部派出蒙旗特派员李宗周等人到海拉尔，欲召集会议、扩大影响，企图在海拉尔公开建立国民党党部。自治省领导人得知这一情况后，立即约见李宗周，严令禁止其活动，并限期令其离境。国民党在海拉尔等地的活动被迫转入秘密状态。

与东蒙、呼伦贝尔地区不同，伪蒙疆政权瓦解后，其高级官员图谋实现“内蒙古独立”。在苏蒙驻军中某些人的支持下，以补英达赉为首的原伪政权部分高、中级官员联合其他人员打出“民族解放”的旗号,成立了“内蒙古人民委员会”。提出“内外蒙合并”的要求被拒绝后，内蒙古人民委员会开始酝酿“内蒙古独立”，决定将独立政体定名为“内蒙古人民共和国临时政府”，将之前计划召开的“内蒙古人民代表大会”改为“内蒙古各盟旗人民代表大会”。

9 月 9 日，内蒙古各盟旗人民代表大会在苏尼特右旗原伪蒙古军幼年学校礼堂召开。锡林郭勒盟、察哈尔盟、乌兰察布盟部分旗代表和在德王府的各类人员共八十多人参加。会议讨论通过了《内蒙古独立宣言》和《内蒙古人民共和国临时宪法》，选举出了内蒙古人民共和国临时政府委员、临时政府主席和副主席，设立了政府职能部门。为了得到苏、蒙两国政府的承认和援助，临时政府还派出代表前往蒙古人民共和国。同时，还派人到不明真相的牧区蒙古族群众中宣传“独立”的主张，大造分裂祖国的舆论。

在前往蒙古人民共和国的代表团启程不久，临时政府又派出代表到张北，与中共晋察冀中央局和八路军晋察冀军区取得联系，探询中国共产党对“内蒙古独立”的态度，试图求得承认与支持。

中共晋察冀中央局在初步了解情况后，认识到斗争形势的复杂性、紧迫性，按照党中央的指示，决定派乌兰夫去解决问题。

事不宜迟，10月上旬，乌兰夫带着中共中央的指示，率奎璧、克力更等蒙汉族干部及其他蒙古族青年前往苏尼特右旗德王府，和对手进行了一场没有硝烟的战争。面对对手的“趾高气扬”和冷眼相待，他们沉着冷静；面对对方的不知悔改，他们进行了针锋相对的斗争；面对对方的犹豫，他们及时打消了对方的顾虑。耐心细致、有理有据的谈话，高屋建瓴、丝丝入扣的分析，让临时政府中上上下下人员既了解了中国共产党的民族政策，也认识到自己一意孤行的后果。乌兰夫抓住机会，提出了改组临时政府，这一建议得到大多数青年知识分子的支持和部分上层人士的接受。

10月下旬，聚集在苏尼特右旗的各方面人士召开了代表会议，举行了临时政府成员的改选。乌兰夫以最高票数当选为临时政府主席兼军事部长，奎璧任内政部长，克力更任经济部长，补英达赉也保住了委员职务。

内蒙古人民共和国临时政府改组后，乌兰夫提出，因当地交通不便，粮食燃料供给困难，建议将临时政府机构迁往张北。11月，临时政府机构、人员陆续迁往张北，并停止了以政府名义颁发布告或与各盟旗的联络。至此，内蒙古人民共和国临时政府已告解体。

蓬勃兴起的蒙古族青年运动

1945 年 8 月，在内蒙古人民解放委员会的感召下，散布在东北各地的大批蒙古族学生纷纷赶赴王爷庙，在不到一个月的时间内，王爷庙地区已聚集了千余名蒙古族青年，并形成了较大的规模和声势。

9 月，王爷庙起义官兵等开始筹备成立统一的蒙古族青年组织，经蹉商，决定组成内蒙古人民革命青年团，接受内蒙古人民革命党的领导，协助内蒙古人民革命党开展工作。

10 月 5 日，内蒙古人民革命青年团成立大会在王爷庙贾家店举行。第一批团员共三百余人参加了大会。会议通过并发表了《内蒙古人民革命青年团成立宣言》，讨论制定了团的纲领和章程。会议还做出决定，要求青年团员分别前往内蒙古东部各盟旗开辟工作，大力发展团员，建立团的基层组织，配合内蒙古人民革命党开展以“内外蒙合并”为内容的宣传及征集签名的活动。截至 1946 年上半年，内蒙古人民革命青年团组织在内蒙古东部各盟旗陆续建立起来，发展团员逾万人。

1945 年夏秋之交，兴安盟中部地区突发鼠疫，造成严重危害。内蒙古人民革命青年团成立后立即组织了防疫工作队，配合苏联驻军在隔离区内展开了预防、救治工作。经 3 个多月的努力，有效地控制了疫病的蔓延，大大减少了人员的死亡。

1945 年 10 月，青年团本部派出代表赴白城子，会见中共白城子地委负责人，和中共在发动群众、剿匪、建立地方政权等问题上达成了互相支援、共同行动的协议。之后，青年团在理论和实践上，越来越多地受到中共的主张和政策的影响。

1946 年初，青年团由初期以宣传为工作的重点迅速向掌握地方武装，建立旗、苏木 (乡) 政权的方向发展。在部分旗内组建了以青年团员为骨干的地方武装，在打击国民党"光复军"、清剿土匪的斗争中发挥了重要作用。中国共产党人对内蒙古人民革命青年团的活动给予了有力支持，部分蒙古族青年被陆续送往东北民主联军设在北安、齐齐哈尔的东北军政大学学习。

1946 年 4 月，内蒙古东西部的自治运动实现了统一。在新的形势下，内蒙古人民革命青年团于 5 月 29 日召开了第二届团员代表大会。6 月 1 日，颁布了重新修订的《内蒙古人民革命青年团团纲》和《团章》。《团纲》规定："本团以团结内蒙古广大青年，提高政治觉悟，成为民众之先锋，积极参加内蒙古之解放事业，为建设和平民主的、健全繁荣的新蒙古而奋斗。""在自治运动联合会领导之下，联系内蒙古各阶层，反对国民党反动派大汗 (汉) 族主义，肃清内部的封建及法西斯残余。""与中国各地的进步青年团体密切联系起来，共同建设新民主主义的新中国。"

1944 年夏组建于张家口的蒙古青年革命党是一个以反对日本帝国主义殖民统治、联合苏联、蒙古人民共和国争取民族自决为宗旨的秘密组织，发起人为德力格尔朝克图等，主要活动于张家口、归绥、苏尼特右旗等地，至 1945 年上半年，已发展党员十余名。

日本侵略者投降前，伪蒙古陆军幼年学校的部分师生在三名日本教官的胁迫下撤往张家口。途中，蒙古青年革命党骨干照日格图、拉希诺尔布等率众暴动，击毙了日军教官，之后返回苏尼特右旗，集体投向苏蒙联军。1945 年 8 月中旬，蒙古青年革命党主要负责人德力格尔朝克图等人与苏蒙联军驻苏尼特旗部队取得了联系，扣捕了两名日本特务，将其解送苏蒙联军野战司令部，得到了苏蒙联军驻苏尼特右旗部队负责人的承认和支持。此后，蒙古青年革命党立即公开了党的活动，号召蒙古族青年投身民族解放运动，提出了“内外蒙合并”的政治主张。不久，青年党又根据形势的变化，转而寻求“独立自治”的道路，积极参与了成立内蒙古人民共和国临时政府的活动。

1945 年 10 月，乌兰夫、奎璧等人到苏尼特右旗解决临时政府的问题时，经乌兰夫等人的劝说，蒙古青年革命党大部分成员在蒙古民族解放运动的方向问题上达成了共识，放弃了“内蒙古独立”的错误主张，转而拥护中国共产党的民族政策。同时，青年们还在改组临时政府的过程中发挥了重要的作用。临时政府迁往张北后，蒙古青年革命党自行解散，其大部分成员在张家口加入内蒙古自治运动联合会，积极投入到锡、察解放区民主建政和清算反霸的斗争中。

1945 年 10 月，原伪蒙古陆军军官学校的部分学生在孝顺嘎、金巴扎布等人的率领下，脱离国民党统治区，到察哈尔镶蓝旗与中共领导的绥蒙政府取得了联系。在绥蒙政府的支持下，他们与当地青年联合发起、组成了青年群众团体——蒙古青年联合会。蒙古青年联合会的宗旨：在中国共产党的帮助与领导下，动员各界蒙古族青年，为蒙古民族解放事业而斗争。蒙古青年联合会成立后，以集宁、卓资山为中心，在察哈尔右翼四旗农村、牧区和集镇的蒙古族群众中开展了积极的宣传活动，得到了各界群众的响应，产生了较大影响，不久即有三百余人参与了联合会的各项活动。内蒙古自治运动联合会成立后，蒙古青年联合会即投入自治运动，在当地开展组织、动员工作，推行内蒙古自治运动联合会的各项方针、政策。

1946 年 1 月，国民党军队向集宁、卓资山发起进攻，蒙古青年联合会会员分批向张家口转移，联合会组织即行撤销。之后大部分会员入内蒙古军政学院学习，结业后被陆续输送到内蒙古人民自卫军部队或旗、县政府，成为开展乌兰察布、察哈尔盟自治运动的骨干力量。

随着全国解放战争形势的发展，蒙古族青年运动在经历了曲折的发展过程后，最终汇入统一的蒙古民族解放运动的潮流中。解放区的蒙古族青年通过与八路军建立团结合作的关系，进而接受中国共产党的领导，逐步抛弃了运动初期曾积极吁求的“内外蒙合并”“独立自治”的主张，成为内蒙古自治运动的骨干力量。

乌兰夫与内蒙古自治运动联合会

国民政府统治时期的广大蒙古族人民渴望民族解放、民族统一和民族自治。一批蒙古民族的仁人志士曾为之奋起斗争，但都因为没有先进政党的领导和正确思想的指导而失败，甚至有一些抱有个人野心和政治目的人，打出各式各样的“独立”“自治”旗号，把蒙古民族引入了更加黑暗的深渊。维护国家统一、拯救中华各民族的责任，历史地落在中国共产党人的身上。

在党的民族政策理论的指导下，以乌兰夫为代表的优秀的蒙古族共产党员与党中央派往内蒙古工作的干部一起，带领广大劳苦大众，建立了内蒙古自治运动联合会，走出了党的民族区域自治理论伟大实践的关键第一步，对解决内蒙古的民族问题、实现了蒙古民族的解放意义巨大。

面对抗战胜利后内蒙古地区形形色色的民族运动，将蒙古民族运动引向正确发展的轨道、解决内蒙古的民族问题、推动内蒙古地区革命的发展，已成为中国共产党面临的刻不容缓的重大历史任务。

1945 年 11 月，晋察冀中央局根据乌兰夫的意见，提出成立内蒙古自治运动联合会，并强调将由乌兰夫负责此项工作，于 8 日和 9 日两次致电中央。中共中央复电，同意晋察冀中央局的意见，并对工作做出指示：“同意先建立内蒙古自治运动联合会，宣布纲领，发动广大蒙民，准备将来建立内蒙古自治政府。”“在各省区之蒙民可成立地方性质之自治政府，分别归绥、察、热省政府领导。各盟旗自治政府目前可进行以下工作，如颁布简明纲领，建立地方武装，提拔培养当地蒙古干部，检举蒙奸，举办有利蒙民的各种文化、经济及社会公益等建设事业。”“暂规定大的方针政策由中央决定，实际工作由晋察冀中央局及晋绥分局分别自行处理，而以乌兰夫同志和两个中央局联系，以筹划共同的行动方针及统一步骤。至于蒙古干部，应统一由乌兰夫分配。”

为了使即将成立的内蒙古自治运动联合会具有最广泛的代表性，乌兰夫等广泛接触了内蒙古人民共和国临时政府中的各方面人士，深入他们中间宣传中国共产党的民族政策，讲述和分析内蒙古地区的历史与现状，揭露了伪蒙疆高级官吏补英达赉、吉尔嘎朗所鼓吹的“内外蒙合并”和“内蒙古独立”的险恶用心，争取了广大蒙民的支持。在这期间虽然遭到苏蒙联军代表的反对，最后仍然通过了改组政府的决议，从而把内蒙古的自治运动引上了中国共产党领导的光明道路。

乌兰夫等为了把可以团结的蒙古族同胞最大限度地团结在自治运动联合会的旗帜下，还在蒙古族各阶层中做了深入细致的工作，不少在日伪时期效忠过敌人的人，也被争取了过来。

为了更为广泛地发动群众，1945 年 11 月 12 日，他向新华社晋察冀分社记者发表谈话。谈话着重讲了中国共产党对少数民族的政策和自治运动联合会的性质与任务，并指出自治运动联合会的最终目的是实现全内蒙古的自治，建立一个包括各个阶层的民主的、统一的地方政权。乌兰夫的谈话，极大地鼓舞了内蒙古人民的信心，预告了一场改变广大蒙古族同胞命运、改变内蒙古命运的革命风暴即将席卷北国大地。

11 月 23 日，晋察冀中央局提出《目前对内蒙古政策的几个要点》，指出内蒙古应在各盟旗建立包括各个阶层自治政权的基础上，在民族自决和民主平等的原则下，选举代表参加省政府和接受省政府的领导，并最终建立统一的内蒙古自治政府；目前要广泛发动群众，建立内蒙古自治运动联合会，并在其领导下，继续发动群众，建立和改造各盟旗政权，改善内蒙古人民福利，并在联合会的基础上建立内蒙古统一的自治政府；为了保证内蒙古统一的自治政府及其早期形态——内蒙古自治运动联合会各项活动的开展，应恢复建立和整编盟旗旧有保安队，充分发展民兵，训练军事干部，从而建立内蒙古人民自卫队。在中共晋察冀中央局的直接领导下，确立了乌兰夫的领导地位和内蒙古自治运动联合会的革命目标。

1945 年 11 月 6 日，内蒙古自治运动联合会筹委会在张家口成立。乌兰夫任主席，筹委会下设秘书处和总务处，具体负责召开大会的筹备事宜。筹委会成立后，在乌兰夫的领导下，立即投入到繁忙的工作中去。经过整整 20 天的紧张准备，联合会正式成立的准备工作均已就绪。

1945 年 11 月 26 日，张家口阳光灿烂。内蒙古自治运动联合会成立大会在张家口远来庄礼堂隆重开幕。远来庄礼堂布置得庄重而热烈，会场主席台上方悬挂着孙中山、毛泽东和蒙古革命领袖苏和巴图尔的画像，会场四周挂满了各盟旗和晋察冀解放区各机关、团体赠送的贺幛。

●1945年11月，内蒙古自治运动联合会在张家口隆重成立，图为大会会场

上午 10 时，代表着 200 万蒙古族同胞的 79 名代表面带笑容，怀着激动的心情步入会场。当乌兰夫等主

席团成员和刘澜涛、成仿吾、张苏等晋察冀边区及察哈尔省领导人走上主席台时，场内爆发出热烈的掌声。11时，大会在军乐的伴奏下正式开幕。代表们向革命领袖画像致敬，并向所有为民族解放事业献身的革命先烈默哀三分钟。乌兰夫主持了开幕大会，并代表大会主席团致开幕词。他说："内蒙古自治运动联合会的成立，在内蒙古历史上是一件具有伟大历史意义的政治事件。它标志着今天的内蒙古，在中国共产党的热忱援助之下，已经开始获得了解放，并且正在大踏步的向着全内蒙地方自治的方向迈进。""今天内蒙古民族只有在中国共产党的领导之下，在各民主党派、民主人士的赞助之下，才能求得彻底解放，才有其光明灿烂的前途。"

刘澜涛代表中国共产党晋察冀中央局和八路军晋察冀军区在大会上做了重要讲话。他追溯了蒙古民族遭受民族压迫和进行反抗斗争的历史，同时指出："内蒙古民族达到解放的唯一道路，只有与中国共产党八路军以及一切民主进步人士亲密合作，才能求得内蒙民族的真正自治和民族平等。""我们中国共产党和八路军愿以最大可能的力量来帮助内蒙古地区自治运动的成功。"成仿吾代表晋察冀边区参议会、张苏代表察哈尔省民主政府也发表了热情洋溢的讲话，并向大会致以热烈祝贺。

11月27日，乌兰夫向大会做了《内蒙古自治运动联合会目前工作方针的意见案》的报告。他在报告中首先强调了内蒙古自治运动联合会的性质和地位，他说："内蒙古自治运动联合会是内蒙古民族彻底解放的组织者和领导者，是发动内蒙古群众运动的最高统一的领导机关，也是建设内蒙古民主政府必经之桥梁。"并就当前工作方针和政策做了具体阐述。当天，全体代表讨论并通过了这一意见案，并将这一报告正式命名为《内蒙古自治运动联合会目前工作方针》。报告概括了当时内蒙古地区的全部工作，明确了工作重点和各方面的工作方针和基本政策，保证了自治运动联合会和各级干部有目标、有组织地全面开展各项工作。

当天，大会还一致通过了《内蒙古自治运动联合会会章》，明确了联合会的宗旨、任务及机构设置。《会章》规定，内蒙古自治运动联合会的宗旨是“团结内蒙古各阶层人士，联合中国共产党及各民主党派各民主人士，发动与组织内蒙古人民，彻底肃清法西斯残余，坚决反对国民党内反动派的大汉族主义政策，建立内蒙古民族平等、包括各个阶层的地方性的民主自治政权。”

11 月 28 日，内蒙古自治运动联合会选举并产生了执行委员会。乌兰夫、奎璧、乌兰、孟子裕、克力更等 21 人当选为内蒙古自治运动联合会执行委员会委员。这些委员不仅来自内蒙古大部分盟旗，而且包括蒙汉等民族的各阶层人士，其中有工人、青年学生、士绅、王公等。乌兰夫和乌兰并列得票榜首。乌兰作为蒙古族妇女代表以高票当选，这在内蒙古的历史上是前所未有的。接着，大会在热烈的掌声中通过了《内蒙古自治运动联合会成立大会宣言》《全体代表通电全国反对内

●内蒙古自治运动联合会执行委员会委员合影，乌兰夫任执委会主席

战》《全体代表给毛主席、朱总司令的致敬电》等文件。

11 月 29 日，内蒙古自治运动联合会向全国发表了《内蒙古自治运动联合会成立大会公报》，宣告内蒙古自治运动联合会的成立，并宣布了联合会的宗旨和各项政策、主张。

同日，内蒙古自治运动联合会召开首次执行委员会议，以无记名投票方式选举乌兰夫等 11 人为执委会常务委员。乌兰夫并当选为执委会主席兼常委会主席。乌兰夫代表当选的执行委员致闭幕词，大会在热烈的掌声中胜利闭幕。

●《内蒙古周报》（内蒙古自治运动联合会机关刊物，1946年3月17日开始出版）

成立大会结束后，乌兰夫敏锐地意识到，在当时的形势需要和已有力量的条件下，应先做好四件大事：一是筹办内蒙古军政学院；二是筹备设立盟和旗自治运动联合会分会和支会；三是救济贫困的蒙古族同胞；四是创办《内蒙古周报》。

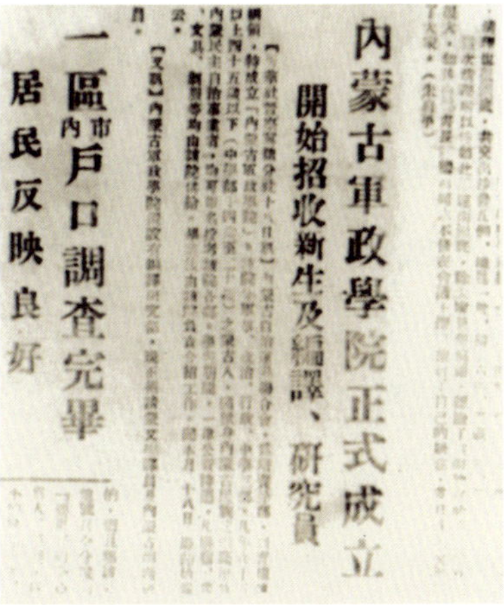

內蒙古軍政學院正式成立
開始招收新生及編譯、研究員

一區市內戶口調查完畢
居民反映良好

●当时的报刊关于内蒙古军政学院成立的报道

自治运动联合会成立后，在战后有利形势下，在晋绥、晋察冀、冀热辽三个边区领导的支持下，在各盟旗先进分子的帮助下，自治运动像春潮一样，迅速涌向内蒙古全区域。内蒙古自治区运动联合会陆续派出大批干部分赴察哈尔、锡林郭勒、乌兰察布、巴彦塔拉盟开展工作；建立各盟旗分支会；组织内蒙古人民自卫军；开办

●内蒙古人民自卫军骑兵部队开赴前线

学校、培养干部、发展经济、促进社会进步。

乌兰夫作为自治运动的主要负责人，在整个内蒙古自治运动联合会筹备期间和成立大会上始终以饱满的热情、不倦的精神工作着。他用坚定的立场、明确的态度感染着代表和工作人员。他以辩证唯物主义和历史唯物主义的观点观察和分析内蒙古问题，用他已认识到的内蒙古现状、内蒙古革命斗争的历史经验和他20年奋斗的亲身体会启发、教育大家。

乌兰夫把党的民族政策理论运用到内蒙古革命中来，以过人的胆识和智慧让蒙古民族各阶层多数人所接受，并在内蒙古广大地区得以贯彻实施，这标志着内蒙古革命的领导水平和内蒙古民族解放事业发展到了一个新阶段，也预示着在内蒙古这片土地上将发生翻天覆地的变化。

以乌兰夫为主席的内蒙古自治运动联合会是中国共产党领导的革命群众团体，同时又是一个团结内蒙古各族各阶层的统一战线性质的组织，是当时内蒙古民族解放斗争的组织者和领导者，是过渡到内蒙古自治政府的一个桥梁。她的成立，是中国共产党领导内蒙古民族民主革命的一个创举，具有显著的民族特点、地区特点和时代特点。她指明了内蒙古群众运动的方向，明确了当前的斗争任务和奋斗目标，坚定了蒙古族人民从事革命斗争的信心，标志着中国共产党以民族区域自治政策解决内蒙古民族问题伟大实践的正式开始。

功在千秋的“四三”会议

内蒙古自治运动联合会成立后，内蒙古西部各支力量联合在一起，统一接受共产党的领导。但内蒙古东部地区的革命形势并没有完全开展起来。国民党反动派、蒙古王公贵族、地主、牧主和日伪统治时期的官僚、军警残余势力仍有较大影响。

日本投降后不久，哈丰阿、特木尔巴根等重新建立了内蒙古人民革命党，于 1946 年 2 月 25 日正式成立东蒙古人民自治政府，同时还组织了东蒙古自治军，控制了内蒙古东部的多数盟旗。他们不相信国民党，对共产党也缺乏了解，想走一条既不依靠国民党，也不依靠共产党，靠蒙古族人自己来解放自己民族的道路。

中国共产党为了争取内蒙古东部这支可以争取的力量，派张策、胡昭衡、方知达等去王爷庙工作。为了进一步扩大党的影响，1946 年 2 月，西满分局决定建立东蒙工委，张策任书记，对外称八路军西满军区驻王爷庙办事处。中共中央的一系列决策，加深了双方的了解，也取得了初步成果。中共中央还三番五次电示东北局林彪、黄克诚，西满分局李富春和冀热辽分局程子华等，指示对蒙古民族应保持谨慎的态度，“西满和热河的蒙古民族对我态度之好坏，为我西满及热河成败发展决定条件之一，望你们十分注意研究这一问题并通令早对蒙古民族采取十分谨慎的政策”，并尽力争取和改造这股力量。

随着双方的接触和初步了解，1945 年 10 月，内蒙古人民革命党东蒙党部派代表包玉昆，带着特木尔巴根、萨嘎拉扎布、哈丰阿、乌云达赉四人的书信，长途跋涉来到张家口找内蒙古自治运动联合会联系，谋求解决内蒙古民族解放问题。通过信中介绍及与包玉昆的交谈，乌兰夫对东蒙形势有了进一步了解。根据党中央指示精神和当时东蒙情况，乌兰夫向晋察冀中央局领导汇报了自己的想法，决定派刘春带领内蒙古自治运动联合会东蒙工作团去内蒙古东部宣传中国共产党解决内蒙古问题的方针和内蒙古自治运动联合会的主张，以谋求内蒙古东西部在自治运动联合会的统一领导下开展自治运动。

● 刘春

内蒙古自治运动联合会东蒙工作团于 1945 年 12 月底与包玉昆一道辗转抵达承德。团长刘春等向中共冀热辽分局、冀热辽军区和中共热河省委负责人程子华、萧克、胡锡奎等人汇报了东蒙工作团的任务，商讨了内蒙古自治运动联合会设立分支机构、开展自治运动等问题。为了更好统筹这一工作，内蒙古自治运动联合会设立了联合会驻承德办事处。1946 年 1 月，内蒙古自治运动联合会东蒙工作团成员分批抵达中共热河省委驻地赤峰后，即派出乌力吉那仁随包玉昆先期前往王爷庙，邀请东蒙古自治运动领导人到赤峰共商内蒙古统一自治问题。此后又派出克力更、包彦携乌兰夫的信函赶赴王爷庙，进一步劝说东蒙古自治运动领导人。

乌力吉那仁、包玉昆到达王爷庙时，正值东蒙古人民代表会议召开，乌力吉那仁以来宾身份参加了会议。克力更等人于东蒙古人民自治政府成立之后也抵达王爷庙，会见了博彦满都、哈丰阿、特木尔巴根等人，转交了乌兰夫的信函。博彦满都、哈丰阿等赞同东蒙工作团提出的在赤峰共商东西部自治运动统一问题的建议，决定东蒙古人民自治政府主要领导人将全部前往赤峰参加会谈。

1946 年 3 月 10 日，中共中央发出关于内蒙古自治问题的指示电："对东蒙自治政府政策应慎重，并要相机说服他们接受区域自治，但仍应以团结为主，不要操之过急促他们离开，使他们趋向国民党。"根据中央的指示精神，中共中央东北局、冀热辽分局为促成自治运动统一会议的召开，在组织、联络以及代表的护送等方面做出了妥善安排。

3 月中旬，内蒙古东西部代表抵达赤峰后，经中共冀热辽分局提议，会议改在承德举行。下旬，双方代表转赴承德并成功会合。在热烈而融洽的气氛中，内蒙古自治运动联合会的代表乌兰夫、刘春等和东蒙古人民自治政府主要领导人博彦满都、哈丰阿等在民族解放的统一旗帜下进行了历史性地握手。

自 3 月 30 日至 4 月 2 日，双方代表共进行了五次预备

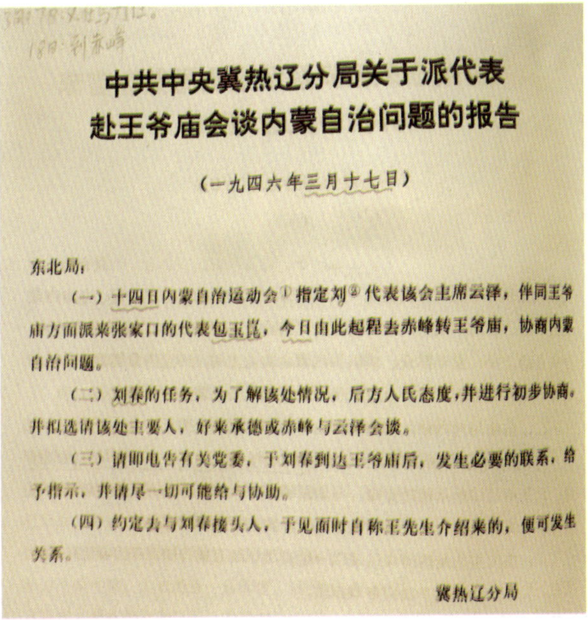

中共中央冀热辽分局关于派代表
赴王爷庙会谈内蒙自治问题的报告

（一九四六年三月十七日）

东北局：

（一）十四日内蒙自治运动会①指定刘②代表该会主席云泽，伴同王爷庙方面派来张家口的代表包玉昆，今日由此起程去赤峰转王爷庙，协商内蒙自治问题。

（二）刘春的任务，为了解该处情况，后方人民态度，并进行初步协商，并拟选请该处主要人，好来承德或赤峰与云泽会谈。

（三）请即电告有关党委，于刘春到达王爷庙后，发生必要的联系，给予指示，并请尽一切可能给与协助。

（四）约定去与刘春接头人，于见面时自称王先生介绍来的，便可发生关系。

冀热辽分局

●中共中央冀热辽分局关于派代表赴王爷庙会谈有关内蒙古区域自治问题的报告

会谈。双方代表坦诚地交换了意见，反复、细致地探讨了统一自治运动的一些实质性问题。双方代表都认为，内蒙古自治运动的统一，东、西部革命力量的联合，是蒙古族人民的普遍愿望，是历史发展的必然趋势，应尽快实现。但双方就自治运动的方向、道路和领导权等重大问题存在巨大的分歧。东蒙古人民自治政府的代表主张在中国共产党的帮助和领导下开展统一的自治运动，最终目的是实现内蒙古的“独立自治”，为此，内蒙古自治运动应由内蒙古人民革命党领导，应在东蒙古人民自治政府的基础上建立统一的自治政府。内蒙古自治运动联合会代表指出：内蒙古自治运动是中国人民民主革命的组成部分，只有全面接受中国共产党的领导才能取得胜利。坚持“独立自治”的主张，将使内蒙古自治运动陷于孤立而归于失败，因而必须坚持平等自治，即区域自治的方针。为更加广泛地团结人民，集中力量抵御国民党的进攻，应撤销东蒙古人民自治政府，解散内

● 河北承德的“四三”会议原址

• 内蒙古自治运动统一会议全体代表合影

蒙古人民革命党，由内蒙古自治运动联合会统一领导内蒙古东西部自治运动的各项工作。通过双方代表开诚布公的讨论，在自治运动联合会代表晓之以理、动之以情的劝导下，最终双方达成了共识。

1946 年 4 月 3 日，内蒙古自治运动统一会议，即著名的“四三”会议正式举行。乌兰夫在致词中说：“东西两部内蒙古同志在这里能谈自治和民族如何解放的问题，从内蒙古解放运动的历史来说是很有意义的。我能站在自己民族的前途上和各位进步的代表谈话，我觉得非常快慰，并且意义非常之大。此次东蒙古代表同志为内蒙古的事各处奔走，为的是解放内蒙古，对这个我是很钦佩的。我们蒙古族人起来搞蒙古族人的事，第一个问题是要内部的统一，以这样的精神向前迈进，我想是无事不成功的……早在 20 年前，中国共产党就为内蒙古革命奋斗过。在那时候，中国共产党与蒙古民族要求自治与民族解放的愿望，不但精神一致，行动上也是一致的。只要站在对蒙古民族有利的立场上，去努力争取，那么任何问题都不难解决。”博彦满都在讲话中也表达了统一的意思，他说：“今天的会议是内蒙古民族最重要并且在内蒙古革命史上也是很光荣的一个会议。在过去的数百年中，蒙古民族受压迫，虽经多少次的奋斗，但终未得到成功。现在已经得到解放，自由了，环境是好的，时机已到来，在这个时候，我们应该得到真正的解放了……我们认为中共是为解放民族，为民主主义而努力的，中共的目的和我们的要求是一样的。因为这样的关系，我们跟随中共，在中共领导下而迈进。”

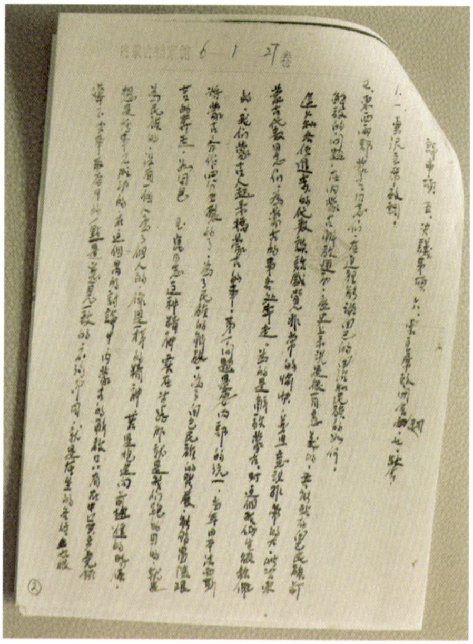

●承德“四三”会议记录原件

与会者一致通过了《内蒙古自治运动统一会议主要决议》，决议对党的领导、内蒙古东部原有自治运动的善后、武装力量改组和归属、联合会具体组织形式、自治运动工作方式、蒙古民族利益维护、联合会会址等等，都做了尽可能详细的规定和说明。

●内蒙古自治运动统一会议主要决议

会议结束后，根据中共冀热辽分局建议及本人的要求，哈丰阿被批准加入中国共产党，特木尔巴根被批准由苏联共产党员转为中共党员。哈丰阿、特木尔巴根和博彦满都还致电滞留北平的东蒙古代表团，令其立即停止与国民党的接触。

中国共产党领导下的自治运动在内蒙古东部地区各盟旗全面推进。1946年5月28日，兴安省政府成立，受东北行政委员会和内蒙古自治运动联合会双重领导。同时，成立了内蒙古自治运动联合会东蒙古总分会和兴安盟分会。5月1日，内蒙古自治运动联合会昭乌达盟分会在林东成立。5月下旬，内蒙古自治运动联合会分支机构——呼伦贝尔文化促进会在海拉尔成立。6月1日，哲里木盟政府在通辽成立。同时，内蒙古自治运动联合会哲里木盟分会成立。6月5日，昭乌达盟行政委员会在林东成立。6月7日，纳文慕仁省政府改组为纳文慕仁盟行政委员会。东蒙古各盟、旗都相继成立了联合会分、支会，建立了民主政府。

“四三”会议之所以能够成功召开，乌兰夫在20世纪80年代中期回忆时曾经归纳为四条原因：“就基本的来说，首先是坚持党的领导。这是‘四三’会议解决的一个根本问题。这次会议本身就是党的领导的胜利。只有共产党能够救中国，只有在中国共产党领导下，各民族才能获得解放。这是历史已经证明了的千真万确的真理。‘四三’会议的胜利再一次证明了这个问题。第二是坚持祖国统一。一部灿烂的中国文明史是各民族共同创造的。中华民族是一个不可分割的整体。国内各少数民族，只有在祖国统一的大家庭中实行民族区域自治，才能有光明前途。‘四三’会议坚持了这一条。也正因为坚持了这一条，才有今天这样一个欣欣向荣的内蒙古自治区。第三是坚持民族团结。在一个多民族的国家，民族团结是国家繁荣昌盛、民富国强的基本保证。在一个民族中，民族内部的团结，关系着整个民族的兴旺和发展。‘四三’会议的成功是一支民族团结的交响曲。它为内蒙古民族内部的团结，为区内和国内各民族的团结，树立了榜样。第四是坚持内蒙古革命是中国革命的一部分。内蒙古作为伟大祖国的一部分，它的革命必然是中国整个革命的一部分。只有把它置于这一整体之中，它才能汇同全国革命的洪流一起汹涌前进。‘四三’会议坚持了这一条，在以后的革命斗争中坚决贯彻了这一条，内蒙古才成了在中国革命中首先取得胜利的少数民族地区。”可见，中国共产党的领导以及在其领导下的祖国统一、民族团结政策成为这次会议成功的保障。

关于“四三”会议成功举办的意义，乌兰夫也有总结：“四三会议胜利了！这个胜利，是在中国革命即将进入高潮，中华大地光明和黑暗正在进行决斗的时候取得的。这一特定的历史时代，赋予了它更加重要的意义。这就是说，它不仅促成了内蒙古民族的统一，加快了内蒙古革命的进程，而且也为我国少数民族地区的革命，为党解决少数民族地区的问题，树立了榜样，开辟了道路。它的意义和影响，随着历史的推移，必将为人们更加深刻地理解和认识。”20世纪80年代末，曾任中共中央冀热辽分局书记的程子华将军也说：“四三”会议的意义，远远超出了内蒙古，其作用胜过千军万马。它使内蒙古东西(部)统一于以乌兰夫为主席的自治运动联合会的领导之下，使东蒙大部地区成了解放区，东蒙古自治军成了我党领导下的内蒙古自卫军，不仅使热北发生的冲突自然解决，还壮大了我们的军事力量。自此，蒙汉同胞和军队紧密团结，共同和国民党反动派斗争，在以后的解放战争战略撤退和战略进攻中都起了重要作用。“四三”会议的成功，是我党解决民族问题的方针、政策的一个巨大胜利。

第一个少数民族自治区的建立

“四三”会议之后，蒙古族人民在中国共产党的领导下，在“四三”会议精神的指导下，开创了民族解放运动的新篇章。兴安盟、哲里木盟等民主政府的成立，既是内蒙古民主自治运动的结果，也是促进内蒙古民主自治运动发展的主要因素。

随着自治运动在内蒙古解放区的广泛、深入开展，蒙古族各界普遍希望建立统一的自治政权。中共中央及各有关分局在深入研究的基础上，做出了积极、谨慎的反应和指导。1946 年 11 月 18 日，西满分局在致中共中央及东北局并转乌兰夫的电报中提出：“现东蒙无论老年、青年，进步的、落后的，都主张成立〈内〉蒙古自治政府……此问题根据全国形势，

●1947年3月23日，周恩来为中共中央起草的《关于内蒙古自治诸问题的意见》

我们是否可以在国民党之先有一确定之主张。”11 月 26 日，中共中央向晋察冀中央局、冀热辽分局、晋绥分局、东北局、西满分局和乌兰夫发出关于内蒙古自治问题的指示，指出：“中央以为为了团结内蒙人民共同抵抗蒋介石的军事进攻与政治经济压迫，现在即可联合东蒙西蒙成立一地方性高度自治政府，发布施政纲领，但对蒙汉杂居地区仍容纳汉人合作，并避免采取独立国形式。”

根据中共中央的指示，乌兰夫等人于 12 月 14 日与中共冀热辽分局和热河省委负责人程子华等在林西县召开会议，分析了内蒙古东部地区的形势，对内蒙古自治政权的性质、中国共产党的统一领导、自治政权管辖区域以及与相邻各省解放区的关系等一系列重大问题进行了商讨。12 月 20 日，内蒙古自治运动联合会东蒙总分会、兴安省行政委员会及参议会举行联席扩大会议，通过了《关于成立内蒙最高自治政权案》等项决议，提出：“我们所要求的内蒙自治政权是坚决领导民族解放斗争与彻底实行民主的政权，不仅要把蒙古民族从大汉族主义的侵略摧残下解放出来，而且使蒙古民族从数百年来的封建压迫、剥削下解放出来，使封建蒙古进行成为民主的蒙古。”

1947 年 2 月 3 日，乌兰夫在中共热北地委召开的干部扩大会议上说明了成立内蒙古自治政府的意义：“现在筹备成立自治政府，本质与联合会是一样，但作用是更为团结蒙古人民反对蒋介石。”并明确指出了内蒙古自治政府的性质，“这个自治政府是高度的地方自治，但避免独立。”

2 月 14 日，乌兰夫率内蒙古自治运动联合会机关人员迁往兴安盟王爷庙，立即开始了举行内蒙古人民代表会议、成立自治政府的各项筹备工作。

4 月 3 日至 21 日，内蒙古自治运动联合会在王爷庙召开执委

●1947年4月，内蒙古人民代表会议在兴安盟王爷庙召开。图为各族各界代表步入会场

●参加会议的妇女代表

扩大会议，安排部署召开内蒙古人民代表会议、成立内蒙古自治政府的有关事项。联合会总会执委、候补执委，东蒙总分会执委、候补执委以及各盟旗代表共两百余人出席了会议。4 月 9 日，乌兰夫做了《关于目前形势与任务的报告》，分析了内蒙古当前的形势和面临的困难，要求做好军事、生产、教育、民族团结等方面的工作。会议期间，哈丰阿做了《内蒙古自治运动联合会东蒙总分会工作的报告》，特木尔巴根做了《兴安省工作的报告》，奎璧做了《巴、乌盟工作委员会工作的报告》，特克希卜彦做了《锡盟工作的报告》，陈炳宇做了《察盟工作的报告》，白云航做了《卓索图盟工作的报告》。这些工作报告详细介绍和总结了自治运动开展以来内蒙古地区的群众路线、政权改造、军队建设及武装斗争、干部培养、经济发展以及与友邻解放区的合作等工作，对有关成立内蒙古自治政府的一系列具体问题进行了讨论。至此，召开内蒙古人民代表会议的准备工作已完全就绪。

1947 年 4 月 23 日，内蒙古人民代表会议在兴安盟王爷庙隆重召开。出席会议的代表以地区、民族分为 15 个代表团，除尚处在国民党统治之下的伊克昭盟、阿拉善旗、额济纳旗外，共有来自

内蒙古大部分盟旗的蒙古(含达斡尔)、汉、满、回、鄂温克、朝鲜等各民族代表共393人。他们代表包括工人、农民、牧民、知识分子、干部、军人、工商界人士、地方士绅等社会各类各阶层人士。乌兰夫致开幕词："自十三世纪以来我们就是一个伟大的民族，是有着极其光辉的历史。成吉思汗在前期为了民族统一和反抗异族侵略，曾经写下了不可磨灭的功绩。""长时期以来，我们的祖先和我们为了自由幸福的生活，为了彻底求得民族的解放是曾经毫

●"五一"大会

不吝惜自己的血肉，前赴后继地作着英勇的斗争。正因为如此，所以我们才能在长期英勇斗争的基础上，而特别是一年多来自治运动的基础上，为这样一次盛大会议的召开，提供了充分的条件。这一次会议，可以说是我们的斗争已获得了初步的胜利果实。”“由此次会议产生的内蒙古自治政府，将一定能团聚着蒙古民族和境内所有汉回等民族，发挥最大威力，给予重重的一击，加速蒋介石的崩溃。我们有了民族内部和蒙汉间的团结，又有了外部的援助，深信这一目的是一定达到的。蒋介石的进攻一定能粉碎，和平、民主、自由、幸福的新内蒙也一定会出现。”博彦满都在致词中说，内蒙古人民代表会议是自成吉思汗以来的一次空前盛会，他并对友邻解放区给予内蒙古自治运动的无私援助表示感谢。中共西满分局、东北民主联军西满军区代表张平化，辽北省政府主席阎宝航、黑嫩省参议会议长于天放等来宾出席了大会，并应邀发表了讲话，并向内蒙古人民代表会议致以祝贺。

4 月 24 日，乌兰夫代表内蒙古自治运动联合会执委会向会议做政治报告。报告回顾了自大革命以来内蒙古革命斗争的坎坷历程，指出：“内蒙古自治运动，从一开始就存在着两条道路的分歧，这两条道路，一为以白云梯为首的少数上层分子的投降道路，一为广大人民群众的解放道路。二十余年来的内蒙古革命运动史，可以说都贯穿着这样两条道路的斗争。”提出了当前的主要任务“是争取蒙古民族民主解放，将根据人民普遍要求，适应目前形势，在一年来胜利的基础上，着手组织内蒙自治政府”。并表达了必胜的信心，“新的内蒙古已在向我们招手了！”“胜利将永远属于我们的！”

4 月 25 日至 28 日，会议代表讨论通过了《内蒙古自治政府施政纲领》《内蒙古自治政府暂行组织大纲》《内蒙古人民代表会议宣言》和乌兰夫所做的政治报告；完成了提案审议和临时参议会参议员候选人的资格审查，议定设立办公厅、民政部、公安部、文化教育部、财政经济部、军事部及民族事务委员会、参事厅等具体事宜。

● 内蒙古自治政府主席乌兰夫

4月27日，会议通过了《内蒙古人民代表会议宣言》，“决定于今年5月1日成立内蒙古自治政府”。《宣言》规定“内蒙古自治政府是内蒙民族各阶层联合内蒙古区域内各民族，实行高度区域性的地方民主联合政府，并非独立自治政府”。还阐明了内蒙古自治政府当前的主要任务，“内蒙古自治政府，将团结区域内的蒙、汉、回等民族，联合一切赞助内蒙古自治的民主党派和中国境内各民族，坚决粉碎美蒋反动派进攻和压迫，争取内蒙民族的彻底解放及中国各民族共同解放”。当日，内蒙古人民代表会议宣读了给毛泽东主席、朱德总司令致敬电：“毛主席、朱总司令：我们以无比的热情，遥向你们致以衷心的谢意。三百多年来，蒙古民族一直受着大汉族主义的压迫，痛苦是难以尽述的。只有在你们领导下的中国共产党和人民解放军，才完全改变了这种历史的不正常关系，真正以民族平等的精神，来大力协助我蒙古民族的发展［和］求

● 内蒙古自治政府副主席哈丰阿

得彻底解放。今天，我们内蒙古人民代表，所以能聚会一堂，商讨并决定着自己民族今后的命运，也完全是由于你们的功劳。深信在你们的英明领导下，内蒙民族的前途，必然是无限光明的。我们谨向你们表示，我们一定能遵从你们指示，团结民族内部，并与全国各民族联合起来，彻底粉碎蒋介石进攻，建设和平民主的新中国与新内蒙而奋斗，不达目的誓不休止。”同时，会议还宣读了致斯大林、乔巴山的敬电。4 月 29 日，会议选举产生了内蒙古临时参议会。在会前拟定的 198 名参议员候选人名单中，121 人当选，其中蒙古族 96 人，汉族 24 人，回族 1 人，妇女代表 5 人。

5 月 1 日，内蒙古第一届临时参议会举行了内蒙古自治政府主席、政府委员、参议会议长及驻会参议员的选举。乌兰夫当选为内蒙古自治政府主席，哈丰阿当选为副主席。当选的政府委员有特木尔巴根、奎璧、阿思根、乌力吉敖喜尔等 19 人。午后 7 时，会议宣布内蒙古自治政府正式成立。

5 月 2 日，内蒙古人民代表会议闭幕暨内蒙古自治政府成立典礼隆重举行。内蒙古自治政府主席乌兰夫、副主席哈丰阿及其他政府委员，内蒙古临时参议会议长博彦满都、副议长吉雅泰及 9 名驻会参议员正式宣誓就职。之后，乌兰夫率全体政府委员、参议会议员检阅了内蒙古人民自卫军骑兵第 1 师部队。当日，聚集于王爷庙街头的数千名各族军民举行了盛大的庆祝活动。

5 月 3 日，内蒙古自治政府召开首届政府委员会议，任命了政府各部门负责人，并决定将 5 月 1 日定为内蒙古自治政府成立纪念日；以内蒙古自治运动联合会会旗为内蒙古自治政府旗；内蒙古自治政府所在地暂设兴安盟王爷庙。

5 月 19 日，毛泽东、朱德复电内蒙古人民代表会议，祝贺内蒙古自治政府的成立。其后，东北、陕甘宁、晋察冀、冀热辽、绥蒙、晋冀鲁豫等解放区中共组织和人民政府也纷纷来电致以祝贺。《新华日报》《东北日报》《晋察冀日报》《冀热辽日报》《西满日报》和《内蒙自治报》等各解放区报刊都相继发表了关于内蒙古自治政府成立的社论和报道。

● 内蒙古自治政府部分委员合影

● 1947年5月2日，内蒙古自治政府委员宣誓就职

内蒙古自治政府的成立，初步实现了内蒙古地区社会各阶层人民渴求统一与自治的愿望，对于推动内蒙古地区的社会改革、经济文化事业的发展具有划时代的意义。这是中国共产党运用马克思列宁主义解决国内民族问题的成功范例。同时，内蒙古自治政府作为中国少数民族第一个实行区域自治的民主政府，为国内其他少数民族的解放斗争树立了成功的典范。

内蒙古全境的解放

内蒙古自治政府成立之后，为了更好地开展各项未竟的工作，1947 年 7 月 1 日，内蒙古共产党工作委员会正式公开宣布成立。在内蒙古共产党工作委员会和内蒙古自治政府的直接领导下，内蒙古的革命事业发生了翻天覆地的变化。

在内蒙古农业区，开展了广泛的土地改革。1947 年 10 月 10 日，内蒙古自治政府颁布了《内蒙古土地制度改革法令（草案）》。11 月，内蒙古共产党工作委员会决定立即在内蒙古解放区农村发动彻底的土地

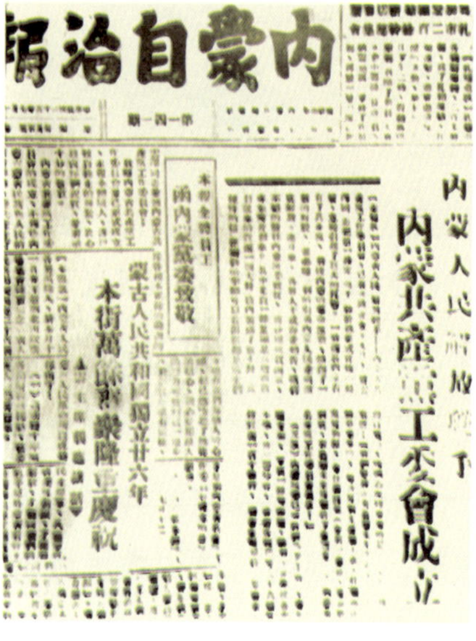
內蒙自治
第一四一期
蒙古人民共和國獨立廿六年
本街萬眾歡騰慶祝
內蒙共產黨工委會成立

●《内蒙自治报》对内蒙古共产党工作委员会成立的报道

●1947年7月，内蒙古共产党工作委员会成立以后，（左起）乌兰夫、刘春、特木尔巴根三人合影

● 农民在耕种自己的土地

改革运动。乌兰夫宣布了土地改革的方针政策，提出在农村“要组织力量大举进攻，彻底消灭封建势力”。

内蒙古自治政府从内部和邻近解放区内抽调了大批干部组成工作团、队，深入各盟旗乡村，发动群众平分土地、斗争地主，广泛展开了土地改革运动。在牧业区，也进行了“牧改”或“畜改”的大规模群众性运动。

● 牧区民主改革中的牧民

在土改和“牧改”过程中，受“左”倾思想影响，工作一度出现严重偏差，如过激地分“浮财”行动，对富农、大地主、大牧主和上层喇嘛“扫地出门”等。1948 年 3 月内蒙古共产党工作委员会及时进行了纠

● 土改工作团

偏工作，如在农村对中农被侵害的部分利益予以补偿，给土地、财产被平分的部分地主、富农以必要的生产和生活资料，对被破坏的工商业给予一定的补偿和扶持；在牧区实行“不斗、不分、不划阶级”和“牧工牧主两利”的政策，对旧的畜牧业生产经营方式进行改良等。由于实行了正确的方针和政策，经过土地改革和民主改革，广大农牧民摆脱了封建压迫，生产力获得解放，农村、牧区面貌一新。

随着全国解放战争由战略防御转入战略反攻，中国人民解放军解放整个内蒙古的进程也在稳步推进。内蒙古自治政府和内蒙古工作委员会积极倡导各民族人民踊跃参军，支援前线。1947 年 7 月后，绥蒙军区部队组成前方指挥部，积极投身于大反攻。至 1948 年 7 月，绥蒙军区部队配合晋绥、晋察冀解放军先后共发起二十余次进攻，解放了

● 解放军晋绥部队进军绥远

● 我军解放凉城

绥东、绥南部分地区。

1948 年 8 月，人民解放军组建了华北野战军第 2、第 3 兵团。绥蒙军区部队、内蒙古人民解放军骑兵第 11 师和第 16 师以及晋西北地方武装归第 3 兵团统一指挥。为了配合辽沈战役，决定联合发动察绥战役，以牵制国民党傅作义部主力。

9 月，绥蒙军区部队奉命改编为陕甘宁晋绥联防军第 8 纵队，姚喆任纵队司令员。9 月 5 日，察绥战役开始。第 3 兵团所属各部队向驻绥东的国民党军队发起强大攻势，相继收复丰镇、凉城、和林格尔、清水河等县城，27 日攻克集宁，随后又包围归绥，攻克包头。至 11 月初，我军又攻占陶林、托克托、武川、萨拉齐等地，再度对归绥形成包围。与此同时，内蒙古人民解放军第 11 师、16 师配合第 3 兵团行动，进军平承铁路及平绥路东段，先后攻占察北的崇礼、尚义、沽源、商都等地。此时，辽沈战役已胜利结束，为抑制华北国民党军，第

● 我军在解放集宁战斗中俘虏的国民党士兵

3兵团奉中共中央军委命令撤围归绥，撤离包头、萨拉齐等地，察绥战役遂告结束。

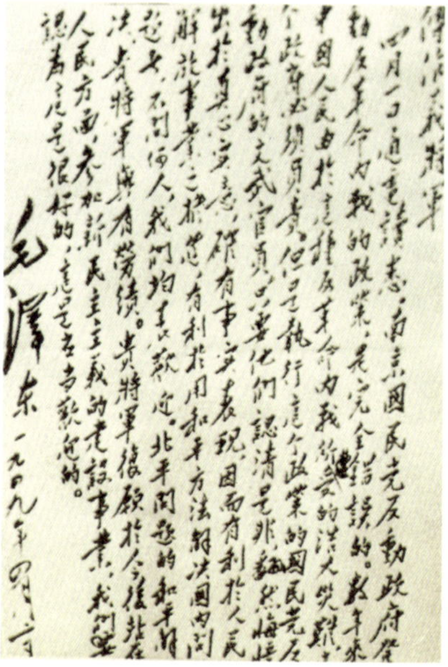

● 毛主席给傅作义复电的手稿

通过察绥战役，绥蒙解放区得到了迅速扩展，完全控制了丰镇、集宁、陶林、兴和、凉城等县和绥东四旗，部分控制了和林等4县。其后，在绥蒙政府的领导下，解放区广泛开展了剿除土匪、废除乡村保甲制度，建立民主政府和地方武装的群众运动，同时还进行了以减租减息、调剂土地、促进经济发展、改善人民生活为主要内容的社会改革工作，进一步稳定了解放区的社会形势。

中共中央提出和平解决绥远问题的战略决策后，为适应新形势、逐步统一行政建制，决定从1949年4月1日起将中共绥蒙区党委由晋绥边区划归中共中央华北局和华北人民政府领导。6月13日，华

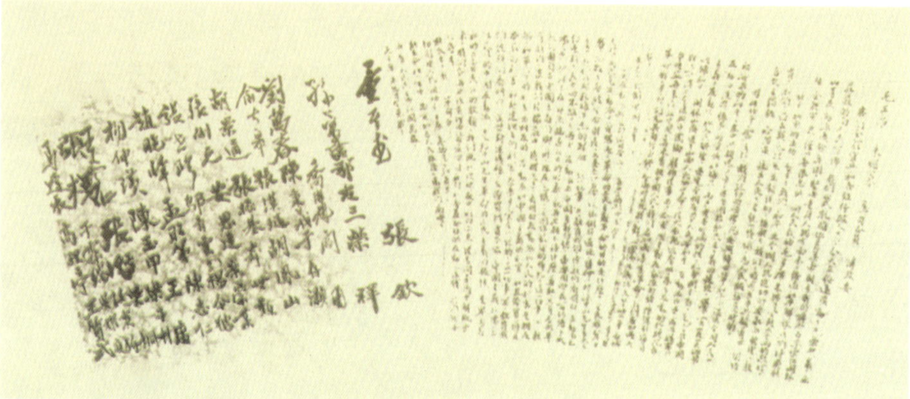

●1949年9月19日，董其武将军等39人给毛泽东主席、朱德总司令、聂荣臻司令员、薄一波政委的起义通电及签字名单

北人民政府又做出决定，将绥蒙区改称绥远省，绥蒙政府改为绥远省人民政府，任命杨植霖为主席，奎璧为副主席。1949 年 5 月绥远省军区成立，姚喆任司令员、高克林任政委。

●1949年9月19日，绥远和平解放。图为董其武在起义通电上签字

根据中共中央的部署，绥蒙前线各部队停止绥远中、西部地区的军事行动，全面展开巩固解放区、恢复与发展经济的工作，以推动绥远和平解放的进程。1949 年 9 月 19 日，以国民党西北军政长官公署副长官兼绥远省主席董其武为首的绥远省军政官员和地方各族各界代表 39 人，在绥远省银行包头分行礼堂集会，举行起义，宣布脱离国民党集团。至此，绥远全境获得解放。

进入 1947 年下半年，伊克昭盟的解放战局也进入了反攻阶段。6 月下旬，西北野战军主力北上，7 月初，伊盟蒙汉支队配合主力部队，相继解放了小桥畔、柠条梁等地，收复城川。7 月中旬，伊盟蒙汉支队与西北野战军第 1 纵队一部协同作战，击退国民党地方武装对城川的进攻。中共伊盟工委遂向鄂托克旗、乌审旗派出工作人员，大力开展恢复根据地的各项工作。至 7 月下旬，蒙汉支队发动的攻势作战已将国民党地方武装逐出红柳河以南地区，进而收复了伊盟南部解放区大部地区。

●我军在沙漠中宿营的帐篷

8 月，蒙汉支队实行扩编，重新组建了鄂托克旗蒙古族武装，中共伊盟工委设立了军事部，以加强对蒙汉支队的领导。

1948 年 1 月，伊盟蒙汉支队实行整编，改称伊盟自治支队，计有五百余名骑兵。支队完成整编后，第 1、第 2 大队开赴伊盟东部的准格尔旗、达拉特旗等地，开辟伊东解放区；第 3 大队仍在伊盟西部地区坚持游击战争。

1949 年春，伊盟支队开赴达拉特旗，乘黄河流凌之机，猛烈攻击活动在两岸的国民党军队及大股土匪，重创邬青云匪部，消灭两个“自卫团”，摧毁达拉特旗、准格尔旗国民党地方政权。继而挥师南下，攻占国民党在伊盟的统治中心东胜。伊盟支队在伊盟东部地区取得的军

事胜利，大大加快了伊盟解放战争的进程。杭锦旗、达拉特旗、郡王旗等旗的王公、军政人员先后与伊盟支队取得联系，表示愿停止对抗、接受解放军的指挥。

7月，扎萨克旗获得解放，伊盟支队所属各部队在扎萨克旗新街胜利会师。中共中央西北局和解放军西北军区指示，成立统一的中共伊盟盟委，整编伊盟支队，组建伊克昭盟军分区。绥远国民党军政当局和平起义后，各旗原属国民党第12战区的8个警备师也接受了伊盟军分区的改编。

● 绥远和平解放

●图为阿拉善旗代表在宁夏仁存渡会见解放军第19兵团司令员杨得志

为了进一步巩固伊克昭盟的解放成果，1949年11月26日，伊克昭盟第一次临时代表会议在扎萨克旗新街隆重召开。来自伊盟各旗各族各界的代表116人出席了会议。经大会选举，成立了伊克昭盟自治政务委员会。会后，在中共伊盟盟委的统一领导下，各旗相继建立了各级人民政权，清除了国民党、“三青团”及各种特务组织，同时废除了王公特权，改世袭的扎萨克制为旗长制，并对部分民族上层人士给予了妥善安置。

在绥远和伊克昭盟相继解放后，阿拉善、额济纳旗的政局也进入了和平解放的发展轨道。1949年8月26日，兰州解放时，阿拉善旗派驻兰州的代表朱门等人就与甘肃各界民主人士和起义人员一同欢迎解放军，表达了和平解放的意愿。彭德怀当即对阿拉善旗和平解放的意愿表示欢迎，并做出了人民

寧夏阿拉善旗舉行盛會

擁護中央人民政府成立

額旗扎薩克宣佈與廣州匪府脫離關係

●1949年9月27日，额济纳旗扎萨克塔旺嘉布通电起义

●1949年9月21日，参加中国人民政治协商会议第一届全体会议的内蒙古代表团成员合影

解放军不向阿拉善旗进军的决定。9月21日晚，国民党马鸿逵部特务营哗变和溃散，更使阿拉善旗的和平解放消除了最后的障碍。9月23日，解放军攻克银川，宁夏解放。当日，阿拉善旗亲工达理札雅在定远营宣布和平起义，准备迎接解放。

阿拉善旗的和平解放鼓舞了额济纳土尔扈特特别旗扎萨克塔旺嘉布和该旗主要军政人员。1949年9月27日，塔旺嘉布通过阿拉善旗宣布："为了迎接新的胜利，为了适应国情，为了促进新中华人民共和国的及早成立，今代表额济纳特别旗全体人民，即日起与广州国民党政府脱离关系，表示愿接受北平人民政府领导"。

至此，内蒙古全境获得解放。随着解放战争的深入，聚居在新疆、青海、甘肃等地的蒙古族也相继解放。终于，在中国共产党的领导下，在蒙古民族的努力下，在全国各族人民的帮助下，蒙古族人民迎来了艳阳天。